五十嵐邦正 著

現代財産目録論

東京 森山書店 発行

は　し　が　き

　本書は，財産目録の歴史的生成及びその発展を概観し，さらに財産目録と簿記及び貸借対照表との関連性の検討を通じて，この財産目録の再評価とその制度化の必要性を論じたものである。財産目録のルーツはかなり古い。これが歴史的にかなり重視された時期もあった。この点はわが国でもその例外ではない。商法規定のなかにその作成が義務づけられていたが，昭和49年の商法改正によってこの決算財産目録は完全に姿を消してしまい，現在に至っている。それ以降，わが国ではそれについて稀に論及されることはあるが，財産目録をすでに遠い過去の遺物として捉えるのが一般的であるといってもけっして過言ではあるまい。しかし，果たしてそれでよいのであろうか。従来これが筆者の抱き続けてきた素朴な疑問であった。

　わが国では近年キャッシュ・フロー計算書の作成がようやく制度化された。その結果，貸借対照表及び損益計算書と並んで第3の重要な財務表としてこのキャッシュ・フロー計算書が加えられたのである。これはもちろん歓迎すべき事柄である。貸借対照表及び損益計算書を補完するこのキャッシュ・フロー計算書は，投資家の意思決定にとって不可欠な会計情報の一つといえるからである。これにより，わが国の財務諸表の体系は従来に比べてかなり充実することになった。その構成要素の全体を概観すると，貸借対照表を除く財務諸表のすべてはフロー情報が中心であることがわかる。たしかにフローの情報は企業の財務内容の判断に大いに役立つはずである。これに対して，ストック情報はもっぱら貸借対照表だけである。もちろん，このストック情報については附属明細表や脚注等で示せば十分であるともいえなくもない。しかし，それはあくまでストックの部分情報にすぎず，必ずしも体系的なものではない。したがって，貸借対照表を中心としたストック情報の開示だけでは自ずから一定の限定があるといわなければならないであろう。

　また，特にアングロサクソンの会計及びその流れをくむIASにおいては，い

わゆる資産負債アプローチを重視する考え方が主流を形成している。ここでは資産及び負債の在高を把握することが一義的であり、これを中心とした会計システムが展開されている。公正価値合計の提唱はまさしく、この流れを示すといってよい。しかし、この重要なストック情報の開示手段は、ここでもまた貸借対照表だけである。この貸借対照表に表示される項目の範囲及びその評価は、純粋の財産状態の観点から一義的に決定されているというよりは、むしろ主として損益計算の観点によって規制されている。その結果、貸借対照表自体には純粋の財産状態表示に役立つ会計情報が収容されないことが生じうるのである。そこで、貸借対照表に収容されないストック情報を補完する意味で、株主及び投資家、さらに債権者に役立つストック情報を開示する財務表がぜひとも不可欠となるのである。この役割を十分に果たしうるものこそ、わが国でもかつては重視されており、フランス及びドイツの商法の商業帳簿規定のなかで今なお継承されている財産目録にほかならない。つまり、アングロサクソンの会計思考の特徴である資産負債アプローチに最も良く適合し、しかもそこで強調される投資情報をより一層充実させるには、フランコ・ジャーマンの会計で伝統的な財産目録を財務表として再評価し、それを積極的に活用させるべきであると考えられるのである。本書でこの財産目録の重要性を強調し、再びその装いを新たにしてその制度化を試みたのはこの意味からである。

　もちろん、このような情報機能だけが財産目録の役割ではない。このほかに、財産の数量計算との関係で、財産目録が財産管理者に対する管理責任の所在を明らかにすることは、コーポレート・ガバナンスの面から重要である。また、財産の金額計算との関係で、資産及び負債の合理的な管理手段として財産目録を積極的に利用すれば、それは経営管理面にも大いに役立つはずである。さらに、財産目録は財産の実地棚卸に基づく財産実在証拠文書を意味するので、財務諸表全体の真実性ないし信頼性を確保するという側面をもつのである。このような種々の重要な役割を財産目録が果たすことも見落すべきではない。

　本書の構成は以下の通りである。第1章「財産目録論序説」では、まず財産目録の概要に触れ、次に財産目録の前提となる実地棚卸の内容及び財産目録の

役割について論じたものである。第2章「財産目録制度の変遷」では，フランス及びドイツにおける財産目録制度の変遷と，わが国の財産目録制度の変遷について論及したものである。第3章「財産目録と簿記」では，歴史的に財産目録と簿記とがどのような関係で発展してきたのかについて考察したものである。第4章「財産目録と貸借対照表」では，従来，財産目録を貸借対照表の摘要表とみる考え方が一般的であるが，そもそも財産目録は貸借対照表とどのような関連性を有するのかという，いわば財産目録観の類型化を試みたものである。第5章「財産目録・簿記・貸借対照表の関係」では，これまで必ずしも明確化されてこなかった財産目録と簿記・貸借対照表とに関する三者間の関係について詳しく検討したものである。第6章「財産目録の役割」では，ドイツ商法及びフランス商法を中心に財産目録の役割について論究したものである。第7章「コソンの財産目録論」では，株主にとっての会計情報として財産目録の重要性を主張するコソン学説について取り上げたものである。第8章「ヒントナーの財産目録論」では，経営経済的観点から財産状態の把握を目的として臨時的な財産目録の作成を主張するヒントナー学説について検討したものである。そして，第9章「財産目録制度論」では，財産目録制度化の必要性について論じたうえで，さらにそれに対する筆者なりの提言を試みたものである。そして，第10章「総括と展望」では，本書の要旨と財産目録制度化の意義について触れたものである。

　本書の刊行にあたっては，日本大学商学部から出版助成金の交付を受けることになった。ここに記して感謝する次第である。

　今回も本書の出版に際して特段のご配慮と，いろいろお世話いただいた森山書店社長菅田直文氏及び編集部長土屋貞敏氏に深謝し，お礼を申し上げる。

　　平成14年7月

　　　　　　　　　　　　　　　　　　　　　　　　五十嵐　邦正

目　次

第1章　財産目録論序説
1　財産目録の概要 ···1
　(1)　財産目録の用語 ···1
　(2)　財産目録と貸借対照表・棚卸表・附属明細表 ·····················2
2　財産目録の前提条件としての実地棚卸 ·······································3
　(1)　正規の実地棚卸原則 ···3
　(2)　GoIの具体的内容 ···4
　　①　実質的GoI ··4
　　②　形式的GoI ··6
　　③　補完的GoI ··7
3　財産目録の役割 ···7
　(1)　サバリーによる財産目録の役割 ···7
　(2)　サバリーに関するホフマン説 ··10
　(3)　その他の見解 ···11
　(4)　財産目録の役割 ···12
　　①　財産目録の数量計算に関係する役割 ·····························12
　　②　財産目録の金額面に関係する役割 ·································13
　　③　財産目録と様々な利害関係者 ···14
4　財産目録に記載すべき内容 ···15
　(1)　財産の範囲 ···15
　(2)　財産の評価 ···17

第 2 章　財産目録制度の変遷

1　フランスにおける財産目録制度 …………………………………… *19*
　(1)　1673 年商事勅令 ……………………………………………… *19*
　(2)　1778 年商事勅令改正委員会案 ……………………………… *20*
　(3)　1801 年商法改正委員会案 …………………………………… *21*
　(4)　1807 年商法 …………………………………………………… *21*
　(5)　1867 年商事会社法 …………………………………………… *22*
　(6)　1953 年デクレ ………………………………………………… *23*
　(7)　1966 年商事会社法と 1967 年デクレ ……………………… *24*
　(8)　1982 年商法と 1983 年デクレ ……………………………… *25*
2　ドイツにおける財産目録制度 …………………………………… *28*
　(1)　1794 年プロシャ普通国法 …………………………………… *28*
　(2)　1861 年普通ドイツ商法 ……………………………………… *29*
　(3)　1897 年商法 …………………………………………………… *30*
　(4)　1985 年商法 …………………………………………………… *32*
3　わが国における財産目録制度 …………………………………… *33*
　(1)　商　法　規　定 ……………………………………………… *33*
　　①　明治 23 年商法 ……………………………………………… *33*
　　②　明治 32 年商法 ……………………………………………… *35*
　　③　明治 44 年商法 ……………………………………………… *36*
　　④　昭和 13 年商法 ……………………………………………… *36*
　　⑤　昭和 37 年商法 ……………………………………………… *37*
　　⑥　昭和 49 年商法 ……………………………………………… *38*
　(2)　その他の規定 ………………………………………………… *39*
　(3)　商工省及び企画院による財産目録規定 …………………… *41*
　　①　昭和 5 年商工省臨時産業局による標準財産目録 ……… *41*
　　②　昭和 9 年商工省「財務諸表準則」による財産目録 …… *46*

③　昭和17年企画院「製造工業財務諸準則」における財産目録 ………………53

第3章　財産目録と簿記

1　は　じ　め　に ……………………………………………………………61
2　歴史的生成と発展 …………………………………………………………61
　(1)　ローマ時代 …………………………………………………………61
　(2)　中世及び近世の時代 ………………………………………………62
　　①　14世紀前半の時期 ………………………………………………62
　　②　14世紀後半から15世紀にかけての時期 ………………………64
　　③　16世紀の時期 ……………………………………………………66
　　④　17世紀の時期 ……………………………………………………71
3　財産目録と簿記システム …………………………………………………77
　(1)　財産目録と単式簿記システム ……………………………………77
　(2)　財産目録と複式簿記システム ……………………………………79
　　①　ヒューグリ説 ……………………………………………………79
　　②　ヒューグリ説の評価 ……………………………………………80
4　む　す　び ………………………………………………………………84

第4章　財産目録と貸借対照表
　　　　　——財産目録観の類型——

1　は　じ　め　に ……………………………………………………………91
2　広　義　説 …………………………………………………………………91
3　同　一　説 …………………………………………………………………92
　(1)　財産目録中心思考 …………………………………………………92
　(2)　貸借対照表中心思考 ………………………………………………93
　　①　静態論者の見解 …………………………………………………93
　　②　「財務諸表準則」の見解 ………………………………………94
　　③　損益計算中心の見解 ……………………………………………94
4　関　係　説 …………………………………………………………………96
　(1)　財産の数量計算を中心とした見解 ………………………………96

(2)　財産表示としての見解（その1） ……………………………………… 97
　　(3)　財産表示としての見解（その2） ……………………………………… 98
　　　①　フランス商法 ……………………………………………………………… 98
　　　②　バタルドンの見解 ………………………………………………………… 98
5　独　立　説 …………………………………………………………………………… 99
　　(1)　企業外部報告書 ………………………………………………………………… 99
　　　①　債権者に対する会計情報 ………………………………………………… 99
　　　②　株主に対する会計情報 …………………………………………………… 100
　　(2)　企業内部報告書 ………………………………………………………………… 101
6　む　す　び …………………………………………………………………………… 102

第5章　財産目録・簿記・貸借対照表の関係

1　は　じ　め　に ……………………………………………………………………… 105
2　財産目録・簿記・貸借対照表の内容 ……………………………………………… 105
　　(1)　財　産　目　録 ………………………………………………………………… 106
　　(2)　簿　　　記 ……………………………………………………………………… 106
　　(3)　貸　借　対　照　表 …………………………………………………………… 108
3　財産目録・簿記・貸借対照表の関係 ……………………………………………… 110
　　(1)　三者間の結合図 ………………………………………………………………… 110
　　(2)　各構成要素の内容 ……………………………………………………………… 111
　　　①　接合関係をもつ領域 ……………………………………………………… 111
　　　②　接合関係をもたない領域 ………………………………………………… 113
4　む　す　び …………………………………………………………………………… 122

第6章　財産目録の役割

1　は　じ　め　に ……………………………………………………………………… 127
2　ドイツにおける財産目録 …………………………………………………………… 128
　　(1)　現行商法規定 …………………………………………………………………… 128
　　(2)　財産目録の内容 ………………………………………………………………… 129
　　　①　実地棚卸の方法 …………………………………………………………… 129

② 実地棚卸原則 ……………………………………………………… *130*
　　③ 財産目録上の資産及び負債の範囲 ……………………………… *131*
　(3) ティードシェンの見解 …………………………………………… *135*
3　フランスにおける財産目録 …………………………………………… *137*
　(1) 商　法　規　定 …………………………………………………… *137*
　　① 一般商人に対する規定 …………………………………………… *137*
　　② 商事会社に対する規定 …………………………………………… *141*
　(2) バタルドンの見解 ………………………………………………… *143*
4　む　　す　　び ………………………………………………………… *145*

第7章　コソンの財産目録論

1　は　じ　め　に ………………………………………………………… *149*
2　財産目録と会計制度 …………………………………………………… *150*
　(1) 種々の法規制 ……………………………………………………… *150*
　(2) 財産目録廃止論とその批判 ……………………………………… *151*
3　財産目録と貸借対照表 ………………………………………………… *153*
　(1) 商法規定における財産目録 ……………………………………… *153*
　(2) 財産目録と貸借対照表の関係 …………………………………… *154*
　　① 同一説に対する批判 ……………………………………………… *154*
　　② 会計記録に対する財産目録の修正機能 ……………………… *155*
　　③ 財産目録及び貸借対照表の作成基準 ………………………… *156*
　　④ 財産目録の役割 …………………………………………………… *158*
4　財産目録の量的条件に関する改善 …………………………………… *160*
　(1) 従来の財産目録 …………………………………………………… *160*
　(2) 株主への会計情報としての財産目録 …………………………… *161*
　　① 情報要求の充足 …………………………………………………… *161*
　　② 企　業　機　密 …………………………………………………… *162*
　　③ 保　護　監　察 …………………………………………………… *163*
5　財産目録上の財産評価に関する質的改善 …………………………… *164*

(1) 財産目録と財産価値 …………………………………………… *164*
　　　① 財産価値の種々相 ……………………………………………… *164*
　　　② 財産価値の種類とその分類 …………………………………… *165*
　　　③ 財産価値に対するコソンの考え方 …………………………… *166*
　　(2) 株主の会計情報としての財産目録 …………………………… *168*
　　　① 株主の有用な会計情報と財産価値 …………………………… *168*
　　　② 各財産の評価方法 ……………………………………………… *169*
　　　③ 財産目録の様式と例示 ………………………………………… *171*
　　　④ 財産目録の情報内容 …………………………………………… *175*
　6　む　す　び ………………………………………………………… *177*
　　(1) コソン説の特質 ………………………………………………… *177*
　　(2) コソン説の問題点 ……………………………………………… *178*
　　(3) コソン説の評価 ………………………………………………… *180*

第8章　ヒントナーの財産目録論

　1　は　じ　め　に ……………………………………………………… *183*
　2　ヒントナーの基本的立場 …………………………………………… *183*
　3　通常貸借対照表 ……………………………………………………… *185*
　　(1) 通常貸借対照表の種類 ………………………………………… *185*
　　(2) 通常貸借対照表とGoB ………………………………………… *186*
　　(3) 通常貸借対照表の指導原則 …………………………………… *186*
　　(4) 通常貸借対照表と非常貸借対照表・"シュートゥス"との相違点 … *187*
　4　非常貸借対照表 ……………………………………………………… *189*
　5　"シュートゥス" …………………………………………………… *190*
　　(1) 従来のシュートゥスの見解 …………………………………… *190*
　　(2) 非常貸借対照表と"シュートゥス" ………………………… *190*
　　　① 両者の共通点 …………………………………………………… *190*
　　　② 両者の相違点 …………………………………………………… *191*
　　(3) "シュートゥス"に計上される項目 ………………………… *192*

(4) "シュタートゥス"の作成と法規制 ……………………………………… 193
　(5) "シュタートゥス"における財産評価とその様式 ……………………… 196
　(6) シュタートゥスの表示内容の改善 ……………………………………… 199
6　む　す　び …………………………………………………………………… 200
　(1) ヒントナー説の特質 ……………………………………………………… 200
　(2) ヒントナー説の評価 ……………………………………………………… 201

第9章　財産目録制度化論

1　は　じ　め　に ……………………………………………………………… 205
2　財産目録の意義 ……………………………………………………………… 207
　(1) 数 量 計 算 の 面 …………………………………………………………… 207
　(2) 金 額 計 算 の 面 …………………………………………………………… 208
　　① 財務諸表全体の真実性及び信頼性に関する意義 ……………………… 208
　　② 財産範囲に関する意義 …………………………………………………… 210
　　③ 財産評価に関する意義 …………………………………………………… 214
　(3) 会計情報としての意義 …………………………………………………… 217
　　① 株主及び投資家の立場 …………………………………………………… 217
　　② 債 権 者 の 立 場 …………………………………………………………… 218
　　③ 経 営 者 の 立 場 …………………………………………………………… 219
2　財産目録制度化への提言 …………………………………………………… 219
　(1) 商法と財産目録規定 ……………………………………………………… 219
　　① 一般商人に関する規定 …………………………………………………… 220
　　② 株式会社に関する規定 …………………………………………………… 222
　(2) 証券取引法と財産目録 …………………………………………………… 223
　　① 従来の財産目録の位置づけとその批判 ………………………………… 223
　　② 資産負債アプローチと財産目録 ………………………………………… 228
　　③ 財務諸表体系上の財産目録の地位 ……………………………………… 230

第10章　総　括　と　展　望 ……………………………………………… 233

　文　　　献

第1章

財産目録論序説

1 財産目録の概要

(1) 財産目録の用語

わが国の財産目録に相当する用語は，英語では"inventory"，ドイツ語では"Inventar"，フランス語では"inventaire"，イタリア語では"inventario"と呼ばれている。岡田教授はこのなかで古いイタリア語の"inventario"をその用語のルーツと捉えるのである。というのは，すでにルカ・パチョーリ(Luca Pacioli)が彼の有名な著書『スンマ』のなかでその用語を用いているからである。このイタリア語の"inventario"は，元来"inventaire"という動詞を名詞化したとされ，また"inventaire"という用語は，ラテン語の"invennir"という語に由来するという[1]。この"invennir"というラテン語は，"invenio"という語の過去分詞で，接頭語の"in"は英語の"on"と，また"venio"は英語の"come"とから成り，発見するという意味で用いられていたようである。

ドイツ語の財産目録に類似するのに"Inventur"という用語がある。これは"Inventar"と同義に用いられることもあるが，両者を区別するのが一般的である。この点についてチンドルフ（J. Zindorf）は次のように述べる。「"Inventur"は実地棚卸の行為と呼ばれ，ある企業の特定時点で存在する財産及び負債すべての数量的及び金額的に正確な調査である。次に，その結果に基づくのがこの財産及び負債の文書としての Inventar である。」[2] このように，Inventur は実地棚卸の行為を意味し，その結果を文書として記録したのが Inventar，すなわち財産目録である。

フランス語の財産目録に相当する"inventaire"という用語は，ドイツ語の"Inventar"よりも多義的である。コソン（G. Cosson）によると，"inventaire"はフランスでは次の4つの意味をもつという[3]。1つはドイツ語の"Inventur"と同様に実地棚卸の行為（operation d'inventaire）の意味である。2つめは文字通り実地棚卸の結果を文書とした財産目録（écriture d'inventaire）の意味である。3つめは棚卸資産の実地棚卸（inventaire des stocks）の意味である。4つめは，フランス商法では第1の意味と第2の意味を併用して用いている。

（2）　財産目録と貸借対照表・棚卸表・附属明細表

財産目録は一般に各財産の数量と金額を実地棚卸に基づいて詳細に一覧表としたものである。したがって，各財産についてこの実地棚卸に基づくその数量の把握のみならず，その所在場所等の記載が不可欠である。これに対して，貸借対照表は財産の金額計算が中心で，その数量計算の表示は必要ない。しかも財産の金額計算は詳細表示ではなくて，財産に関する一定のグループによる要約的表示がその特徴である。なお，財産目録も貸借対照表も同じく金額計算の面では共通する。この点に関して同一項目について財産目録上の金額と貸借対照表上のそれを同一とみなす考え方が一般的である。この立場に立てば，両者は密接な関係をもつ。しかし，これだけが唯一の考え方ではない。両者の作成目的をそれぞれ独立したものとみなし，同一項目に異なる金額を付す考え方もある。この場合には，両者の金額は相違する。この点は後述する。

棚卸表（inventory sheet）は実地棚卸の結果に基づいて，決算整理を要する項目の一覧表を表示したものである。それ故に，それが実地棚卸に基づいて作成される点では，たしかに財産目録と軌を一にする。しかし両者の間には差異もある。実地棚卸の結果をすべて網羅的に収容するのが財産目録である。これに対して，棚卸表はそのうちで主として損益計算の見地から決算整理を要する項目のみを収容したものにすぎないからである。例えば，現金を実査した結果，それが現金の帳簿価額と一致するか否かに関わらず，財産目録にはそれを記載する必要がある。一方，棚卸表では現金の実在高と帳簿金額とが一致すれば，決

算整理は行われない。それ故に，棚卸表には実査の金額を記載する必要はないのである。また逆に損益の修正のように決算整理を必要とし，棚卸表には記載しなければならないけれども，財産の実在高とは直接的に関係しないため，財産目録には収容されないものもある。その意味で，両者の間には差異が生じうるのである。ただ，総じて棚卸表は財産目録の一部の項目を示すことはたしかであり，その点から両者は一定の関係をもつといってよい。

　附属明細表は勘定記録，とりわけ補助簿から誘導された各項目の明細表である。これは必ずしも実地棚卸の結果を記載したものではない。しかもその項目はストック情報だけではなく，フロー情報も示される点で，財産目録とは明らかに違いがある。したがって，附属明細表は財産目録の代用とはなりえず，両者の本質は異なるのである。

　このように，財産目録は貸借対照表・棚卸表・附属明細表と部分的には類似する面もあるが，しかしそれらから明確に区別されなければならない。

2 財産目録の前提条件としての実地棚卸

（1） 正規の実地棚卸原則

　財産目録の不可欠な前提条件は財産の実地棚卸である。したがって，当該財産に関して実地検分により何よりもその実在性を確保する必要がある。この実地棚卸に関して，ドイツでは正規の実地棚卸の諸原則（Grundsätze ordnungsmäßiger Inventur；GoI）が存在する。これは，狭義の簿記，貸借対照表ないし年次決算書（Jahresabschluß）と並んで，いわゆる広義の正規の簿記の諸原則（Grundsätze ordnungsmäßiger Buchführung；GoB）の一部を構成する[4]。伝統的な見解はこの GoI の本質を事実と捉えている。すなわち，GoI は"堅実で尊敬すべき商人"の慣行と同一視される。この GoI の考え方は，明らかに実務における経験的集積によって，つまり帰納法的に確定されうるにすぎない。その結果，この GoI 解釈では次のような欠点をもつ。例えば，第 1 に経済的発展に基づいてはじめて現れる問題に対して，この帰納法的考え方では対処できない。第 2

に，いかなる原則が"堅実で尊敬すべき商人"の見解に合致するのかについて明確に検証できない。第3に，商人のリベラルな思考は帳簿記録の範囲及び明瞭性について広範囲にわたって制限する傾向があり，そのため第三者の経済状況への洞察を妨げる。さらに第4に，実務慣行それ自体は一般に経営経済的な研究でパスされた種々の見解に基づいており，必ずしも純粋の実務家の見解とはいえない。このような帰納法的なGoIの見解に対して，近年において新しい見解も展開されている。それはGoIを演繹法的に捉える考え方である。これに従うと，GoIは事実ではなく，商人が強制的に遵守しなければならない規準(Norm)ないし命令(Gebote)と解するのである。特にこの規準ないし命令に対する重要な手掛かりとして重視されるのが法ないし判例(Rechtsprechung)である。このGoIに関する演繹法的ないし目的論的な見解では，実務慣行が無視される危険性が多分にある。それ故に，クヴィック(R. Quick)はGoIについて帰納法的見解と演繹法的見解をミックスした見解が合目的であると主張する[5]。

(2) GoIの具体的内容

彼に従うと，GoIは次のような内容から構成される。1つは実質的なGoI，2つめは形式的なGoI，そして3つめはそれ以外の補完的なGoIである。

① 実質的GoI

実質的GoIは以下の原則からなる。完全性の原則(Grundsatz der Vollständigkeit)，正確性及び恣意性の排除の原則(Grundsatz der Richtigkeit und Willkürfreiheit)，そして個別価格及び個別把握の原則(Grundsatz der Einzelbespreisung und‐erfassung)がこれである。

GoIの範囲に関して，最狭義は有形資産の実地調査のみに限定する考え方である。狭義は有形及び無形の資産すべてを対象とする考え方である。そして，広義はすべての資産だけでなく，負債をも含む考え方である。この3つのうちでどれを前提とするかによって，もちろん完全性の原則の内容は異なる。このうちで広義の見解が一般的である。その場合，完全な物量的な実地棚卸が不可欠となる。「在高の実地棚卸の完全性及び在高記録の完全性は，貸借対照表に計

上される金額のコントロールに対する前提である。それによって，実地棚卸の完全性は，原則としてコントロールされるべき貸借対照表に依存して判断されねばならない。」[6] ここでは，実地棚卸に関する完全性が貸借対照表の金額と関連づけられており，しかも前者を決定するのが後者であると解するのがその大きな特徴である。実地棚卸の結果を一覧表とした財産目録と貸借対照表との間には，財産項目の範囲並びにその金額面では全く同一内容とする考え方が前提となっている。後述するように，これは両者の内容に関する同一説と捉えることができる。このクヴィックの同一説によれば，「貸借対照表に計上されるべき財産在高及び負債のすべてが，しかもこれだけが実地棚卸において把握されねばならず，財産目録のなかで収容されねばならない。したがって，正規の実地棚卸の範囲は資産及び負債の計上義務によって決定され，しかも商人がこの資産ないし負債の計上の可能性を利用する限り，資産ないし負債の計上選択権によって影響される。」[7]

しかし，この見解だけが唯一ではない。この同一説とは異なる考え方もある。例えば，その一つの考え方によれば，すべての資産及び負債を実地棚卸によって把握するときに，結果的に貸借対照表項目と同一範囲を規制する経済的所有 (wirtschaftliches Eigentum) に代えて，法的所有 (rechtliches Eigentum) が中心となるのである[8]。この考え方に従うと，法的所有を中心とした資産及び負債の範囲と，経済的所有を中心とした資産及び負債の範囲との間で，差異が生じうるのである。この詳細は後述する。

正確性及び恣意性の排除の原則は，実地棚卸に際して測定されるものが実質的に適切であり，事実に合致することを要請するものである[9]。具体的にいえば，資産及び負債の適切な確認 (Identifizierung) 並びに，その数量と金額に関する信頼しうる決定を要求するものである。その結果，この「正確性の原則によって，真実性の命令は事実に即して具体化されたのである。事実に即した正確性は財産目録における報告の正確性に関係し，これは数えること，量目及び記述のような主観性のない検証可能な行為から得られる。」[10] かかる正確性に基づく客観的行為のほかに，実地棚卸の一部には主観的影響も全くないとはいえ

ない。そこで，これをできるだけ取り除き，主観的判断の程度を最小限度にするのが恣意性の排除の原則である。これが必要となるのが予測に関してである。種々の予測のなかから，個別的に主観的な確率のウェイトづけを通じて，一つの予測を選択しなければならないからである[11]。

個別価格及び個別把握の原則は，資産及び負債を個別的に把握し，それについてそれぞれの価格を付すことを要請する原則である。したがって，すでに触れた同一説によると，「実地棚卸は財産目録における価格に対する基盤と，それによって貸借対照表に対する基盤を形成する。その結果，個別価格の原則を遵守することによって，実地棚卸においてすべての財産が個別的に把握されねばならない。もしそうでなければ，財産はその個々の価格で財産目録に計上できないであろう。」[12] この個別価格及び個別把握の原則は，もとより原則的な取扱であって，これには例外がある。同一数量を同一価格で評価する固定在高評価（Festbespreisung）（商法第 240 条 3 項），グループ評価（Gruppenbespreisung）（商法第 240 条 4 項）及び棚卸資産に関する消費または売却の順序についての仮定に基づく集合評価手続（Sammelbespreisungsverfahren）による評価（商法第 256 条）がこれである。

② 形式的 GoI

実質的 GoI の原則に対立するのが形式的 GoI である。これには検証可能性の原則（Grundsatz der Nachprüfbarkeit）及び明瞭性の原則（Grundsatz der Klarheit）がある。

検証可能性の原則は，専門知識のある第三者が在高の種類及び金額に関する概要を適当な期間内に理解できるように，実地棚卸の結果の裏づけを要求する原則である。ただ，検証可能性の原則を文字通り主観性がなく，誰でも検証しうる客観的な実情の意味に捉えると，やや問題となりうる。というのは，たしかに在高の種類及び数量に関しては検証に役立つ有用なデータは客観的といえるけれども，その価格要素に関しては主観的要素が含まれうるからである。そこで，この検証可能性の原則を次のように理解すべきことを主張する。すなわち，実地棚卸に基づいて把握された在高及びその金額についての事実，実情及

び見積に関する十分な裏づけの意味に解すべきであるという考え方がそれである。

この検証可能性の原則から導かれるのが明瞭性の原則である。これは，実地棚卸の秩序性と関係し，実地棚卸した各項目を他の項目から区別し，そのコントロールのためにそれに対する明確な名称の付与を要請する原則である。これに伴い，有用な会計情報が信頼できる形でしかも完全に確保されることになる。

③ 補完的 GoI

実質的 GoI 及び形式的 GoI を全体として補うのが補完的 GoI である。これは事実上経済性及び重要性の原則 (Grundsatz der Wirtschaftlichkeit und Wesentlichkeit) である。いうまでもなく，一般的にいってコストに十分見合うその効果が期待されねばならない。これがいわゆる経済性の原則である。したがって，この経済性の原則に基づいて実質的 GoI 及び形式的 GoI は必ずしも絶対的に適用すべきではなく，相対化されるのである。そして，「GoI の相対化がどの程度行われうるかに対する尺度として関係づけられねばならないのが重要性の原則である。これに従うと，実地棚卸によるコントロール情報の測定及び準備は，実施されたコントロールの価値が原因で生じるコストよりも大きい場合にだけ意味がある。」[13] この意味で，一般的な経済性の原則の具体的な適用ケースを示すのが重要性の原則であることがわかる。

3 財産目録の役割

すでに触れた通り，財産目録は資産及び負債の実地棚卸の結果，その数量及び金額に関する詳細な一覧表である。次に，この財産目録の役割について考察する。

(1) サバリーによる財産目録の役割

その点に関してまずサバリー (J. Savary) は以下の4つを指摘する[14]。第1は成果の算定である。この点についてすべての資産及び負債を把握した財産目録

図 1 現在の財産目録のバランス

借方，現在の財産目録に含まれる商品，私（会社の場合にはわれわれ）が受け取るはずの債権，現金	L 35,434.2.1	貸方，現在の財産目録に含まれる私（われわれ）の債務	L 10,023.1
動産		私の資本（ある日のわが社の定款による資本）	L 20,000
1マルク28リーブルの銀食器10マルク L 280			
私の家具評価額 L 4,200	L 4,480	L 5411.1.1 は現在の財産目録の残高で，これは1672年9月1日までに私（またはわれわれ）に神が与えてくれた利益	
不動産			
私の家具評価額	L 15,000		L 5,411.1.1
私の財産総額	L 54,914.2.1		L 35,434.2.1
現在の財産目録上の債務控除	L 10,023.1		
	L 44,891.1.1		

出典：J. Savary, Le parfait negociant, 第1版, フランス語及びドイツ語対照版, Geneve, 1676年，640〜641頁。

を通じて，「彼（商人─筆者注）は年度中に利益を得たか，あるいは損失を生じたかどうかを認識する」[15]と彼は述べる。ここで留意すべきは，この財産目録と成果算定との関係である。彼は上で示した図1の「現在の財産目録のバランス」(Balance du present inventaire) のなかでその手掛かりを示している。

ここでは"バランス"という表現からわかるように，ある意味で貸借対照表的要素も含まれているのがその特徴である。つまり，岸教授が主張するように，サバリーの財産目録は貸借対照表をも構成要素とするのである。それ故に，この考え方に従うと，サバリーの財産目録は成果算定の直接的な手段と解されるといってよい[16]。

第2の役割についてサバリーは「すべての商品を全般的に確認するため，しかもそれが代理人及び使用人によって盗まれていないかどうかを調査するため」[17]と述べている。したがって，それは商品在庫量の確認と，使用人によるその盗難チェックである。すなわち，財産目録による財産の実在数量とその帳簿

数量との比較に基づく棚卸減耗数量の把握がこれにほかならない。その結果，当該財産の管理者に対する財産管理責任がここでは問題となるのである。

　第3の役割は財産状態の把握である。これについて彼は，「自己の状況を認識するため，しかも死亡に驚いても無秩序や混乱に陥らないためには，毎年商売の全体的な見直しを行うことは合理的である」[18]と述べている。この点について商人自身が自己の商売の財産状態を知るだけでなく，さらにその家族が主人の商売が良好であるかどうか，どのような財産を有しているのか，そこから何が期待されることになるのかについて，財産目録は有用であるとも彼は考える。言い換えれば，商人に対する財産状態に関する自己情報としてだけでなく，利害関係者に対する財産状態の把握にも役立つというのである。それ故に，財産目録に基づいて事業の財産状態が的確に把握できれば，かなりの程度事業の過怠破産を未然に防止することができる。これは結果的に商人間における商取引の秩序と安定に大いに貢献することはいうまでもない。

　第4の役割は破産時における債権者に対する説明である。この点についてサバリーは「その後の破産のケースでは債権者に対して自己の行動を弁明し説明するために」[19]と述べている。そして，この第4の役割と第3のそれのなかで触れた商取引間の良好な秩序の維持を企図して定められたのが，1673年フランス商事勅令（Ordonnance de Commerce）第8条における2年ごとの財産目録作成規定であるとサバリーは解するのである。

　なお，ここで指摘した4つの役割のほかに，指摘しておくべきものがある。それは，財産目録が帳簿記録の修正に役立つ面である。これは，すでに触れた第2の役割と関係する。商品の実地棚卸数量の確認は明らかにその帳簿棚卸数量の修正につながるからである。しかし，それだけが帳簿記録の修正ではない。サバリーによると，商品の仕入価格が下落したり，あるいは流行遅れや陳腐化が生じた場合には，帳簿価額が引き下げられる。この金額で帳簿が締め切られるのである。また，現金に関しても同様に実地棚卸を実施し，これによって確認された金額で帳簿が締め切られねばならないとも彼は述べる。したがって，財産目録は帳簿記録の修正だけでなく，帳簿の締切にも寄与するという第5の

役割をもつと解されるのである。

(2) サバリーに関するホフマン説

　ホフマン（W. Hofmann）はこのサバリーの財産目録の役割を次の3つと捉える。第1は財産表示という債権者保護機能である。第2は在高差異の測定というコントロール機能である。そして，第3は年度決算及び成果測定という構造機能（Ordnungsfunktion）である。

　ホフマンによれば，財産目録が債権者に対する財産表示を与える条件は，債権者の必要な場合に財産目録の作成において事実上存在する在高が把握され，かつそこに記載される場合にだけ限られる。ところが，正規に作成される財産目録はこの条件を満たさない。というのは，そこではそもそも支払不能時の破産財団が示されるわけではなく，経済的所有に基づく財産概念が前提だからである。したがって，「法解釈及び法適用の今日の状況では，貸借対照表作成の範囲を越える財産目録独自の債権者保護機能はもはや存在しない」[20]とホフマンは主張するのである。

　第2の機能についてホフマンは批判的である。というのは，財産目録によって財産の実在数量を把握しただけでは直ちにコントロール機能をもつとはいえず，それを十分発揮させるためには，期中の適宜な時点でイストの数値とゾルの数値の比較が不可欠だからであると彼は批判する。しかし，このホフマンの批判は必ずしも妥当ではない。サバリーは財産目録で把握されたイストの数値と比較されるべきものとしてゾルとしての帳簿記録を前提とするからである。言い換えれば，ホフマンはサバリーの簿記の要素を軽視していると解されるのである。

　第3の機能は，いうまでもなく期首及び期末の財産目録の作成を通じて期間利益を算定するものである。つまり，これは簿記記録がなくとも決算を行いうるための財産目録規定であるとホフマンは考えるのである。しかし，今日では簿記記録に基づいて年度決算が行われており，その点から財産目録の位置づけも変化しているという。その結果，現在では「財産目録は簿記と貸借対照表の

間の関係のなかに組み込まれている」[21]と彼は主張するのである。

かくして，サバリーの「財産目録における3つの歴史的機能のうちで債権者保護機能は全く意義をもたず，構造機能はほんのわずかな限定的意義しかもたず，そしてコントロール機能は財産目録の作成が自発的に在高記録の記入に通じる場合にのみ意義をもつにすぎない。かくして，財産目録の義務は年次決算書の適切な作成に制限される」[22]とホフマンは結論づけるのである。要するに，彼は財産目録が独自の機能をもたず，簿記と貸借対照表との間に組み込まれており，その意味でもっぱら年次決算書の正規の作成に役立つと主張するのである。クヴィックもこれと同様の考え方を支持する[23]。このような考え方は，事実EC会社法第4号指令をドイツ法に変換した1985年商法における財産目録規定と軌を一にするといってよい。財産目録は簿記と一緒に商業帳簿規定のなかで規定されており，年次決算書作成規定の前提として位置づけられているからである。

(3) その他の見解

サバリー及びホフマン以外の主な見解は次の通りである。

ティードシェン (S. Tiedchen) によれば，財産目録の唯一の役割が貸借対照表作成に対する基盤であり，財産目録独自の役割を認めない考え方もあるが，しかしこれは妥当ではない。通説は財産目録の役割を単に貸借対照表作成の基盤とみなすだけではなく，それ以外のいくつかの役割をそれは果たすと考えるのである[24]。その第1は，コントロール及び監視機能(Kontroll- und Überwachungsfunktion) である。これは財産目録によって把握される財産のイスト・ベシュタント (Istbestand) と帳簿上のゾル・ベシュタント (Sollbestand) との比較によって，帳簿記録の信頼性とその管理者の責任を明らかにするという機能である。第2は証拠及び証明機能 (Dokumentations- und Nachweisfunktion) である。これは，財産目録が実地棚卸に基づいて財産の数量及び金額を把握することによって，貸借対照表に計上される数値に対する証拠を示すという機能である。第3は債権者保護機能である。これは，一方で財産目録が貸借対照表に計上される項

目の明細を示す点で，さらにそれは破産時に差し押さえの対象となる財産を示すことによって，債権者を保護する点で，いずれも債権者保護に役立つという機能である。しかも，ティードシェンは，この3つの機能が並列的なものではなく，むしろ明確に順位づけられると主張する。すなわち，第3の債権者保護機能が第1順位であり，他の2つの機能も究極的にはこの債権者保護に役立つというのである。このティードシェンの考え方の根底には，財産目録に記載される項目の範囲及びその金額が必ずしも貸借対照表項目のそれと一致せず，両者の間で差異が生じうることが前提となっていることに留意する必要がある。

キュッティング（K. Küting）＆ヴェーバー（C. P. Weber）編の『会計辞典』では，財産目録は次の役割を有する[25]。第1は信頼できる財産数量への手掛かりという役割である。第2は財産の保全及び監視機能である。これ以外の主な役割のなかに派生的なものとして次の2つがある。1つは不注意な財産減少に対する財産管理者への予防的効果である。もう1つは財産変動の簿記的把握に対するイニシアティブ機能である。

（4） 財産目録の役割

そこで，財産目録の役割について総括する。この点についていくつかの視点から論じる。

① 財産目録の数量計算に関係する役割

第1は財産目録が有する財産の数量計算面に関する役割についてである。まず最初に指摘すべきは，帳簿記録上の帳簿棚卸数量に対する実在数量の確認にある。すなわち，サバリーのいう商品在高量の確認，ホフマンのいう在高差異の測定，ティードシェンのいうコントロール及び監視機能，キュッティング＆ヴェーバーの信頼できる数量の手掛かりがそれに該当する。と同時にこの財産の数量計算は，当該財産を管理する者に対する管理責任の所在を明らかにするという重要な役割をも果たすのである。その意味で，かかる財産目録は貸借対照表とは明確に異なる独自の機能を発揮するのである。

② 財産目録の金額面に関係する役割

第2は財産目録における財産の金額面に関してである。

その1は，簿記記録との関係である。ここで財産目録は財産の実在高を把握するため，ゾル・ベシュタントとしての帳簿記録を，イスト・ベシュタントに修正する役割を有する。今日では，これを担当するのは棚卸表である。決算整理を要する項目を収容したこの棚卸表は，ある意味で財産の実在高すべてを一覧表とした財産目録の一部とも解して差し支えあるまい。また，財産目録は結果的に帳簿の締切にも大いに役立つ。この帳簿締切に対する機能もけっして忘れてはならない。いうまでもなく，帳簿締切方法には大陸式と英米式とが知られている。このうちで後者は，資産及び負債・資本の在高の締切に際して決算残高勘定を用いずに個々の勘定上で次期繰越及び前期繰越を記入して帳簿を締め切る方法である。この英米式において決算残高勘定を用いない理由の一つとして，すでに財産目録が作成されていれば，そこで財産の実在高が確認されている以上，これと同一内容を示す決算残高勘定をあえて設けてその勘定に資産，負債及び資本の在高勘定を振り替えるための決算振替仕訳は必要ない点が挙げられる[26]。その意味で，財産目録は帳簿締切手続にも関係するといってよい。

その2は貸借対照表との関係である。一般に財産目録は財産の数量計算及び金額計算に関する詳細を一覧表としたものである。これに対して，貸借対照表はもっぱら金額計算を中心とし，しかも財産の要約的・総括的表示を特徴としている。したがって，財産目録は貸借対照表の作成基盤を形成するという役割を果たしている。と同時に貸借対照表に計上される項目の実在証拠を財産目録は示すだけでなく，貸借対照表で要約的に計上されている項目の明細を示すことにもつながるのである。財産目録が貸借対照表の摘要であるといわれるゆえんである。

その3は，貸借対照表以外に損益計算書等を含む財務諸表との関係である。例えば，財産の実在高を財産目録に収容した結果，帳簿記録との差が生じると，当然その記録を修正し，その差額は損益として処理される。したがって，財産

目録は，財産の実在高の把握を通じて期間損益計算にも影響するのである。そのように考えると，財産目録は財務諸表全体にとって重要な基礎的データを提供しているとも解されるのである。財産目録は単に財産状態のみならず，広く期間損益計算全体に関する財務諸表全体の信頼性を高めることに寄与し，いわゆる会計上の真実性原則を保障すると片野教授が主張するのはこの意味からであると解される[27]。

③ 財産目録と様々な利害関係者

さて，次に財産目録が様々な利害関係者にとってどのような意義を有しているのかについて検討する。

第1は経営者もしくは経営管理者の立場についてである。この点に関して，まず財産目録における財産の数量計算は，各財産の管理責任者に対する責任の所在を明らかにすることができると同時に，それを通じて企業の財産全般に関する経営者の受託責任をも問うことができるのである。その点に財産目録は大いに威力を発揮するのである。これは特に今日重視されているコーポレート・ガバナンスの面から軽視できない側面であるといってよい。また，経営者は従来の財産目録に記載すべき内容をさらに拡大し充実させ，財産ストックに関する種々の情報を収容させることによって，企業の資産・負債の合理的な内部管理手段として財産目録を積極的に活用させることも考えられる。ヒントナー(O. Hintner)がそれをすでに示唆しているし，最近ではいわゆる資産負債の総合的管理 (asset-liability management ; ALM) がこれにほかならない。つまり，財産目録を経営管理手段としてより有効に利用しようとする考え方がそれである。例えば，それを通じて企業の支払能力の現状分析や，将来の流動性予測等にも利用することができるのである。

第2は株主及び投資家や債権者などの企業外部者についてである。すでに触れたように，今日ではわが国では決算財産目録が廃止されてしまった関係で，企業外部者はそれを入手できない状況にある。また，財産目録の作成を依然として義務づけているドイツ及びフランスなどの諸国でも，これは商業帳簿規定のなかで定められており，したがって年次決算書を構成しない。つまり，財産

目録は企業外部者に対するディスクロージャーの対象とはなっていないのである。それ故に、この財産目録は現時点ではたしかに直接的に企業外部者にとって入手可能な会計情報とはいえないのである。財産目録を要約した貸借対照表が公表されている以上、財産目録をあえてディスクローズする必要はないという考え方も成り立つ。しかし、仮に貸借対照表には収容できない重要な財務情報を織り込んだ財産目録を開示するとすれば、企業外部者は企業の財務状態に関してより詳細なデータをそれから入手でき、例えば企業の支払能力の判定などにより積極的に役立つはずである。その意味における財産目録は債権者にとって有用な会計情報の一つと解されるであろう。例えば財産目録に記載される財産の金額を、従来のように各財産ごとに唯一つとし、しかもそれを貸借対照表上の数値と全く同一金額にするだけではない。さらに企業外部者にとって重大な関心のある貸借対照表上の数値とは異なる金額も財産目録に記載させ、財産表示手段として財産目録を積極的に活用させるとすれば、企業外部者に対して財産目録はこれまで以上に意義のあるものとなろう。加えて、サバリーが主張した通り、企業が倒産した際、もし直近の決算財産目録が作成されていれば、財産の隠匿や企業からの不当な財産流出に対する抑止力ないし予防措置ともなりうると考えられるのである。そのような理由から、財産目録は株主や債権者などの企業外部者を中心とした利害関係者にとって重要であろう。

4 財産目録に記載すべき内容

(1) 財産の範囲

　財産目録は総じて財産の数量計算とその金額計算に関する詳細表示を主たる内容としたものである。その場合、財産の数量計算と金額計算とがパラレルで、財産目録の必要且つ十分条件と捉える見解が一般的である。しかし、財産の数量計算が財産目録の本質であり、財産の金額計算はあくまで財産目録の本質ではなく、その付随的条件であるとする見解もある。また、財産目録に記載すべき財産の範囲をどのように解するのかによって、そこに記載すべき内容も当然

異なる可能性がある。ただ，その具体的内容に関しては常に一致するとは限らない。財産の範囲についていくつかの考え方がある。

　例えば，財産の範囲を有形資産のみに限定するのが第1の最狭義の見解である。ここでは文字通り財産に関する実地検分の意味での実地棚卸が重視される。第2に，財産目録の範囲を単に有形固定資産だけでなく，無形資産を含む資産全体と捉える見解である。これは狭義の見解である。第3に，資産に加えて負債をも含むのが一般的で伝統的な見解である。第4に，財産目録のなかに資産と負債との差額たる純財産をも示すという広義の見解がある。たしかに，純財産自体は資産及び負債そのものではないけれども，純財産の金額は企業及び株主にとってきわめて重要な数値を示す。それ故に，この見解では純財産をも財産目録に付随的な情報として示す必要があると考えるのである。第5に，企業の財産のみならず，事業主の私有財産（個人的資産及び個人的負債）も含める最広義の見解がある。かつて，この見解が主張されたこともあったが，現在では事業財産と個人財産とは明確に区別されねばならないという立場から，しかも有限責任を前提とした企業の株式会社制度を背景として，すっかり影を潜めてしまった観が強い。ただ，無限責任を前提とした合名会社や個人企業の場合には，私有財産の財産目録表示は全く無意味というわけではない。その計上は例えば債権者にとって担保能力の判定に有用と解されるからである。

　さらに，財産の内容をどのように規定するのかによっても，上述の財産目録の範囲は異なってくる。具体的にいうと，経済的考察方法の視点から経済的所有を中心に財産の範囲を定める場合と，法律的立場から法的な所有関係を中心に財産の範囲を想定する場合とでは，当然財産の範囲も異なってくる。例えばリース資産は前者の見地では財産に属するが，後者の見地では財産から除かれる。前者の見地が一般的であり，その点から財産目録上の財産範囲は原則として貸借対照表のそれと一致するといってよい。この考え方に従うと，両者の範囲は相違せず，両者の関係は密接不可分の関係となる。

　しかし，これだけが唯一の考え方ではない。前者の見地をメインに置きながら，後者の見地をもサブとして補完させ，バックアップさせる考え方もある。

具体的にいうと,法的な債権及び債務を示す契約の締結等のなかには,経済的な資産及び負債の範囲にまだ属さなくとも,リスク管理面で軽視できないものも少なくない。そこで,それらを財産目録に収容させ,企業の財産状態に影響しうるリスク管理の手段として財産目録を積極的に利用しようとする考え方も成り立ちうるのである。後述するドイツ商法の有名なコンメンタールのなかでそれが明示されている。

(2) 財産の評価

財産目録における財産の金額計算に関しても,いくつかの考え方がある。その1つは,その評価内容はともかく,その財産評価を貸借対照表と全く同一とみなす考え方である。その結果,両者とも取得原価で財産を評価する場合もあれば,財産を時価で評価する場合もある。その2は,財産目録上の財産評価にあたって財産目録自体の役割ないし目的から独自の評価を付し,貸借対照表上の財産評価とは全く異質のものとする考え方である。したがって,ここでは両者の財産評価の内容は異なるのである。その3は,財産目録の財産評価を各項目ごとに唯一つだけ付すのではなく,複数の異なる評価を付す方法である。例えば,一方では財産目録と貸借対照表の財産評価を同一とする評価額を示すと同時に,他方でそれ以外に財産目録固有の財産評価も付すのである。

これを更に発展させて,各財産に関して多元的な財産評価額を財産目録に併記させる方法もある。これはいわゆる財産目録の会計情報化にほかならない。

注
1) 岡田誠一「複式簿記法に於ける財産目録に就て」『會計』第8巻第1号,大正9年5月,2~3頁。
2) J. Zinndorf, Die permanente Inventur, Offenbach am Main, 1951年,13頁。
3) G. Cosson, L'information des actionnaires par l'inventaire(1), in : Revue française de comptabilité, 第72巻,1977年5月,240~241頁。
4) R. Quick, Grundsätze ordnungsmäßiger Inventurprüfung, Düsseldorf, 1991年,15~16頁。
5) R. Quick, 前掲書,19頁。

6) R. Quick, 前掲書, 23 頁。
7) R. Quick, 前掲書, 23〜24 頁。
8) Adler, Düring, Schmaltz 編, Rechnungslegung und Prüfung der Unternehmen, 第 6 巻, 第 6 版, Stuttgart, 1998 年, 68 頁。
9)10) R. Quick, 前掲書, 25 頁。
11) R. Quick, 前掲書, 25〜26 頁。
12) R. Quick, 前掲書, 26〜27 頁。
13) R. Quick, 前掲書, 30 頁。
14) テア・フェーン（A. ter Vehn）も同じくサバリーによる財産目録の目的を 4 つとみる（A. ter Vehn, Die Entwicklung der Bilanzauffassungen bis zum AHGB, in: Zeitschrift für Betriebswirtschaft, 第 6 巻, 1929 年, 248 頁）。
15) J. Savary, Le parfait negociant, 第 1 版, フランス語及びドイツ語対照版, Geneve, 1676 年, 602 頁。
16) この解釈をとらず，財産目録に基づく"バランス"，つまり貸借対照表が作成され，両者の区別を前提とすると，財産目録は貸借対照表作成の直接的な手段ではあるが，しかし成果算定自体も財産目録ではなくて，貸借対照表で行われることになる。言い換えれば，財産目録は成果算定の重要なデータを提供するけれども，あくまで成果測定の間接的な手段にすぎないとみなされる。
17) J. Savary, 前掲書, 602 頁。
18) J. Savary, 前掲書, 602〜603 頁。
19) J. Savary, 前掲書, 604 頁。
20) W. Hofmann, Die Aufgaben der Inventur, in: Der Betrieb, 第 17 巻第 35 号, 1964 年, 1198 頁。
21)22) W. Hofmann, 前掲論文, 1199 頁。
23) R. Quick, 前掲書, 5〜6 頁。
24) S. Tiedchen, Der Vermögensgegenstand im Handelsbilanzrecht, Köln, 1991 年, 49〜51 頁。
25) K. Küting & C. P. Weber 編, Handbuch der Rechnungslegung, Ia 巻, 第 4 版, Stuttgart, 1995 年, 405〜406 頁。
26) この詳細は，拙稿,「フランスにおける帳簿締切手続」『商学集志』（日本大学商学研究会）第 70 巻第 1 号, 平成 12 年 7 月, 9 頁及び同稿,「シュロットの簿記論」『商学集志』第 70 巻第 2 号, 平成 12 年 11 月, 9 頁参照。
27) 片野一郎『簿記精説』（下巻）同文舘, 昭和 52 年, 505 頁。

第2章
財産目録制度の変遷

　財産目録のルーツはローマ時代にまで遡ることができる。それは，後述するように，いろいろな目的に用いられていたようである。この財産目録の作成が制度化されるようになったのは17世紀以降である。そこで，この章ではヨーロッパ諸国，とりわけフランス及びドイツにおける財産目録制度と，わが国における財産目録制度のそれぞれの変遷について考察することにしたい。

1 フランスにおける財産目録制度

(1) 1673年商事勅令

　周知の通り，ルカ・パチョーリは有名な『スンマ』のなかですでに開業財産目録について触れている。しかし，決算財産目録についてはまだ言及していない。その後，フランスでは17世紀頃からこの決算財産目録の作成が主張されるようになってきた。例えばボイエ (C. Boyer) がその1人である。彼は著書『複式簿記の論理による簡潔な記帳方法と教示』[1] (1627年) のなかで，損益の測定のために毎年の財産目録作成を要求した[2]。

　その後，1673年フランス商事勅令は第3章第8条のなかではじめて財産目録の作成を定め，制度化したのである。

> 第8条　商人は，6か月以内に自己のすべての動産及び不動産，債権債務を自署のもとで財産目録を作成しなければならない。これは，2年ごとに調査され改められねばならない。

　安藤教授によれば，フランス商事勅令が商業帳簿規定を設けた趣旨は詐欺破

産防止と証拠としての利用であるが,しかしこの第8条における財産目録作成規定は必ずしもその目的と結びついておらず,それは過怠破産防止を目的とする3)。この点に関連してディークマン(H. Diekmann)は次のように述べる。「第1条から第7条までの記帳義務を違反した場合とは違って,総じて何ら罰則規定はなかった。財産目録の作成を立法者が意図したように,すべての商人は行わなかったのである。」4)

また,第9条は財産目録の裁判所への提出ケースについて規定する。

> 第9条　日記帳,記帳簿あるいは財産目録の提示あるいは提出は,相続,財産の共有,会社の分割,破産の場合を除き,裁判所に要求されえないし命令されえない。

その結果,この第9条により相続,財産の共有,会社の分割及び破産のケースでは財産目録の提出が裁判所によって要求されるのである。

(2) 1778年商事勅令改正委員会案

この1673年フランス商事勅令の改正案が1778年に提出された。これは,ルイ16世のもとでの法務大臣であるミロスマニ(Mirosmenil)が中心となったもので,ミロスマニ・プロジェクトと呼ばれた委員会案であった。改正案の理由は,商事勅令の欠点を是正することであった。特に財産目録については,その改正案は第6条において従来の2年ごとのその作成に代えて,少なくとも2年ごとの作成を義務づけようとしたのである。つまり,財産目録の作成義務の上限を2年と置いたのである。したがって,それよりも短い期間での財産目録の作成を許容したのである。また,財産目録を作成しない商人の罰則規定がないことについて,その委員会は認識していた。しかし,以前と同様にその規定があくまで推奨規定とみなされたにすぎず,あえて罰則規定の導入を検討しなかったのである5)。

(3) 1801年商法改正委員会案

フランス革命後に 1673 年フランス商事勅令の改革が要求されてきた。1801 年にその改正に着手し，その改正に対する委員会報告書が提出された後，1803 年にそれに基づく法律案が公表されたのである。しかし，そのなかでは依然として財産目録の 2 年ごとの作成について要求されているだけで，特に目新しいものはない[6]。つまり，この委員会案は 1673 年フランス商事勅令をそのまま継承したにすぎなかったのである[7]。

ただ一点注目すべきは，第 3 編第 5 章改正案第 396 条においてはじめて財産目録に関する罰則規定案が提出された点である。すなわち，改正案第 4 条で定める信頼できる帳簿及び財産目録を作成しなかったときには，破産者とみなされる（改正案第 396 条）。これによって，財産目録規定は，もはや従来のような単なる推奨規定ではなく，ようやく財産目録作成が，破産という特殊ケースにおいてではあるが，罰則規定と相俟って間接的に法的強制力をもつことが提案されたのである。

しかし，この委員会案は法制化されなかった。

(4) 1807年商法

1807 年に商法 (Code de Commerce) が制定された。このなかで財産目録に関する規定は次の通りである。

> 第 9 条　商人は毎年，動産，不動産，債権及び債務について自署したうえで財産目録を作成し，これを毎年それに定めた特定の帳簿 (registre) に複写しなければならない。
>
> 第 10 条　日記帳及び財産目録帳は，年に一度花押し検印しなければならない。証書写し帳はこの手続に従う必要はない。
> 　すべては日付順に従い，余白なく空白もしくは余白への記入をせずに記帳しなければならない。
>
> 第 14 条　帳簿もしくは財産目録の提示は，相続，財産の共有，会社の分割

及び破産の場合だけ裁判所に命じられうるにすぎない。

この第9条により，財産目録の毎年の作成がようやく義務づけられるようになった。さらに注目すべきは，新たにこの財産目録が特定の帳簿に複写することが義務づけられる点である。それについてディークマンは次のように述べる。「立法者は，それを通じて商人が財産目録を作成したかどうかをコントロールし，しかも商人の財産すべてについても財産目録の作成を強制しようとしたのである。それ以上に，帳簿によって異なる営業期間の結果を比較することができた。」[8] しかし，この規定にもかかわらず，その財産目録帳の作成は煩瑣であり，かつコストがかかるため，それを実施した商人はほんのわずかしかいなかったようである。また，この1807年商法では，1801年商法改正委員会案と違って，財産目録作成に関する罰則規定は設けられなかったのである。

従来と同様に財産目録の作成規定はあるが，しかしそこでの財産評価規定は示されていないのが特徴である。なお，第12条において正規に記帳された商業帳簿を商人間での取引事実に関する証拠として，裁判官は利用しうることになった。これによって商業帳簿が法律上の証拠力であることが明文化されることになったのである。

(5) 1867年商事会社法

フランスでは19世紀に入り，資本会社の設立が増加したため，1867年商事会社法が制定された。その結果，株式会社の設立は許可制から準則主義に変更されたのである。この商事会社法は財産目録について次のように規定している。

> 第34条　すべての株式会社は，半年ごとに積極項目及び消極項目を要約した状態報告書(état)を作成しなければならない。この報告書は監査役に利用される。さらに，商法典第9条に従い毎年，会社の動産，不動産，すべての債権及び債務の価値を含む財産目録を作成する。
> 　財産目録，貸借対照表及び損益計算書は株主総会前の遅くとも40日前までに監査役の利用のために提出される。

第35条　株主総会の遅くとも2週間前からすべての株主は，会社の本社で財産目録及び株主名簿を閲覧することができ，財産目録を要約した貸借対照表と監査役の報告書の写しをとることができる。

第45条　財産目録を作成しなかったり，あるいは虚偽の財産目録を用いて不当な配当を行った取締役は，合資会社の幹部に対して第15条3項でこの場合に示されている罰則が科せられる。

これらの規定により，財産目録がいわゆる株式会社の計算書類の一部を構成し，株主総会への提出義務と，株主総会開催前に株主に対するその閲覧権及び謄写権，さらに財産目録の不作成やその虚偽による架空配当に対する罰則規定が定められたことがわかる[9]。

(6)　1953年デクレ

1953年9月22日デクレ (décret) 第53-875号に基づいて商法典の一部が改正された。それに伴う財産目録規定は以下の通りである。

第9条　彼（商人の資格をもつ自然人あるいは法人―筆者注）は，毎年，企業の積極要素及び消極要素をもつ財産目録を作成し，貸借対照表及び損益計算書 (compte de pertes et profits) を作成するために，すべての勘定を締め切らねばならない。

　　　　貸借対照表と損益計算書は財産目録帳に複写される。

第10条　日記帳及び財産目録帳を日付順に空白なく，いかなる改竄もなく記入する。それについて商事裁判所の判事もしくは簡易裁判所の判事，市長あるいは助役が，正規の手続でしかも無償で複写し花押する。

この第9条に基づき，フランス商法は，財産目録のほかにはじめて貸借対照表及び損益計算書の作成を義務づけるようになった。しかし，従来同様に商法のなかに具体的な会計規定はなく，また財産目録の評価規定もまだ定められて

はいない。

(7) 1966年商事会社法と1967年デクレ

1966年には商事会社法（1966年9月24日法律第66-537号）の改正が行われた。その結果，財産目録に関する規定は以下のようになった[10]。

> 第157条(2) その報告書を朗読した後に，理事会または取締役会は年次総会において一般経営計算書（compte d'exploitation générale），損益計算書及び貸借対照表を提出する。また，会計監査役は，その報告書において第228条で定められた職務を果たしたことに言及する。
>
> 第157条(3) 年次総会は経過年度の会計に関するすべての問題を審議し決定する。
>
> 第168条 すべての株主は，デクレの定める条件及び期間において，以下の情報を入手する権利を有する。
>
> 　　1　財産目録，一般経営計算書，損益計算書，貸借対照表，理事，監査役及び取締役の構成員の名簿
>
> 〈2から4まで省略〉
>
> 第228条1項　会計監査役は，財産目録，一般経営計算書，損益計算書及び貸借対照表の正規性（regularité）及び誠実性（sincérité）を証明する。
>
> 第340条　各年度末に理事会，取締役会または業務執行者は当該期日に存在する種々の積極要素及び消極要素についての財産目録を作成する。
>
> 　その者は，同じく会社の状況及び経過期間中における活動について報告書を作成する。
>
> 　当該条項の対象となる書類は，デクレの定める条件に基づいて会計監査役に利用される。

これらの規定により，従来通り各年度末に取締役会等が財産目録の作成を義務づけられてはいるが，しかし計算書類の承認に関する権限をもつ株主総会に対しては，財産目録の提出義務はなくなったのである。また，財産目録を含む計算書類の正規性及び誠実性を証明するのが会計監査役の職務とする点も特色がある。

1966年商事会社法の改正に伴い，1967年3月23日デクレ法律第67-236号が定められた。このなかで，特に財産目録に関して重要な規定は以下の通りである。

> デクレ第139条3項　財産目録に関する謄写権を除き，閲覧権は謄写権を含む。
>
> デクレ第243条1項　財産目録，一般経営計算書，損益計算書及び貸借対照表は，会社の本社の書類を確定するのに召集される社員総会または株主総会の開催日の遅くとも45日前に本社に置いて会計監査役が利用できるようにしなければならない。

この規定のなかでデクレ第139条3項により従来，株主に与えられていた財産目録の閲覧権は同様に認められるが，しかしその謄写権は除かれることになったのである。また，会計監査役に提出される財産目録等の期間が株主総会開催の2週間前から45日以内に変更された。

(8)　1982年商法と1983年デクレ

周知の通り，EC会社法第4号指令及び第7号指令をフランス国内法に変換するために，1982年に商法が全面的に改正された。そのなかで財産目録に関する規定は次の通りである。

まず最初はすべての商人に関する規定についてである。

商法第8条　商人の資格をもつ自然人または法人は，その企業の財産に影響する変動について会計記録を行わなければならない。その変動は日付順で記録する。

　　　　この自然人または法人は，少なくとも12か月に一度，企業の積極財産及び消極財産の存在と価値を，財産目録によって検証しなければならない。

　　　　この自然人または法人は，会計年度末に会計記録及び財産目録に基づいて年次決算書（comptes annuels）を作成しなければならない。この年次計算書は貸借対照表，成果計算書（compte de résultat）及附属明細書（annexe）を含む。これらは不可分の一体を形成する。

第12条　企業に財産が流入した日において，有償で取得した資産はその取得原価で，無償で取得した資産はその市場価値で，製造した資産はその製造原価で記帳する。

　　　　固定資産の積極項目について，財産目録で計上される価値は，必要であれば，償却しなければならない。積極項目の価値がその帳簿価値（valeur nette comptable）を下回るときには，当該帳簿価値は，その減価が確定的であるか否かにかかわらず，決算日の財産目録価値（valeur d'inventaire）に遡らねばならない。

　　　　代替資産（biens fongibles）は，取得または製造による平均原価法または先入先出法で評価する。

　　　　資産の財産目録価値とその流入価値（valeur d'entrée）との間で確認される増価（plus-value）は記入されない。有形固定資産及び金融固定資産と帳簿価値の全体について再評価したときに，現在価値（valeur actuelle）と帳簿価値との間の再評価差額は損失補填には用いることができない。それは貸借対照表の消極項目に明確に記載される。

1 フランスにおける財産目録制度

　第8条の規定からは，財産目録が年次計算書から明確に区別され，この作成に欠くことのできない前提を形成し，単に財産計算のみならず，損益計算にも大いに寄与することがわかる。また，第12条の評価規定に基づいて資産評価は原則として原価主義であるけれども，財産目録上の価値は必ずしもそうではなく，むしろ現在価値といった時価をベースとすることが推測される。

　商事会社についての財産目録規定は次の通りである。

> 第340条1項　各年度末に理事会，取締役会あるいは業務執行社員は，商法典Ⅰ巻第2編の規定に従って財産目録，年次計算書及び営業報告書を作成する。貸借対照表に添付されるものは以下の通りである。
>
> 第340条3項　本条で触れる証拠書類は，必要な場合にはデクレで定める条件に従い，会計監査役の利用に委ねられる。

　商事会社においても一般商人と同様に財産目録の作成が義務づけられると同時に，会計監査役が従来同様にこの財産目録を利用しうる場合を想定している。

　このような1982年商法改正に伴い，1983年11月29日付のデクレ第83-1020号が定められた。このなかで財産目録に関する規定は以下の通りである。

> デクレ第2条　すべての商人は仕訳帳，元帳及び財産目録帳をつける義務がある。
>
> 　　仕訳帳及び財産目録帳は，当該商人が登録した登記簿に，商事裁判所あるいは必要な場合には商事事件の判決を下す大審裁判所で整理番号を付して花押する。各帳簿は特別登録に対する書記課による整理番号の記入を受ける。
>
> 　　前項の規定にかかわらず，コンピュータ処理された書類は仕訳帳及び財産目録帳に代用しうる。その場合，当該書類は証拠に関してすべての保証を与える方法により確認され，番号とその作成日が付されねばならない。

デクレ第6条　財産目録は棚卸日においてすべての積極項目及び消極項目の数量及び価値を記載した一覧表である。

　　　　　財産目録の資料は財産目録帳に再集計され，当該資料が示す項目の性質及び評価方法に従って区分する。財産目録帳は貸借対照表の各項目の内容を正当化するために，十分詳しく説明されねばならない。

　　　　　年次計算書は毎年，財産目録帳に転写される。

デクレ第7条

　　4項　現在価値は市場や企業に対する財貨の効用（utilité）にしたがって評価される見積価値（valeur d'estimation）である。

　　5項　財産目録の価値は現在価値に等しい。非財務性固定資産の財産目録価値がその帳簿価値を著しく下回っていないときには，後者が財産目録価値とみなされる。

デクレ第7条5項から原則として財産目録上の財産評価がその現在価値，すなわち時価を基調としていることがわかる。

2　ドイツにおける財産目録制度

(1)　1794年プロシャ普通国法

ドイツにおいても古くからフランス同様に財産目録に関する規定がある。

1794年プロシャ普通国法（Allgemeines Landrecht für die Preußische Staaten）は，すでに財産目録規定を第2編第8章で定めている[11]。

　第642条　定款に別段の定めがないときには，すべての社員は，年度末に会社の総財産を財産目録に収容し，次に商業帳簿から決算書を作成し，それに基づいて利益または損失の分配を要求できる。

　第644条　定款に別段の定めがないときには，財産目録の作成に際して営業財産に属する原料及び商品の在庫は，その購入に要した価格で

だけ評価される。ただし，財産目録作成時点における流通価値 (gangbarer Werth) がこれより低いときには，このより低い価格で計上されうるにすぎない。

このプロシャ普通国法第642条においては，定款に定めがないとき，財産目録の作成がいわば社員間の損益の分配手段を明示する点で注目に値する。財産目録が単に財産表示のみならず，損益計算にも役立つとするのは，財産目録の役割を考えるときに重要である。また，第644条では，同じく定款に定めがないときには，棚卸資産は原則として原価で評価される。しかし流通価値がこれを下回るときには，流通価値で評価され，低価基準が適用されることになるのである。

(2) 1861年普通ドイツ商法

周知の通り，1861年に普通ドイツ商法 (Allgemeines Deutsches Handelsgesetzbuch) が制定された。これは，提出されたプロシャ草案やオーストリア草案などをニュルンベルク会議で審議した結果，最終的に決定されたものである。そのなかに財産目録規定がある。

> 第29条　すべての商人は，事業の開始にあたり土地，債権債務，金銭の額及びその他の財産を正確に記録し，その際に財産の価値を附し，財産及び負債の関係を示す決算書を作成しなければならない。商人はかかる財産目録及びかかる財産の貸借対照表を作成しなければならない。
>
> 　商人が，業種の性質上毎年，その実地棚卸を適切に実施できない商品の在庫をもつときには，商品の在庫に関する財産目録は2年ごとに作成することを妨げない。
>
> 　商事会社には同一の規定が会社財産に適用される。
>
> 第30条　財産目録及び貸借対照表については商人が署名しなければならない。個人的に責任を負う複数以上の社員がいれば，その全員が署

30　第2章　財産目録制度の変遷

　　　名しなければならない。
　第31条　財産目録及び貸借対照表の作成に際して，すべての財産及び負債
　　　は，その作成時点においてそれらに附すべき価値で計上されねばな
　　　らない。
　　　　　不確実な債権はその見積価値（wahrscheinlicher Werth）で評価さ
　　　れ，回収不能な債権は償却されねばならない。
　第33条　商人は商業帳簿をその最後に記入した日から起算して10年間保
　　　存しなければならない。
　　　　　受領した商業信書，並びに財産目録・貸借対照表も同じことが適
　　　用される。

　この第29条の規定からは財産目録に基づいて貸借対照表を作成することになり，両者の間に密接不可分な関係が成立していることがわかる。また，第31条の規定に基づき，「附すべき価値」の内容をめぐっていわゆる財産の評価論争が激しく巻き起こったことは有名である。この点について一般に企業の清算価値及び販売価値を中心とした客観価値説から，ジモン（H. V. Simon）が主張するように，所有主にとっての個人的主観価値説へ転化し，更にシュタウブ（H. Staub）やレーム（H. Rehm）の主張するように，再び客観価値化を指向して営業価値説へと展開した[12]ことはよく知られている。

(3)　1897年商法

　ドイツでは1897年に商法が改正された。これは1861年普通ドイツ商法を基本的に継承したものといってよい。このなかでの財産目録規定は以下の通りである。

　第39条　すべての商人の事業の開始において土地，債権債務，金銭の額そ
　　　の他の財産を正確に記録し，その際に個々の財産の価値を附し，財
　　　産及び債務の関係を示す決算書を作成しなければならない。
　　　　　したがって，商人は各営業年度末にこの財産目録及び貸借対照表

を作成しなければならない。営業期間は12か月を超えてはならない。財産目録及び貸借対照表の作成は，正規の業務に適する期間内に行わねばならない。

　商人が，業種の性質上，財産目録の作成を各年度末に行いえないときには，それを2年ごとに行うことも妨げない。毎年の貸借対照表の作成はこれと関係しない。

第40条　貸借対照表はドイツ通貨で作成されねばならない。

　財産目録及び貸借対照表の作成に際して，すべての財産及び債務は，その作成が行われる時点でそれらに附すべき価値で計上されねばならない。

　不確実な債権はその見積価値で計上されねばならず，回収不能な債権は償却されねばならない。

第41条　財産目録及び貸借対照表について商人は署名しなければならない。個人的に責任を負う複数以上の社員がいるときには，その全員が署名しなければならない。

　財産目録及び貸借対照表は，それらに対して定めた帳簿に記入され，あるいはいつでも特別に作成されうる。後者の場合には，それは集計され，しかも関連づけた順序で整然と保管されねばならない。

　これらの規定のなかでは字句の一部の修正はあるものの，基本的にはそれは1861年普通ドイツ商法を踏襲したものといってよい。

　なお，ドイツ法では一般商人の規定のほかに株式会社を対象とした株式法が別個に定められている。それは1870年改正をはじめとして1985年商法改正までに1884年，1931年，1937年，1965年，そして1985年にそれぞれ改正されてきている。この株式法のなかには，フランス商事会社法と違って財産目録について規定していない。つまり，ドイツ株式法では取締役が作成すべき計算書類の中に財産目録が含まれておらず，したがって株主総会の提出書類及び株主総会の承認も必要なく，その公告も必要ないのがその特徴である。

（4） 1985年商法

　ドイツ法は，フランス商法と同様に EC 会社法指令を国内法に変換する際に，同時に従来の一般商人に関する規定を大幅に見直し，商法全体の抜本的な改正を行った。そのなかでは財産目録は従来と異なり，商業帳簿規定のなかに含められることになったのである。その規定は次の通りである[13]。

　　第240条　すべての商人は事業の開始にあたり土地，債権及び負債，金銭の額及びその他の財産を正確に記録し，個々の財産及び負債の価値を付さねばならない。

　　　　次に商人は，各営業年度末にかかる財産目録を作成しなければならない。営業期間は12か月を超えてはならない。財産目録の作成は正規の業務に適する期間内になされねばならない。

　　　　有形固定資産及び原料・補助材料・工場消耗品は，それらが規則的に補充され，その総額が企業にとってそれほど重要でなく，その在高がその数量，金額及びその構成においてわずかしか変動しない限り，一定の数量を一定の価額で評価することができる。しかし，原則として3年ごとに実地棚卸が実施されねばならない。

　　　　同種の棚卸資産並びにその他の同種の動産，あるいはほぼ価値が等しい財産及び負債は，そのつど一つのグループにまとめて，これを加重平均値で計上することができる。

　　第241条　財産目録の作成に際して，種類，数量及び金額に基づく財産の在高は，無作為抽出検査による数理統計的方法を用いてもまた測定することができる。その手続は正規の簿記の諸原則に合致しなければならない。このような方法で作成された財産目録の供述力は，実地棚卸に基づいて作成された財産目録と同一視されねばならない。

　　　　営業年度末の財産目録作成に際しては，正規の簿記の諸原則に合致したその他の手続を適用することによって，種類，数量及び

価値に基づく財産の在高がこの時点で実地棚卸をしなくとも把握されうることが保障されていれば，この時点で財産の実地棚卸は必要としない。

営業年度末の財産目録においては，以下の場合には財産を記載する必要はない。

　　1　商人が，営業年度末の直前3か月あるいは直後2か月以内に作成した特別の財産目録のなかに，実地棚卸あるいは第2項で許容されたその他の手続に基づくその在高を種類，数量及び金額により記載した場合，及び

　　2　正規の簿記の諸原則に適合した前進計算法あるいは逆進計算法の適用による特別な財産目録に基づいて，営業年度末に存在する財産の在高がこの時点で正規に評価されうることが保障されている場合。

第240条1項は依然として開業財産目録の作成が義務づけられているだけでなく，同条2項では各営業年度末での財産目録の作成も義務づけられている。ただし，従来のように，財産目録が貸借対照表作成の直接的な基盤を形成するという考え方ではなくて，むしろ商業帳簿のなかで規定されている。このように，いわゆる年次計算書全体の作成基盤として新たに位置づけられているのがその特徴である。また，厳格な実地棚卸の代用とみなしうる手続や，その簡便法についても第241条で明確に示されているのも注目すべきである。

3　わが国における財産目録制度

(1) 商法規定

① 明治23年商法

いうまでもなく，わが国では明治23年にはじめて商法が制定された。これは『ロエスレル氏起稿商法草案』をもとに設けられたものである。そこでは財産目

録について次のように規定した。

> 商法第32条　各商人ハ開業ノ時及ヒ爾後毎年初ノ三个月内又合資会社及ヒ株式会社ハ開業ノ時及ヒ毎事業年度ノ終ニ於テ動産, 不動産ノ総目録及ヒ貸方借方ノ対照表ヲ作リ特ニ設ケタル帳簿ニ記入シテ署名スル責アリ
>
> 　財産目録及ヒ貸借対照表ヲ作ルニハ総テノ商品, 債権及ヒ其他総テノ財産ニ当時ノ相場又ハ市場価直ヲ附ス弁償ヲ得ルコトノ確カナラサル債権ニ付テハ其推知シ得ヘキ損失額ヲ扣除シテ之ヲ記載シ又到底損失ニ帰ス可キ債権ハ全ク之ヲ記載セス
>
> 商法第200条　通常総会ハ毎年少ナクトモ一回定款ニ定メタル時ニ於之ヲ開キ其総会ニ於テハ前事業年度ノ計算書, 財産目録, 貸借対照表, 事業報告書, 利息又ハ配当金ノ分配ヲ株主ニ示シテ其決議ヲ為ス
>
> 商法第218条　会社ハ毎年少クトモ一回計算ヲ閉鎖シ計算書, 財産目録, 貸借対照表, 事業報告書, 利息又ハ配当金ノ分配案ヲ作リ監査役ノ検査ヲ受ケ総会ノ認定ヲ得タル後其財産目録及ヒ貸借対照表ヲ公告ス其ノ公告ニハ取締役及ヒ監査役ノ氏名ヲ記載スルコトヲ要ス
>
> 商法第222条　会社ハ其本店及ヒ支店ニ株主名簿, 目論見書, 定款, 設立免許書, 総会ノ決議書, 毎事業年度ノ計算書, 財産目録, 貸借対照表, 事業報告書, 利息又ハ配当金ノ分配案及ヒ抵当若クハ不動産質ノ債権者ノ名簿ヲ備置キ通常ノ取引時間中何人ニモ其求ニ応シ展閲ヲ許ス義務アリ

この商法第32条に基づいて財産目録がわが国ではじめて制度化されたのである。ただ, ここでいう"財産の総目録"に関して若干解釈が異なるといわれる。第1は, 財産目録の内容を商法本文に即して動産及び不動産に限定する考

え方である。第2は，財産目録のなかにさらに債権も含めて解釈し，それを資産総目録とみなす考え方である。第3は，財産目録の内容を，動産及び不動産について収容した"目録"部分と，債権（貸方）及び債務（借方）を含めて"貸方借方の対照表"の部分とを併合したものと捉える考え方である。このなかで久野教授は第3の立場を主張している[14]。この解釈に従うと，商法第32条は，物権的財産権を中心とした目録と，債権債務を中心とした対照表との両者を含む完全な財産目録規定そのものを意味することになるのである。なお，その当時の明治23年『銀行条例』及び明治26年『銀行条例施行細則』では資産総目録としての財産目録の様式が定められていた[15]。

また，商法第32条2項により，財産目録及び貸借対照表に関して，いわゆる時価評価が要請されていることも注目に値する。

この明治23年商法では，開業財産目録及び決算財産目録の作成が義務づけられていただけでなく，さらに株式会社においては株主総会に提出すべき書類の一つにこの財産目録が含められ，それが総会による承認の後に，公告の対象にもなっていたのである。この意味で，財産目録は特に重視されていたことがわかる。

② 明治32年商法

明治32年に商法が改正された。それに伴い，財産目録規定も一部修正された。

商法26条　動産，不動産，債権，債務其他ノ財産ノ総目録及ヒ貸方借方ノ対照表ハ商人ノ開業ノ時又ハ会社ノ設立登記ノ時及ヒ毎年一回一定ノ時期ニ於テ之ヲ作リ特ニ設ケタル帳簿ニ記載スルコトヲ要ス

　　　　　　財産目録ニ動産，不動産，債権其他ノ財産ニ其ノ目録調整ノ時ニ於ケル価格ヲ附スコトヲ要ス

この規定により，既述の明治23年商法第32条1項の規定をめぐって疑義のあった点が明確となった。つまり，財産目録のなかには物権以外に債権債務その他のすべての財産が計上されることが明確化したのである。さらに，明治32

年商法第26条の財産評価規定のなかで"財産目録調整ノ時ニ於ケル価格"という表現が用いられているが，これは事実上明治23年商法第32条の実質的内容と変わりはなく，時価を意味するとみなされている。

また，明治23年商法第222条の規定の一部が明治32年商法で以下のように改正された。

> 商法第222条　会社ハ其本店及ヒ各支店ニ株主名簿，目論見書，定款，設立免許書，総会ノ決議書，毎事業年度ノ計算書，財産目録，貸借対照表，事業報告書，利息又ハ配当金ノ分配案及ヒ抵当若クハ不動産質ノ債権者ノ名簿ヲ備置キ通常ノ取引時間中株主及ヒ債権者ノ求ニ応シ展閲ヲ許ス義務アリ

この規定により，財産目録の閲覧がすべての人を対象とせず，株主及び会社の債権者に対してのみ開示されることになった。

③　明治44年商法

明治44年にも商法が改正され，特に財産評価規定が改正された。

> 商法第26条2項　財産目録ニハ動産，不動産，債権其他ノ財産ニ価額ヲ附シテ之ヲ記載スルコトヲ要ス其価額ハ財産目録調整ノ時ニ於ケル価額ニ超ユルコトヲ得ス

その結果，従来の時価主義から，いわゆる時価以下主義に変更されたのである。

④　昭和13年商法

昭和に入って注目すべき商法改正が行われた。すなわち，商人一般の評価規定と株式会社に対する特別な評価規定が区別されて設けられたのである。前者は商法第34条，後者は商法第285条である。

> 商法第34条　財産目録ニハ動産，不動産，債権其ノ他ノ財産ニ価額ヲ附シテ之ヲ記載スルコトヲ要ス其ノ価額ハ財産目録調整ノ時ニ於ケル価格ヲ超ユルコトヲ得ズ

> 営業用ノ固定財産ニ付テハ前項ノ規定ニ拘ラズ其ノ取得価額又ハ製作価額ヨリ相当ノ減損額ヲ控除シタル価額ヲ附スルコトヲ得
>
> 商法第285条　財産目録ニ記載スル営業用ノ固定財産ニ付テハ其ノ取得価額又ハ製作価額ヲ超ユル価額，取引所ノ相場アル有価証券ニ付テハ其ノ決算期前一月ノ平均価格ヲ超ユル価額ヲ附スルコトヲ得ズ

この商法第34条2項に基づき，一般商人に対して固定資産について従来の時価以下主義に代えて，原価評価が許容されることになったのである。また株式会社に対しては，株主に対する配当規制の面から，固定資産についてはその取得価額または製作価額，取引所の相場のある有価証券についてはその期末時点の相場ではなくて，その決算期前一月の平均相場をそれぞれ上限とすることになったのである。

なお，昭和13年商法改正に伴い，以下の商法第283条が示すように依然として取締役による財産目録の定時総会への提出とその承認は要するが，しかし財産目録の公告は必要なくなり，貸借対照表のみ公告を要することになった。つまり，財産目録は公告の対象から除かれたのである。財産目録後退の第一歩を示すといってよい。

> 商法第283条　取締役ハ第二百八十一条ニ掲グル書類ヲ定時総会ニ提出シテ其ノ承認ヲ求ムルコトヲ要ス
>
> 　　　　　　取締役ハ前項ノ承認ヲ得タル後遅滞ナク貸借対照表ヲ公告スルコトヲ要ス

⑤　昭和37年商法

さらに昭和37年の改正では，商法第283条1項は次のように改められた。

> 商法第283条1項　取締役ハ第二百八十一条第二号乃至第五号ニ掲ゲル書類ヲ定時総会ニ提出シテ其ノ承認ヲ求ムルコトヲ要ス

その結果，財産目録は取締役が作成すべき種類のなかに含められ，株主及び債権者への閲覧は従来同様認められているけれども，しかしそれをもはや定時総会へ提出し，その承認を必要としなくなったのである。これもまた財産目録後退の第二歩を示すといってよい。その主たる理由は，財産目録は貸借対照表の摘要にすぎないため，それを定時総会に提出してその承認を受けなくとも貸借対照表が存在する以上，その必要はないとする点にある。言い換えれば，余りに詳細なデータを株主に閲覧させても，かえってそれを全体的に株主が瞬時に理解することは難しく，むしろ財産状態を要約的に示す貸借対照表のほうが企業の財務内容を的確に判断できると考えられるからである。

この結果，株式会社では明らかに財産目録の存在意義が低下してしまった嫌いがある。

⑥ 昭和49年商法

そして，昭和49年商法改正では一般商人の規定からも開業財産目録及び決算財産目録は完全に姿を消すことになった。特に商法第32条1項及び第33条2項は次のように規定する。

> 商法第32条1項　商人ハ営業上ノ財産及損益ノ状況ヲ明カニスル為会計帳簿及貸借対照表ヲ作ルコトヲ要ス
> 商法第33条2項　貸借対照表ハ開業ノ時及毎年一回一定ノ時期,会社ニ在リテハ成立ノ時及毎決算期ニ於テ会計帳簿ニ基キ之ヲ作ルコトヲ要ス

これらの規定により，一般商人に対しても開業財産目録及び決算財産目録の作成を要しないことになったのである。その理由は，会計帳簿に基づいて決算書類を作成するという考え方が支配的となり，さらにその基本的なスタンスとしていわゆる費用収益法的な計算システムを商法が予定するようになったといわれる。したがって，わが国では商法規定から決算財産目録は制度上完全に廃止されてしまったのである。

なお，商法では決算財産目録以外に企業の清算時に臨時財産目録の作成を義

務づけている（商法第419条）。

> 商法第419条1項　清算人ハ就職ノ後遅滞ナク会社財産ノ現況ヲ調査シ財産目録及貸借対照表ヲ作リ之ヲ株主総会ニ提出シテ其ノ承認ヲ求ムルコトヲ要ス

（2）その他の規定

商法以外にも財産目録の作成が義務づけられている。臨時財産目録がその大半である。例えば財産の相続時（民法第1011条），企業の破産時（破産法第189条①），企業の会社更正時（会社更生法第178条①）などである。

> 民法第1011条　遺言執行者は，遅滞なく，相続財産の目録を調整して，これを相続人に交付しなければならない。
> 　　遺言執行者は，相続人の請求があるときは，その立会を以て財産目録を調整し，又は公証人にこれを調整させなければならない。
>
> 破産法第189条1項　破産管財人ハ財産目録及貸借対照表ヲ作ルコトヲ要ス
>
> 会社更生法第178条1項　管財人は，前条の規定による評定を完了したときは，直ちに手続開始の時における財産目録及び貸借対照表を作らなければならない。

このほかに定期的に財産目録の作成が要求されるのは法人の会計（民法第51条①）及び財産の信託時（信託法第39条②），さらに公益法人の会計基準である。

> 民法第51条1項　法人ハ設立ノ時及ヒ毎年初ノ三个月内ニ財産目録ヲ作リ常ニ之ヲ事務所ニ備ヘ置クコトヲ要ス但特ニ事業年度ヲ設クルモノハ設立ノ時及ヒ其事業年度ノ終ニ於テ之ヲ作ルコトヲ要ス

〔表2-1〕

財　産　目　録

様式6　　　　　　　　　平成　　年　　月　　日現在

科　　　　目	金　　　額		
I　資産の部			
1　流動資産			
現金預金			
現金　　　現金手許有高	×××		
普通預金　○○銀行○○支店	×××		
未収会費　××年度会費××名分	×××		
…………　　…………………	×××		
流動資産合計		×××	
2　固定資産			
(1)　基本財産			
土地　　　○○平米	×××		
利付国債　○○銘柄	×××		
…………　　…………………	×××		
基本財産合計	×××		
(2)　その他の固定資産			
………　　…………	×××		
………　　…………	×××		
………　　…………	×××		
その他の固定資産合計	×××		
固定資産合計		×××	
資産合計			×××
II　負債の部			
1　流動負債			
短期借入金　○○銀行○○支店	×××		
預り金　　　職員に対する源泉所得税	×××		
………	×××		
流動負債合計		×××	
2　固定負債			
長期借入金　○○銀行○○支店	×××		
退職給与引当金　…………………	×××		
……………　　　…………………	×××		
固定負債合計		×××	
負債合計			×××
正味財産			×××

信託法第39条2項　受託者ハ信託引受ノ時及毎年一回一定ノ時期ニ於テ各信託ニ付財産目録ヲ作ルコトヲ要ス

　なお，わが国の民法典の生成プロセスを丹念に渉猟した星野教授は，この民法第51条1項の規定が明治23年商法第32条に基づいて設けられたと解する[16]。

　昭和53年からはじめて適用された公益法人会計基準は昭和62年に改正され，そのなかで財産目録は，収支計算書，正味財産増減計算書及び貸借対照表と同様に計算書類の一つに属する。そこでの財産目録の特徴は，その価額が貸借対照表記載の価額と同一と考えられている(公益法人会計基準第7財産目録3)。そこで示されている財産目録の様式は，前頁の〔表2-1〕の通りである。

　最近，この公益法人会計基準の見直しに関する中間報告が平成13年12月に公表された。これによると，財産目録は依然として財務書類のなかに含められてはいるが，しかし新たに提案されている財務諸表（これは正味財産増減計算書，貸借対照表及びキャッシュ・フロー計算書からなる。）の体系からは除外されている。

(3) 商工省及び企画院による財産目録規定

① 昭和5年商工省臨時産業局による標準財産目録

　これまで，主に商法規定を中心としたわが国の財産目録制度をみてきた。ところで，実はこれとは異なる方向で財産目録の制度化も論議の対象となることもあったのである。例えば昭和5年に商工省臨時産業局財務管理委員会が発表した標準貸借対照表及び標準損益計算書と並ぶ標準財産目録なるものがそれである。これは，株式会社が株主総会に財産目録を提出する際に実務における決算報告書の標準化を目指して公表されたもので，その一環として財産目録もそのなかに含まれているのである。それが標準財産目録にほかならない。

　この標準財産目録の雛形を示すと，次頁の〔表2-2〕の通りである。

　以下，その特徴を示す。第1に，財産目録は資産及び負債の各項目について現品または証憑に照らして作成すべきもので，貸借対照表の各項目のうち株主

〔表 2-2〕

第〇〇期末　昭和〇年〇月〇〇日　財　産　目　録
甲　　工　業　株　式　會　社

資　　産						圓
固　定　資　産						46,965,000.00
土　　地	別紙土地内譯目錄ノ通リ					7,630,000.00
東京市　事　業　用	300 坪	110,000.00				
横濱市　〃	92,000 〃	3,040,000.00				
大阪市　〃	127,000 〃	3,943,000.00				
京　城　將來事業用	68,500 〃	<u>537,000.00</u>				
建物及設備	別紙建物及設備内譯目錄ノ通リ					13,422,000.00
東京本社　取得原價	457,000.00		鎖却累計	92,000.00		
横濱工場　〃	4,239,000.00 (當期減少 92,000.00)		〃	2,341,000.00		
大阪工場　〃	15,640,000.00 (當期増加 786,000.00)		〃	<u>4,481,000.00</u>		
機械工具及什器	別紙機械工具及什器内譯目錄ノ通リ					25,155,000.00
東京本社　取得原價	112,000.00		鎖却累計	54,000.00		
横濱工場　〃	12,190,000.00 (當期増加 153,000.00)		〃	4,916,000.00		
大阪工場　〃	27,012,000.00 (當期減少 76,000.00)		〃	<u>9,189,000.00</u>		
特　許　權						758,000.00
〇〇〇關係　特許實施權〇口　取得原價 1,991,000.00　鎖却累計 1,233,000.00						
投　　資						15,262,000.00
子會社出資						10,886,000.00
〇〇工業株式會社株式						
200,000 株　拂込額 6,000,000.00 (未拂込額 4,000,000.00)		6,000,000.00				
〇〇製作株式會社株式						
100,000 株　拂込額 5,000,000.00 (全額拂込濟)		4,000,000.00				
〇〇製作株式會社社債						
額　面	886,000.00			<u>886,000.00</u>		
子會社勘定						3,211,000.00
〇〇工業株式會社賣掛金	2,124,000.00					
〇〇製作會社貸付金及假拂金	<u>1,087,000.00</u>					
不　動　産						1,165,000.00
〇〇〇所在　土地 18,400 坪	920,000.00					
〇〇〇所在　倉庫 2,200 坪　取得原價 440,000.00　鎖却累計 195,000.00						
特　定　資　産						33,146,000.00
引當勘定見返金錢信託　〇〇信託株式會社						21,000,000.00
從業員預リ金見返有價證券　別紙有價證券内譯券目錄ノ通リ						12,146,000.00
國　債　額　面	8,214,000.00		價　額	7,968,000.00		
地方債　　〃	4,700,000.00		〃	4,178,000.00		
作　業　資　産						54,974,000.00

材　料　品	別紙材料品内譯目錄ノ通リ			12,921,000.00
横濱工場在品			4,216,000.00	
大阪工場在品			7,913,000.00	
○○○倉庫株式會社○○倉庫寄託品			541,000.00	
未　着　品			251,000.00	
半　成　工　事	別紙半成工事内譯目錄ノ通リ			42,053,000.00
横　濱　工　場			17,214,000.00	
大　阪　工　場			24,839,000.00	
流　動　資　産				**9,791,000.00**
未　収　入　金				4,242,000.00
官　　廳	○○ヶ所		713,000.00	
會社及商店	○○ヶ所		3,529,000.00	
貸　付　金				3,651,000.00
手　形　貸　付	○○口		2,948,000.00	
證　書　貸　付	○○口		703,000.00	
銀　行　預　金				1,884,000.00
當　座　預　金	○○銀行○○銀行 ○○銀行○○銀行		884,000.00	
通　知　預　金	○○銀行○○銀行		1,000,000.00	
現　　　金	手　許　有　高		14,000.00	
雜　　勘　　定				**5,847,000.00**
假　拂　金				237,000.00
材料品購入代金拂			170,000.00	
從業員假拂金			56,000.00	
其　他　何　々			11,000.00	
未經過保險料	火災保險未經過分			54,000.00
創　業　費	總支出額　341,000.00	銷却累計　297,000.00		44,000.00
○○○買収費	〃　　2,174,000.00	整理濟高　458,000.00		1,716,000.00
建　設　利　息	〃　　1,070,000.00	銷却累計　936,000.00		134,000.00
保證差入有價證券	○○省ヘ契約保證金トシテ差入國債	額面　1,600,000.00		1,500,000.00
保管有價證券	契約保證金トシテ預リ			2,162,000.00
國　　債	額　面　910,000.00	記帳額　892,000.00		
地　方　債	〃　　　420,000.00	〃　　　401,000.00		
社　　債	〃　　　361,000.00	〃　　　324,000.00		
株　　式	拂込額　847,000.00	〃　　　545,000.00		
未　拂　込　株　金	2,000,000 株　壹株ニ付キ 20 圓		40,000,000.00	
保　證　債　務　見　返				500,000.00
	資　産　合　計			**165,985,000.00**
	負　　　　債			
引　　當　　金				**20,944,000.00**
研　究　引　當　金				658,000.00
當社研究所費引當			558,000.00	
○○○大學研究室委託研究引當			100,000.00	
銷　却　引　當　金				1,345,000.00

	建 物 及 設 備		420,000.00	
	機　　　　械		925,000.00	
○○○修繕引當金				1,653,000.00
退職給與引當金				17,288,000.00
	職員○名ニ對スル分		8,135,000.00	
	職工○○名ニ對スル分		9,153,000.00	
長　期　負　債				**9,000,000.00**
親 會 社 勘 定	○○株式會社借入金			3,000,000.00
借　入　金				6,000,000.00
	擔保附（物件何々………）		5,000,000.00	
	信　用　借		1,000,000.00	
短　期　負　債				**44,818,000.00**
買　掛　金				9,051,000.00
	材 料 品 代 金	○○○口	7,218,000.00	
	工 事 費 未 拂 金	○○口	1,714,000.00	
	其 他 何 々		119,000.00	
未　拂　金				1,986,000.00
	職 工 賃 金		612,000.00	
	特 許 權 使 用 料		973,000.00	
	税　　　　金		401,000.00	
支拂商業手形				4,043,000.00
	約 束 手 形	○○通	3,249,000.00	
	引受荷爲替手形	○通	794,000.00	
前　受　金				14,338,000.00
	官　　　　廳	○○口	8,245,000.00	
	内 國 會 社	○○口	4,193,000.00	
	外 國 會 社	○口	1,900,000.00	
從業員預リ金				15,397,000.00
	職員勤儉預金	○○○名分	7,314,000.00	
	職工勤儉預金	○○○○名分	8,083,000.00	
未 拂 配 當 金				3,000.00
雜　　勘　　定				**3,984,000.00**
假　受　金				309,000.00
	借受公債及保管公債ニ係ル利札代リ金		100,000.00	
	工場團體及從業員倶樂部預リ金		209,000.00	
未經過收入利息	貸付金前受利息　　○口			13,000.00
借受有價證券	○○省ヘ契約保證金トシテ差入ノ爲メ借受			1,500,000.00
預リ保證有價證券	契約保證金トシテ預リ			2,162,000.00
保　證　債　務			400,000.00	
	子會社○○株式會社對○○銀行債務保證			
	負　債　合　計			78,746,000.00
	差　引　正　味　財　產			87,239,000.00

及び損失利益に属するものを除くすべての項目が財産目録の内容をなす点である。したがって，財産目録に資産のみを示すのは商法規定に違反する。第2に，固定資産を第1順位とする固定性配列法による雛形と，流動資産を第1順位とする流動性配列法のそれとの2つのタイプが例示されている。第3に，資産グループに関しては固定資産，投資，特定資産，作業資産，流動資産，雑勘定，未払込株金及び保証債務見返に，また負債に関しては引当金，長期負債，短期負債，雑勘定及び保証債務にそれぞれ大別されている。ここで特定資産とは，例えば従業員預り金としての見返有価証券などがその典型である。作業資産とは棚卸資産を指し，それを流動資産から区別するのが特徴である。その結果，ここでいう流動資産の範囲は金銭債権及び現金預金に限定される。第4に，財産目録の内容は貸借対照表と異なり，なるべく詳細にこれを分類し，且つ内容を示すに足る附記を必要とする。第5に，資産及び負債に附する金額は財産目録と貸借対照表といずれも同一金額とする。第6に，未払込株金は株主に対する会社の権利ではあるが，一般資産と同一視すべきではなく，これを区別し単に摘要欄にその金額を記載する。つまり，資産の合計額には加算しない。第7に，保証債務または偶発債務は負債に計上し，求償権の確実なものは見返勘定を資産に計上する。但し，その金額は摘要欄に記載する。したがって，いわゆる偶発債務を財産目録に示すが，その資産及び負債は資産合計及び負債合計に加えない。また，割引手形については負債項目として示す。

　この特徴のうちで特に第5点は注目すべきである。というのは，この考え方は基本的に財産目録と貸借対照表との金額が資産及び負債について同一であるという立場を明示するからである。いわゆる同一説の立場がこれである。

　しかし，この点について下野教授及び木村教授による批判がある。まず下野教授の批判点は次の通りである。すなわち，財産目録に記載すべき各種の資産及び負債はそれぞれその取得月日を異にするので，それを明記し且つ財産目録作成時点で新たにそれを取得するのに要すべき時価見積額，つまり再調達原価を記載すべきという主張がこれにほかならない。その理由は，金銭収支の顚末を明らかにして出資株主にそれを示すことを目的とする貸借対照表とは違っ

て，財産目録は会社財産の内容及びその支払能力を測定して一般債権者及び取引先にそれを公示し，会社の有限責任に対する警告を目的とする点にある[17]。財産目録におけるこの時価評価額と貸借対照表価額との差額は不確定で未実現であるために，貸借対照表には財産評価増（または減）額勘定として計上させる。このように，下野教授は貸借対照表と財産目録とは本来的に目的を異にするので，財産評価の面で財産目録では債権者保護の見地から貸借対照表とは異なる時価評価を主張するのがその特徴である。したがって，貸借対照表と財産目録の金額は同一ではなくなるのである。

次に木村教授も同じく財産目録の本質は貸借対照表と全く異質であるという立場に立つ。しかも，それは単に財産評価の面だけ現れるのではなく，両者の項目の範囲も異なると主張するのである[18]。その理由は，財産目録には有償取得あるいは無償取得を問わず，財産として価値あるものすべてが計上されねばならないのに対して，貸借対照表には金銭の支出なくして獲得されたものを計上する余地がないからである。したがって，例えば助成金または寄付金の交付により財産を取得したときには，貸借対照表にそれを計上しなくとも差し支えないのに対して，財産目録にはそれを必ず計上しなければならないという。さらに，自己創設暖簾については貸借対照表に計上するのは一般に否定視されるが，しかし財産目録にはそれが確実に売却できるものについてはその見積額を計上しうる。また，買入暖簾は，それが償却されるまで貸借対照表に計上してよいが，しかしそれが売却しえず財産価値がなければ，財産目録にそれを計上できない結果となると主張するのである。

このように，両者とも財産目録では時価による財産価値を示すべきであると主張する。

② 昭和9年商工省「財務諸表準則」による財産目録

標準財産目録（案）の公表後にその検討を加えた結果，商工省臨時産業合理局財務管理委員会は株式会社における財務諸表の様式を整備するために，昭和9年にその一部として財務諸表準則を公表した。そのなかでは貸借対照表，財産目録及び損益計算書の様式について説明し，その雛形を例示している。すでに

触れた標準財産目録をベースにしたこの財務諸表準則における財産目録の内容は重要である。なぜなら，財産目録の様式について定めたものはこれまで世界中で全く存在せず，きわめて画期的だからである。その意味で，それは歴史的な意義があるといってよい。

　この具体的な内容に立ち入る前に，この財務諸表準則の制定に深く関わった太田教授は，財産目録と貸借対照表との違いについて次の3点を指摘する[19]。第1は，財産目録には資本勘定は除かれる。第2は，財産の明細書である財産目録は財産の内容実質を明らかにしたものであるから，貸借対照表のように単に科目と金額を対比したものではない。したがって，株主に配布する際に貸借対照表と同一のものを掲げて貸借対照表と同一に付き財産目録を省略するのは妥当ではない。第3は，貸借対照表が決算の結果作成されるのに対して，財産目録はむしろ決算以前に存在する。このような違いはあるが，しかしこの財務諸表準則では「財産目録が貸借対照表の予備手段であり，又相互に関係せしめることが実際上必要である」[20] という立場に立ち，貸借対照表と財産目録との密接不可分の関連性を前提とする。

　さて，財務諸表準則における財産目録の内容についてその概要を示す。ここでは全部で40か条から成り，第一　総説，第二　形式，第三　資産，第四　負債，第五　純財産である。このうちで第一　総説及び第二　形式についての本文すべてを記す。

　第一　総説
　　一　本準則に定むる財産目録は商法第26条の規定に依り，株式会社が決算に際して作成すべき財産目録に付之を定む。株式会社以外のものも亦本準則に準拠すべし。
　　二　附属雛形は工業（標準貸借対照表第1号表に相当す）に付其の様式を示す。其の他の事業に在りても之に準じて作成すべし。但し財産目録に付法令に特別の規定ある事業に付ては此の限りに在らず。
　　三　財産目録は決算当時に於ける資産及負債の明細書にして，貸借対照

四　「未払込資本金」は株主勘定に属する科目なりと雖も，他日払込を受くべき会社の権利を示すものなるを以て，之を財産目録に掲ぐべきものとす。但し普通の資産と其の性質異る点あるを以て，別途に之を掲ぐべし。

五　保証債務其の他の偶発債務は之を負債に計上し，求償権あるものは見返勘定として之を資産に掲ぐ。但し其の金額は共に摘要欄に記載するに止む。先物売買の契約額に付亦同じ。

六　財産目録は資産及負債の各種類に付，現品又は証憑に照し，其の数量及金額を確めたる後之を作成すべし。

七　財産目録には資産及負債を成るべく詳細に分類し，其の内容を示すべき説明又は附記を為すべし。重要なる科目にして其の内容の複雑多岐に亙るものは，別表に依り内訳目録を作成して財産目録の記載を簡約にすることを得。

八　資産及負債の各項目に附すべき金額は貸借対照表に記載すべき金額と同一たるべきものとす。但し必要ある場合には之と異りたる価額を参考として説明に加ふることを得。

九　付属雛形に示さざる記載方法は，本準則に定むる所に準ずべし。

第二　形式

一〇　財産目録には「財産目録」なる表題，決算日及社名を記載すべし。更に第何期末と附記するを可とす。

一一　財産目録は横書とし，アラビヤ数字を以て記載するを原則とするも，縦書として日本数字を用ふるも亦可なり。科目欄，摘要欄及金額欄の外に，事情に依り数量欄，単價欄，当期増減欄等を適宜設くべし。

一二　財産目録には資産の科目を前に，負債の科目を後に列記し，両者の差額は之を「純財産」として負債の次に示す。「未払込資本金」は「純財産」の次に之を記載すべし。

一三　資産負債の総合方法並に其の配列の順位は，貸借対照表に於けると同一とすべし。

一四　総合科目の金額は別種の書体若くは別色を以て之を示し又は括弧を附して之を記載し，内訳科目と区別するを可とす。

　ここで示されている財産目録の考え方は基本的には既述の標準財産目録のそれを踏襲したものといってよい。ただ，いくつかの改正点もある。それを整理すれば以下の通りである。第１は，財産目録の分類に関してである。標準財産目録では固定性配列法と流動性配列法とが併記されていたが，財務諸表準則での財産目録では固定性配列法の様式だけが例示されている。第２は，資産及び負債の金額に関して，両者とも同一項目について同一金額を付す点では共通するが，これに次の事項が財務諸表準則の財産目録では新たに付加された。すなわち，必要ある場合には，貸借対照表の金額と異なる価額を参考として説明することができるというのである。この付加事項は，すでに触れた下野教授及び木村教授の批判を加味したものと解される。ただ，貸借対照表の金額と異なる金額を財産目録に計上しうるが，しかしそれはあくまで参考事項にすぎず，財産目録のメインの評価ではなく，しかも必要な場合に限定されることは注意を要する。例えば有価証券の時価データ等がその典型である。第３は，固定資産に関して償却済みのものあるいは寄付その他による無償で取得したもので営業用のものについては摘要欄にそれを示すべきことが要求される。第４は，標準財産目録のなかで作業資産と呼ばれていた項目が作業及販売資産と名称が変更されている。第５は，売掛金や受取手形などの受取債権について，その種類別のほかに新たに口数も記載すべきであるとされる。第６は，標準財産目録では未払込株金が資産の部の末尾の摘要欄に示されていたが，それが財務諸表準則の財産目録では未払込資本金という名称で純財産の後に計上される。これは，その当時の商法が公称資本金分別払込株式制度を採用していた関係で，純財産にこの未払込資本金を加算した金額が，会社の定款で定めた公称資本金額となるのである[21]。第７は，標準財産目録では割引手形は負債の部に計上され負債

〔表 2-3〕 商工省・財務諸表準則・財産目録雛形

第三号表　　　　第○○期末　昭和○年○月○○日　財産目録
　　　　　　　　　　　　○○工業株式會社

	資　　　　　産		
固　定　資　産	………………………………………………………………	4,696,500	00
	土　　　　　地 ……………………………………………………	763,000	00
	東京市　事業用　　200坪　　價額　82,000.00		
	大阪市　　〃　　5,000〃　　〃　616,000.00		
	京城府　工場豫定地　5,000〃　〃　65,000.00		
	建　物　及　設　備 ………………………………………………	1,342,200	00
	東京本社　建坪　875坪　原價　357,000.00……償却累計　125,200.00		
	大阪工場　　〃　2,565〃　〃　1,676,600.00　　〃　　566,200.00		
	2,033,600.00　　　　　　　691,400.00		
	機　　　　　械 ……………………………………………………	2,295,000	00
	大阪工場　原價　3,499,900.00………償却累計 1,204,900.00		
	工　具　及　什　器 ………………………………………………	213,900	00
	東京本社　原價　　57,600.00………償却累計　　30,200.00		
	大阪工場　　〃　　397,300.00　　　〃　　　180,800.00		
	424,900.00　　　　　　　　211,000.00		
	特　　許　　權 ……………………………………………………	75,800	00
	○○関係（實施權），何口，原價　199,100.00 …償却累計　123,300.00		
	商　　標　　權 ……………………………………………………	6,600	00
	○○用，何口，原價　10,000.00 ………償却累計　3,400.00		
投　　　　　資	………………………………………………………………	2,512,200	00
	同　系　會　社　出　資 …………………………………………	2,055,000	00
	○○工業株式會社　株式　15,000株（額面 100 圓内 60 圓拂込）		
	900,000.00		
	○○製作株式會社　　〃　　16,000株（〃　50圓全額拂込）…700,000.00		
	○○製作株式會社　社債　額面　455,000.00 …………455,000.00		
	同　系　會　社　勘　定 …………………………………………	321,000	00
	○○工業株式會社賣掛金 …………………………… 113,600.00		
	○○製作株式會社貸付及假拂金 …………………… 207,400.00		
	関　係　會　社　有　價　證　券 ………………………………	116,000	00
	○○株式會社　株式　1,000株（額面 50 圓全額拂込）……………45,500.00		
	○○株式會社　新株式 15,500株（〃　50圓内 27.50 拂込）……70,500.00		
	貸　　付　　金 ……………………………………………………	20,200	00
	何々工業所　工場財團抵當貸付金		
特　定　資　産	………………………………………………………………	1,304,600	00
	自家保險積立金引當有價證券　　○○銀行定期預金 …………	372,000	00
	引當勘定引當有價證券 ……………………………………………	580,000	00
	國　債　額面　250,000.00　　價額　242,500.00　（時價　247,500.00）		
	地方債　　〃　　370,000.00　　〃　　337,500.00　（〃　352,200.00）		
	従業員預り金引當有價證券 ………………………………………	352,600	00
	國　債　額面　248,000.00　　價額　223,500.00　（時價　243,000.00）		

	地方債　〃　152,000.00　〃　<u>129,100.00</u>　（〃　131,200.00）		
作業及販賣資產	………………………………………………………………………	3,591,400	00
原料及貯藏品	……………………………………………………………	1,350,000	00
	大阪工場在品 ……………………………………………………783,000.00		
	○○倉庫會社　○○地倉庫寄託品 ……………………………<u>567,000.00</u>		
仕　　掛　　品	大阪工場現在高 ……………………………………………	580,000	00
製　　　　　　品		1,205,000	00
	東京本社現在高 …………………………………………………765,000.00		
	大阪工場　〃 ……………………………………………………<u>440,000.00</u>		
副　　製　　品	大阪工場現在高 ……………………………………………	466,400	00
流　動　資　產	………………………………………………………………………	2,079,500	00
賣　　掛　　金	○○口 ………………………………………………………	821,400	00
未　　收　入　金	………………………………………………………………	153,400	00
	所有公債未收利息 ………………………………………………68,000.00		
	何々○○口 ………………………………………………………<u>85,400.00</u>		
受　取　手　形	○○通 ………………………………………………………	385,600	00
短　期　貸　付　金	……………………………………………………………	78,000	00
	手形貸付　○○口 ………………………………………………57,000.00		
	證書貸付　○○口（有價證券擔保）……………………………<u>21,000.00</u>		
銀　行　預　金	………………………………………………………………	520,500	00
	當座預金　○○銀行　外何行 ……………………………………289,600.00		
	○○預金　○○銀行 ……………………………………………<u>230,900.00</u>		
振　替　貯　金	現在高 ………………………………………………………	85,600	00
現　　　　　　金	手許現在高 …………………………………………………	35,000	00
雜　　勘　　定	………………………………………………………………………	498,700	00
假　　拂　　金	………………………………………………………………	26,000	00
	原料品購入代金前拂 ……………………………………………18,000.00		
	出張旅費假拂金 …………………………………………………4,000.00		
	其他何々 …………………………………………………………<u>4,000.00</u>		
未　經　過　保　險　料	火災保險未經過分 ……………………………………	5,400	00
貸　付　有　價　證　券	……………………………………………………	14,000	00
	○○工業株式會社，○○省供託用，國債額面 ………………15,000.00		
開　　發　　費	何々關係開發費支出高 ……………………………………	6,500	00
社債發行差金及發行費	總額 130,000.00 …………償却累計 49,500.00	80,600	00
保證差入有價證券	○○省ヘ契約保證差入，國債額面　150,000.00	150,000	00
保管有價證券	契約保證金トシテ受入保管高 …………………………	216,200	00
	國債 ………………………………………………………額面 78,500.00		
	地方債 …………………………………………………　〃　 63,700.00		
	社債 ……………………………………………………　〃　<u>74,000.00</u>		
偶發債務見返	……………………………………………………………303,000.00		
	割引手形見返 ……………………………………………………253,000.00		
	保證債務見返 ……………………………………………………<u>50,000.00</u>		
	資　　產　　合　　計	14,682,900	00

負　　債		
長　期　負　債 ………………………………………………………………………	2,870,000	00
擔保附社債　大阪工場財團擔保　發行額 1,500,000.00　內償還額 200,000.00	1,300,000	00
無擔保社債　　　　　　〃　　2,000,000.00　　　〃　　800,000.00	1,200,000	00
借　　入　　金 ………………………………………………………………	150,000	00
擔保附（物件何々 ……………………………………）……70,000.00		
信用借　○○口 ……………………………………………80,000.00		
同　系　會　社　勘　定 ……………………………………………………	220,000	00
○○株式會社　買掛金 ……………………………………95,000.00		
○○株式會社　借入金 …………………………………125,000.00		
短　期　負　債 ………………………………………………………………………	2,086,600	00
買　　掛　　金　原料買入代金未拂○○口 ………………………………	755,000	00
未　　拂　　金 ………………………………………………………………	184,000	00
工事費未拂○○口 ………………………………………132,600.00		
特許權使用料未拂○○口 …………………………………51,400.00		
未　　拂　　工　　賃 ………………………………………………………	45,000	00
支　　拂　　手　　形　○○通 ………………………………………………	354,000	00
前　　受　　金　○○口 ………………………………………………………	280,000	00
從　業　員　預　リ　金 ………………………………………………………	370,000	00
職員勤儉貯金 ……………………………………………175,000.00		
職工　〃 ………………………………………………195,000.00		
社　債　未　拂　金　當籤社債未拂高 ………………………………………	55,500	00
預　リ　保　證　金　契約保證受入高○○口 ………………………………	35,000	00
未　拂　配　當　金 …………………………………………………………	8,100	00
引　當　勘　定 ………………………………………………………………………	594,400	00
納　税　引　當　金 …………………………………………………………	18,400	00
退　職　給　與　引　當　金 …………………………………………………	56,000	00
職員○○名及職工○○名ニ對スル分		
雑　　勘　　定 ………………………………………………………………………	398,400	00
假　　受　　金 ………………………………………………………………	30,900	00
借受公債及保管公債利札代リ金 ……………………………7,500.00		
從業員俱樂部預リ金 ………………………………………18,600.00		
何々、、、、、、 …………………………………………4,800.00		
未　經　過　利　益　貸付金前受利息○○口分 ……………………………	1,300	00
借　受　有　價　證　券　保證差入用トシテ借受，國債額面 150,000.00 …	150,000	00
預リ保證有價證券　契約保證トシテ受入高○○口 …………………………	216,200	00
偶　發　債　務 ………………………………………………………303,000.00		
割　　引　　手　　形　　○○通 …………………………………253,000.00		
同　系　會　社　　○○工業株式會社銀行借入金保證 ……50,000.00		
負　　債　　合　　計	5,949,400	00
差　引　純　財　産 ………………………………………………………………	8,733,500	00
未　拂　込　資　本　金 …………………………………………………………	4,000,000	00
一株額面 50 圓，未拂込額 20 圓，200,000 株	12,733,500	00

合計に加算されていたが，財務諸表準則では偶発債務として摘要欄に計上され，負債合計には加算されない。

いま財務諸表準則における財産目録の雛形を示せば〔表2-3〕の通りである。

③ 昭和17年企画院「製造工業財務諸準則」における財産目録

企画院は昭和17年に財務諸準則を公表した。すでに触れた財務諸表準則は株式会社全般に関する財務諸表の様式等を定めたものであるのに対して，この企画院の財務諸準則は製造工業のみを対象とした財務諸表の様式等を定めた点にその特徴がある。前者を基本的に継承して後者が定められたものであることはいうまでもない。ただ，前者は株式会社の財務諸表の様式等について強制力をもつものではなく，やや啓蒙的もしくは教育模範的な性格が強いのに対して，後者は将来的に法規制の形に備え，強制力を念頭に置いて定めたものである点に両者の違いがあるといわれる[22]。

以下，この企画院の製造工業財務諸準則における財産目録の雛形について次頁の〔表2-4〕で例示する。

その特徴は，第1に未払込資本金が資産項目の第1順位に掲げられており，財務諸表準則ではこの未払込資本金は純財産の次に示されていたのと違いがある。第2は，この未払込資本金の次に固定性配列法に従い固定資産，流動資産及び経過資産に大別される。ここで経過資産には社債発行差金と建設利息が属する。また，負債も固定性配列法に従い長期負債，短期負債及び引当金に大別される。そして，この資産及び負債とは別に財産目録の末尾に偶発債務がその口数と価額を付して示される。第3は，財務諸表準則では例示されていた仮払金，未経過保険料などの雑勘定はここでは示されていない。第4は，財務諸表準則では示されていた純財産が企画院の財務諸準則では示されていない。この点に関していえば，財産目録を単純に資産及び負債の明細表と捉えると，たしかにそれは必ずしも財産目録のなかで純財産をあえて表示させる必要もないであろう。ただ，財産目録の作成を通じて期間損益の算定や株主に対する財産状態を示すことが必要であるとすると，財産目録での純財産の表示は無視できないであろう。ドイツでは総じて財産目録の末尾にこの純財産を表示する事例が

〔表 2-4〕

財　産　目　録〔雛形〕

〇〇工業株式會社

昭和〇〇年〇月〇日現在

摘　　　要　　　欄			金　額　欄
〔資　　産〕			
未拂込資本金			
普　通　株	株　數………		
優　先　株	株　數………		
後　配　株	株　數………		
固　定　資　産			
有　形　資　産			
土　　　　地			………
東　京　本　社	營業用……坪	價　額……	
東　京　工　場	營業用……坪	價　額……	
大　阪　工　場	營業用……坪	價　額……	
東　京　本　社	營業外……坪	價　額……	
福　岡　工　場	營業外……坪	價　額……	
建　　　　物			………
東京本社……坪	償却累計………	價　額……	
東京工場……坪	償却累計………	價　額……	
大阪工場……坪	償却累計………	價　額……	
構　　築　　物			………
船　　　　渠	償却累計………	價　額……	
軌　　　　道	償却累計………	價　額……	
貯　水　池	償却累計………	價　額……	
其　　　　他	償却累計………	價　額……	
機　械・裝　置			………
東　京　工　場	償却累計………	價　額……	
大　阪　工　場	償却累計………	價　額……	
船　　　　舶	償却累計………		
車輛・運搬具	償却累計………		
工具・器具・備品	償却累計………		
建　設　假　勘　定			
大　阪　工　場		價　額……	………
福　岡　工　場		價　額……	
無　形　資　産			
特　許　權　等			………
特　　許　　權	償却累計………	價　額……	

實用新案權	償却累計……價　額……		
地 上 權 等			
地　上　權	償却累計……價　額……		
鑛　業　權	償却累計……價　額……		
營　業　權	償却累計……		
設　立　費	償却累計……		
試 驗 研 究 費	償却累計……		
開　發　費			
新市場開發費	償却累計……價　額……		
大阪工場組織改善費	償却累計……價　額……		
長 期 出 資			
資 本 參 加			
株　　　式			
○○株式會社	株　數……價　額……		
○○株式會社	株　數……價　額……		
其　　　他	株　數……價　額……		
出　資　金			
○○合名會社	價　額……		
○○工業所	價　額……		
其　　　他	價　額……		
長 期 投 資			
株　　　式	價　額……		
內　國　債	價　額……		
地　方　債	價　額……		
外　國　債	價　額……		
社　　　債	價　額……		
金 錢 信 託	價　額……		
長 期 貸 付 金	口　數……價　額……		
流 動 資 產			
棚 卸 資 產			
材　　料（原料）			
消　耗　品			
半　製　品			
製　　　品			
仕　掛　品			
副 產 物・屑			
當 座 資 產			
有 價 證 券			
株　　　式	價　額……		
內　國　債	價　額……		

　　　　地　方　債　　　　　　　　　　　價　額……
　　　　外　國　債　　　　　　　　　　　價　額……
　　　　社　　　債　　　　　　　　　　　價　額……
　短　期　債　權
　　　短　期　貸　付　金　　　口　數……貸倒償却累計…價　額……
　　　前　拂　代　金
　　　　仕　入　先　　　　　　　口　數……價　額……
　　　　下　請　工　場　　　　　口　數……價　額……
　　　　其　　　他　　　　　　　口　數……價　額……
　　　立　替　金
　　　　得　意　先　　　　　　　口　數……價　額……
　　　　重　　　役　　　　　　　口　數……價　額……
　　　　從　業　員　　　　　　　口　數……價　額……
　　　　其　　　他　　　　　　　口　數……價　額……
　　賣　上　債　權
　　　　賣　掛　金　　　　　口　數……貸倒償却累計…價　額……
　　　　受　取　手　形　　　口　數……貸倒償却累計…價　額……
　　未　收　收　益
　　　　未　收　利　息　　　　　　　　　價　額……
　　　　未　收　賃　貸　料　　　　　　　價　額……
　　　　其　　　他　　　　　　　　　　　價　額……
　　前　拂　費　用
　　　　前　拂　保　險　料　　　　　　　價　額……
　　　　前　拂　地　代　　　　　　　　　價　額……
　　　　其　　　他　　　　　　　　　　　價　額……
　　預　金・現　金
　　　　定　期　預　金　　　　　　　　　價　額……
　　　　通　知　預　金　　　　　　　　　價　額……
　　　　當　座　預　金　　　　　　　　　價　額……
　　　　振　替　貯　金　　　　　　　　　價　額……
　　　　現　　　金　　　　　　　　　　　價　額……
　　假　拂　金
　　　　○○假　拂　金　　　　　　　　　價　額……
　　　　○○假　拂　金　　　　　　　　　價　額……
　　　　其　　　他　　　　　　　　　　　價　額……
經　過　資　産
　　社　債　發　行　差　金　　　償却累計……………
　　建　設　利　息　　　　　　　償却累計……………

　　　　　　　　　　　　資　産　合　計

〔負　　　　債〕

長　期　負　債		
社　　　債		
擔　保　附	價　額……償還濟額……	
無擔保保證附	價　額……償還濟額……	
無　　擔　　保	價　額……償還濟額……	
長　期　借　入　金		
○　○　銀　　行	價　額……	
○　○　銀　　行	價　額……	
○○工業株式會社	價　額……	
其　　　　　他	價　額……	
短　期　負　債		
短　期　借　入　金		
借　　入　　金	口　數……價　額……	
手　形　借　入	口　數……價　額……	
借入有價證券	口　數……價　額……	
銀行當座借越	口　數……價　額……	
買　入　債　務		
買　　掛　　金	口　數……價　額……	
支　拂　手　形	口　數……價　額……	
未　拂　加　工　賃	口　數……價　額……	
前　受　　金	口　數……	
預　リ　　金		
諸　預　リ　金	口　數……價　額……	
預　リ　保　證　金	口　數……價　額……	
預リ保證有價證券	口　數……價　額……	
從業員預リ金	口　數……價　額……	
從業員身元保證金	口　數……價　額……	
未　拂　　金		
未　拂　賃　金	口　數……價　額……	
未　拂　利　息	口　數……價　額……	
未　拂　配　當　金	口　數……價　額……	
未　拂　稅　金	口　數……價　額……	
其　　　　他	口　數……價　額……	
前　受　收　益		
前　受　利　息	口　數……價　額……	
前　受　家　賃	口　數……價　額……	
假　受　　金		
○　○　假　受　金	口　數……價　額……	
○　○　假　受　金	口　數……價　額……	

58　第2章　財産目録制度の変遷

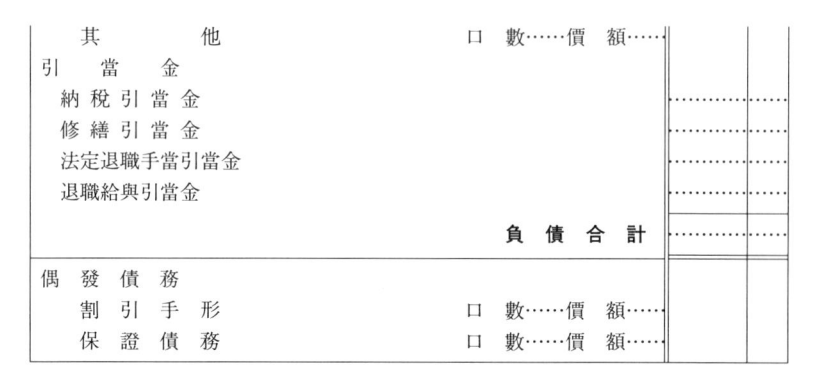

其　　　　　他		口　數……價　額……		
引　當　金				
納　税　引　當　金			………	
修　繕　引　當　金			………	
法定退職手當引當金			………	
退職給與引當金			………	
		負　債　合　計		
偶　發　債　務				
割　引　手　形		口　數……價　額……		
保　證　債　務		口　數……價　額……		

多い。第5は，固定資産は有形固定資産，無形固定資産，長期出資及び長期投資に，流動資産は棚卸資産，当座資産及び短期債権にそれぞれ分かれる。なお，土地に関しては営業用と営業外とに細分されている。第6は，財務諸表準則では長期負債及び短期負債・雑勘定との間に引当金が位置していたが，製造工業財産目録では負債の部の最後に示されている。

　このような特質をもつ製造工業財務諸準則における財産目録の意義について，太田教授は次のように述べる。「製造工業財産目録準則の制定は画期的な企てである。それは単に財務諸表準則の制定と云うより以上の意味をもつのである。英国の会社法は貸借対照表の形式は定めたが損益計算書については何等の規定はない。独逸の株式法では貸借対照表と損益計算書との科目を統一的に定めたが，財産目録については何等言及して居ない。その意味で此の準則制定は大げさに云へば世界に於ける最初の試みであると云ふ所以である。」[23]

　なお，太田教授はこの製造工業財産目録を高く評価しながらも，いくつか疑問点を示している[24]。その1つは，未払込資本金が資産の第1順位に掲げられている点である。そこでは未払込資本金は資産と捉えられているけれども，その資産性にはやや問題を含むのであり，むしろ資産勘定と資本勘定との中間的存在と解されるべきであると主張する。第2は固定資産の表示に関してである。土地については営業用と営業外とを区別し，さらに所在地別の表示がなされているのに対して，構築物，船舶，車両運搬具，工具，器具及び備品については，

建物，機械装置，建設仮勘定のように所在地別表示は必要ないという。構築物については，むしろ形態別表示のほうが必要であると説く。また，多角経営を行っている会社においては，事業種別による区分，すなわちセグメント報告の必要性をも指摘している。第3は，固定資産の説明として償却累計額を記入する点である。これは実務上相当の困難性が伴い面倒であると考える。第4は，預り保証有価証券が預り金のなかに計上されているにもかかわらず，資産の部の有価証券のなかで保管有価証券の科目がないのは問題であるとする。

注
1) C. Boyer, Brève méthode et instruction pour tenir livres de raison par parties doubles, 第1版, Lyon, 1627年。
2) H. Diekmann, Die Geschichte des französischen Bilanzrechts, Berlin, 1991年, 34頁。
3) 安藤英義『新版商法会計制度論』白桃書房, 平成9年, 15～17頁。
4) H. Diekmann, 前掲書, 51頁。
5) H. Diekmann, 前掲書, 65頁。
6) H. Diekmann, 前掲書, 70頁。
7) この1801年商法改正委員会案では，破産時において bilan の作成が言及されている点は注目に値する。ただし，この bilan は今日の意味での決算貸借対照表を意味しない。というのは，この bilan は破産時に作成される動産，不動産，債権債務に関する一覧表を示したものだからである。したがって，この bilan はサバリーのいう bilan に遡る（H. Diekmann, 前掲書, 73～74頁）。
8) H. Diekmann, 前掲書, 78頁。
9) この詳細は，大下勇二『フランス財務報告制度の展開』多賀出版, 平成10年, 25頁以下参照。
10) 邦訳にあたっては，早稲田大学フランス商法研究会編『フランス会社法』第2巻（昭和52年）及び第3巻（昭和57年），成文堂及び大下著, 前掲書, 89頁以下を参照した。
11) H. Hattenhauer・G. Bernert, Allgemeines Landrecht für die Preußischen Staaten von 1794―Textausgabe―, Frankfurt am Main・Berlin, 1970年。このプロシャ普通国法の詳細については，安藤著, 前掲書, 184頁以下参照。
12) この詳細は，拙著『静的貸借対照表論の研究』森山書店, 平成8年, 第2章及び第3章参照。
13) 1985年商法の邦訳にあたっては，宮上一男・W. フレーリックス監修『現代ド

イツ商法典』(第 2 版) 森山書店,平成 5 年を参照した。
14) 久野秀男『新版財務諸表制度論』同文舘,昭和 52 年,34 頁。
15) 久野著,前掲書,41 頁及び片野一郎『日本財務諸表制度の展開』同文舘,昭和 43 年,106 頁。
16) 星野英一『民法論集』(第 1 巻) 有斐閣,昭和 45 年,126 頁。
17) 下野直太郎「商工省臨時産業合理局財務管理委員會會案標準財産目録を批評す」『會計』第 28 巻第 3 号,昭和 6 年 3 月,2〜3 頁。
18) 木村和三郎「標準貸借対照表及標準財産目録批判」『會計』第 29 巻第 3 号,昭和 6 年 9 月,9〜10 頁。
19) 太田哲三『財務諸表準則解説』高陽書院,昭和 9 年,163 頁。
20) 太田著,前掲書,167 頁。
21) 片野一郎『簿記精説』(下巻) 同文舘,昭和 52 年,501 頁。
22) 吉田良三「企画院製造工業財務諸準則と商工省財務諸表準則との比較」『會計』第 50 巻第 5 号,昭和 17 年 5 月,5〜6 頁及び太田哲三「財産目録準則草案解義」『會計』第 50 巻第 5 号,昭和 17 年 5 月,248 頁参照。
23) 太田稿,前掲論文,247 頁。
24) 太田稿,前掲論文,251 頁。

第3章

財産目録と簿記

1 はじめに

　周知のように，わが国では昭和49年の商法改正により決算財産目録は完全に廃止されてしまった。しかし，ドイツ及びフランスの商法では依然としてこの財産目録の作成は商業帳簿規定のなかで継承されている。この財産目録自体の歴史はかなり古い。また簿記の歴史も単に複式簿記だけに限定せず，いわゆる単式簿記まで含めれば，これもかなり古くまで遡ることができる。本章では，このような財産目録と簿記はこれまで歴史的にどのような関係にあったのか，あるいは理論上どのように解されるのかについて考察する。

2 歴史的生成と発展

(1) ローマ時代

　まず最初に財産目録と簿記との関係についてその歴史的変遷を一瞥しておく。

　そのルーツは，ジコーラ（G. Sykora）によれば，ローマ時代であるという。ジコーラはローマ時代の会計を史実に即して分析したバイゲル（H. Beigel）の文献[1]に基づいてその点を説明している。

　ローマ時代にはすでに国家だけでなく市民のレベルでもかなり発展した形での簿記が整えられていたという。帳簿には主要簿と補助簿がある。前者の主要簿に属するのは"codex accept ; et expensi"と呼ばれる現金出納帳と，"codex rationum"と呼ばれる人的勘定を収容した交互計算帳である。この点に触れてジコーラは,「それ(交互計算帳―筆者注)が物的勘定をも含む限り,それはローマの元帳である」[2] と考える。ジコーラは,この交互計算帳に人的勘定以外の物的勘定をも収容しうると仮定して,これらは元帳としての性質をもつと解釈するのである。ただ,その仮定はあくまで推論の域を出ず,残念ながらそれを検証することはできない。

これに対して,後者に属するのは"breviarium"と呼ばれる財産目録がある。これには国家財産目録と市民のものとがある。国家会計では,国に属する塩田,山林,牧草地,水域,船団の数,次に毎年軍団に召集されるべき市民の数が記入された。また,さらにそのなかには国家予算等の概算に基づく国庫収入及び国庫支出も記入された。つまり,国家会計での財産目録は国有の財産の表示だけでなく,国家予算帳としての役割を担っていたという。同じく市民もまた財産目録帳を作成したのであり,家父長は死せる属具 (totes Inventar) としての道具と,生じる属具 (lebendes Inventar) としての家畜類とを記録したのである。この点に関してジコーラは次のように述べる。「したがって,この帳簿は,一種の財産在高帳であり,われわれの今日の財産目録に一致する。ただ,ローマ時代の財産目録帳は常に書き込みと書き消しを記入するという違いがある。この記入が常に特定時点においてだけ作成される点において,われわれの今日の財産目録帳はこの記入をなしで済ましうる。」[3]

この財産目録帳と並んで"Adversarien","Ephemeuden","Kommertviren"とも呼ばれる日記帳では,すべての家父長でなく,拡張された世帯で記入される。しかもそこで記入されたものが既述の交互計算帳の記帳となる。この日記帳からの項目はグループ毎に毎月締め切られた交互計算帳に振り替えられる。この日記帳はいわゆる仕訳帳に相当するという。

(2) 中世及び近世の時代
① 14世紀前半の時期
ローマ時代から相当期間が経過して,財産目録が重視されるのは14世紀以降

である。この14世紀の初頭においては、まだ複式簿記はそれほど普及していないが、いわゆる単式簿記を前提としてこの時期に財産目録が登場する。具体的にはヴレマン（J. H. Vlaemminck）が単式簿記の時代のなかで"日記帳の発展"と呼ぶ段階にそれが示されるという。この"日記帳の発展"段階とは、常に債権及び債務記録を担当すべき日記帳（mémoriaux évolués）のほかに、現金取引にも触れ、しかも正真正銘の財産目録（inventaire）がある点にその特徴がある。そのため、そのような方式を"日記財産目録帳"（mémoriaux-inventaires）とヴレマンは名付けている。

この史実を示すのが、シモン・ドゥ・リケリケ（Simon de Rikelike）家の1313年から1326年までベルギーの都市、ブリュージュに保管されている63枚の紙葉による古文書であると彼は考える。シモン・ドゥ・リケリケ家は、フランダル地域における11の共有地のなかで小作地と農場を所有する大地主であり、その財産を直接管理するには、かなり地域的に分散していた。その結果、財産管理のために多くの管理者がいた。その会計帳簿は、おおむね財産目録帳（livre d'inventaire）及び元帳（grand-livre）から成り立つ。また、1325年5月11日に父シモンの死亡に伴い、相続人に対して相続財産の詳細な財産目録の作成が残されている。その財産目録には物件の価格、財産の割合、葬式費、債権債務が含まれているという[4]。この財産目録は臨時的に作成されるものであって、決算財産目録とは明らかに性質を異にするものである。

また、このような臨時的に作成される財産目録のほかに、シモン・ドゥ・リケリケ家は定期的にかなり合理的な方法ですでに自己の財産状況（situation）に関する貸借対照表（bilan）を作成しており、その基礎を示すのが財産の数量と価値を示す財産目録であったとされる[5]。この場合、財産目録が事実上財産表示目的で作成され、その摘要が貸借対照表であるとみなされる点は留意すべきである。また、これらの財産目録及び貸借対照表の"定期的"作成が毎年なのか、それともそれより長い一定の期間を指すのかは必ずしも明らかではない。さらに、そこでの財産目録価格の内容についても不明である。

② **14世紀後半から15世紀にかけての時期**

　単式簿記を中心とした時期から14世紀後半に至ると，複式簿記の生成に伴い，それが徐々にイタリア都市を中心に普及していくことになる。したがって，14世紀後半以降から15世紀にかけては，いわばこの複式簿記生成期にあたるといってよい。

A　ダチニ商会　ここでまず最初に注目すべきは，これまでの中世会計史研究の結果，イタリアのフィレンツェにあるダチニ (Datini) 商会のアヴィニョン (Avignon) 支店には，1367年10月25日から1368年9月末までの会計期間にすでに財産目録が貸借対照表と並んで作成されていたという[6]。この財産目録には規格・品質によって分類された商品と動産が計上され，不動産はなく，最後に現金在高及び債権が記載されて締め切られている。この合計額が資産総額で，この後に負債が記載される[7]。この財産目録に基づいて貸借対照表が作成された結果，組合に基づいて営まれる組合員に利益が分配されるのである。その場合，この財産目録及び貸借対照表は通常の営業用の会計帳簿ではなく，秘密帳に記載され，組合員にのみ閲覧の対象となっていたのがその特徴である。このように，財産目録及び貸借対照表が定期的に作成され，しかも財産状態の正確な把握を目指す意味で，たしかにフィレンツェ簿記は複式簿記の本質的側面を示唆する。しかしそれがまだ秘密帳でしか記載されず，本来の会計帳簿と直結していない点で，この簿記はいまだ不完全であるというジーフェキンク (H. Sieveking) の指摘がある[8]。

　なお，ダチニ商会フィレンツェ支店における1412年の財産目録は次のような内容となっている。不動産はその購入価格で評価されるが，それが不明なときには評価人による鑑定で評価され，この不動産の評価減がなされる。同様に森林やブドウ園も評価減される。場合によっては，7パーセントに基づく収益還元価値で評価されるときもあるという。もちろん，その物件の詳細な物量事項も記載される。動産のうち特に家畜等については評価減が行われる。商品は種類・品質別に分類され，グループごとにその仕入原価で評価される。ただし，低価基準を適用するケースもある。債権は支払能力の調査を行い，その回収可

能性で評価される。

B　バルバリゴ家

　フィレンツェと並んで，その当時に商業が栄えたのはヴェニスである。この町では取引の記録に関してかなり進んでいた。例えば，バルバリゴ (Barbarigo) 家の1434年以降の元帳では商品の口別ごとの損益が資本勘定に振り替えられ，さらにそれが当初は資本勘定，その後は残高勘定に振り替えられていたという[9]。その意味では複式簿記の原初形態がほぼ成立していたと言い換えることもできる。特に1482年にはじめて帳簿の締切に貸借対照表が作成されたのである[10]。しかし，この貸借対照表は今日のそれとは性質を大いに異にする。それは単に元帳記録の残高を収容した試算表 (Rohbilanz) にすぎず，しかもそこでは期末の財産目録に基づいていない点にその特徴がある。

　その点に関連してジーフェキンクは次のように述べる。「決算貸借対照表の作成に必然的に先行しなければならない努力，つまり決算財産目録の作成について，イタリア商人は重視しなかったように思われる。ルカ・パチョーリもまたそれについて何ら触れず，試算表の説明だけを与えるにすぎない。これは明らかに形式的コントロールについてのみ言及する。営業の状況及び推移に関する全く信頼しうる概観を得るためには，決算財産目録によって在高の価値を見積り，この価値を簿価と比較し，万一生じうる差額を損益として示すことが必要である。それについてイタリア商人は度外視できると考える。サバリーがはじめて，そして彼に従い，商事勅令が17世紀に規則的に行われる事実上の財産目録制度を要求したのである。決算財産目録と同時に十分な決算貸借対照表の欠如が，中世から出発する簿記の本質的な欠点を形成する。」[11]

　中世の時代には，フィレンツェのダチニ商会のように一部に先駆的に財産表示目的として決算財産目録が用いられていた。しかし，これは秘密帳に記載されるにすぎず，まだ営業用の元帳と直結していない。またバルバリゴ家のように，決算財産目録自体も存在しないケースもある。したがって，ジーフェキンクの論述に従い，全般的には決算財産目録は総じて中世では一般化していなかったようである。

C　ルカ・パチョーリの簿記書

世界最古の簿記書『スンマ』(算術・幾何・比例全書)の著書として有名なルカ・パチョーリもまた15世紀末に財産目録に言及している。

『スンマ』の第2章のなかでこの財産目録について彼は詳しく述べる。それによると、取引を行い、しかも合法的で企業維持のために適当な利益を達成する商人は、最初に財産目録を注意深く作成しなければならない[12]。このなかには、現金のように価値が高いものから順に動産、不動産、そして債務という一定の順序ですべての財産を記入する。この点に関して第3章では財産目録のモデルが示されている。これには各財産の数量及び種類に関して詳細な記録方法が触れられている。これはいわゆる開業財産目録にほかならない。

この開業財産目録に記入された財産は仕訳帳に直接記入される。なお、パチョーリはその前提とするヴェニス式の簿記を財産目録と整理に分け、この後者の整理として日記帳、仕訳帳および元帳の内容を指摘するが、財産目録の内容を日記帳に示す必要はないと説くのである。それを行う習慣もあるが、それを日記帳に示すと、動産及び建物の存在が他人に知られてしまうので、必ずしも望ましくない。このように、パチョーリはこの開業財産目録のみに触れるにすぎない。しかも、これに関連してレッフェルホルツ(J. Löffelholz)は次のように述べる。「この財産目録(開業財産目録—筆者注)が複式簿記システムの構成要素ではないことは、そのなかに例えば妻の装身具、自分の衣服、カップ、ポット、銅製の湯沸かし、スプーン、家庭用布製品、羽布団等のようなあらゆる高価な消費財が含まれるべきである点から生じる。」[13] つまり、開業財産目録のなかに私用目的の消費財が計上されねばならないため、パチョーリの開業財産目録は必ずしも複式簿記と直結したものとはいいがたいとレッフェルホルツは主張するのである。

なお、パチョーリは決算財産目録について全く触れていない。

③　16世紀の時期

16世紀においては、注目すべき考え方がいくつか示される。

2 歴史的生成と発展　67

A　フッガー家の財産目録

なかでも1527年にフッガー家は財産目録に基づいて貸借対照表を作成した結果，この貸借対照表と1511年のそれとを比較して損益を算定し，これを出資者間で分配している。いわゆる財産法の計算体系がこれにほかならない。

この財産目録を，フッガー家は2年ごと，3年ごとあるいは5年ごとに作成したといわれ，また貸借対照表も1511年，1527年，1533/36年，1539年，1546年，1563年，1577年，1579年に作成されていたことが確認されている。なかでも最も有名なのは1527年の財産目録と貸借対照表である。これらを作成する目的は，第1に家父長が死亡したときに，その財産の確定と相続人に対する財産分与にあり，第2に取引の表示である[14]。

フッガー家の1527年の財産目録は消極財産，積極財産の順で示され，棚卸帳簿(Inventarbuch)及び黒帳簿がある。ここで棚卸帳簿は各支店から送付された財産目録の記録をいい，黒帳簿は回収の困難な債権及びその他の損金の回収の困難な価値を収容する[15]。なお，これらの回収の疑わしい債権は財産目録には計上されるが，しかし貸借対照表には計上されず，また棚卸帳簿に計上される家財は財産目録には収容されるが，貸借対照表には計上されないのが特徴である[16]。このような財産目録及び貸借対照表に計上される項目は実地棚卸に基づくので，その財産評価は時価とされる[17]。

一方，フッガー家の財産目録及び貸借対照表に比べて，簿記に関しては必ずしも体系的であったわけではなく，家長ごとに異なった方法をとっていたという。一般的にいえば，仕訳帳と元帳が帳簿組織として整えられており，すべての取引にわたって日記帳が用いられていた[18]。ただ，そこでの記帳方法がおそらくイタリア式とドイツ式とを接合させた複式簿記的な記帳原則に近いことは推測されるとしても，全体として複式簿記そのものを前提としたものかどうかは，レッフェルホルツによれば，疑問視される[19]。彼はその点に関してペンドルフのコメントがないことがその一つの証拠であると考える。

問題は，このような財産目録及び貸借対照表の作成と，簿記との関係である。この点についてレッフェルホルツは次のように述べる。「財産目録はまだ簿記

システムと全く関係しなかった。価値修正の問題すべては複式簿記とはまだ無関係だったのである。」[20] さらに次のようにもいう。「この価値変動を把握し得ない簿記の価値はその理由から, 著しく低下する。この理由から, フッガー家の簿記では財産目録がかなり大きな役割を果たす。しかし, この財産目録はまだ全く体系的な簿記の枠外にある。しかし, それはただ資本と利益を正確に表示させる目的をもち, このため, これ (財産目録—筆者注) がすでにかなりうまく実施されていることがわかる。」[21] そして, レッフェルホルツはフッガー家の簿記について次のように結論づけるのである。「フッガー家は簿記もまた全体的にみると, 不完全なシステムであったが, しかし複式簿記を思わせるような概念の全体集合が基礎となっている。その最も重要な概念はここでもまた資本勘定であり, まだ特に"ヤコフ・フッガー氏"というタイトルが付けられ, それはかなり明瞭に経営概念の個人性を示す。他方で, 支店簿記は, きわめて精巧で詳細な財産目録化によってイタリア簿記の発展状況を凌駕してしまった。価値修正問題が全く明確にすでに問題の中心に置かれたのであり, しかもわれわれがそれ自体を重商主義の時代にけっして見出しえないであろう方法においてである。」[22]

B　その後の発展　基本的にはフッガー家の会計と同じく財産目的の作成とそれに基づいて作成される貸借対照表による利益計算を行うという考え方を前提としつつ, その後徐々に新たな方向も示されてくる。例えば, 1531 年に 3 人の出資で設立されたハオク (Haug) 商会では, 残された第 1 巻の文書からは 1533 年, 1543 年, 1545 年, 1547 年, 1549 年に財産目録が, また第 2 巻の文書記録からは 1551 年, 1553 年, 1555 年, 1557 年, 1560 年, 1562 年にそれぞれ同じく財産目録が作成され, その作成頻度が頻繁になってきた[23]。また, 1547 年には営業帳簿のなかに重要な契約がある。それによると, 出資者の 1 人が死亡したときには財産目録を作成し, その財産を残された後継者が主要計算 (Hauptrechnung), つまり簿記の帳簿に引き継ぐことが明記されているのである[24]。ここに, これまで直接的になかった財産目録と簿記との関係が意識されはじめてきたことがわかる。なお, 1561 年 12 月 31 日の貸借対

照表に関して勘定式が導入された。

　1564年に鉱山業として設立されたダフィト・ハウク，ハンス・ラングナオラー商会は財産目録をほとんど毎年作成した[25]。サラニ，ケスヴィック（Keßwick）鉱山業の1575年及び1576年の帳簿からは決算及び開始に対する確認も行われていたという[26]。アオグスブルクの大商人ダフィト・ガオガー（David Gauger）の1458年の開始記入及び決算記入が仕訳帳に行われていた[27]。レッフェルホルツはこのガオガーの簿記のなかにドイツにおいて複式簿記といわれる記帳方法がかなり注目すべき水準にあるとみる。すなわち，決算が種々の純粋な販売勘定で実施され，それがすでに手数料勘定に振り替えられてから，資本勘定で締め切られている。また，貸借対照表が再び試算表と性格づけられている[28]。

　パオルス・ベハイム（Paulus Behaim）の1556年の帳簿では，勘定はまだ締め切られていないが，毎年特別なメモ用紙に貸借対照表が作成されたと推測される[29]。そして，1587年には決算に際して試算表（Probebilanz）を作成し，これを元帳に添付した。と同時にこの年から元帳においてある支出額について実地調査した結果，旅行の経費であることがわかり，一般的な販売費に振り替えられ

〔図3〕

	受け取り			引き渡し	
期首の資産		113534:38:3 1/4	期首の負債		20943:3:3 3/4
利益	28:51		損失	10815:33:2	
	17099:8:2 3/4			425:20：－	
	5170:30:3/4			521:48：－	
	713:41			633:29:1	
	118:26:1 1/4	231.33:36:4 3/4		289:28：－	
期末の負債		7729:15:3 1/4		313:52:2	
				12:47:1/4	13001:19:1/4
			期末の資産	4789:11:4	
				83545:57:2 1/4	
				22108:59:1/4	110444:8:1 1/2
		144397:31:1 1/2			144397:31:1 1/2

出典：B. Penndorf, Geschichte der Buchhaltung in Deutschland, Leipzig, 1913年，98頁

ており,「事実上の実地棚卸の調査 (Inventuraufnahme) が行われた」[30] という。この点に関してペンドルフは「この財産目録が貸借対照表の基礎を形成し,しかも名称は異なるとしても,開始貸借対照表 (Eröffnungsbilanz) と決算貸借対照表 (Schlußbilanz) が見出される」[31] と述べる。

ちなみに,ベハイムの決算に対する勘定をペンドルフが要約したものを例示すれば前頁の〔図3〕の通りである。

ここからわかるように,開始残高及び期末残高,利益及び損失勘定が一緒になって,貸借合計の一致が確認されているのがその特徴である。しかもその勘定の借方側が受け取り (Empfang),その貸方側が引き渡し (Ausgabe) と呼ばれている。

以上,16世紀を概観すると,フッガー家等に財産目録の作成が重視されてくるが,しかしこれは当初まだ簿記システムのなかに組み込まれておらず,その枠外にあった。その後,ベハイムの帳簿のなかに財産目録の結果が誘導され,両者との一定の関係を見出すことができ,しかも開始残高及び決算残高勘定の萌芽がみられる。しかし,この時代全体においては財産目録と簿記との関係は必ずしも密接な関係にあるとはいえないとペンドルフは主張する。その点に関して彼は次のように述べる。「16世紀の簿記書の著者においては,財産目録に関してほんのわずかしか触れられていない。なるほど,すでにグラマテウス (Grammateus) は決算において未販売の財貨を集計するが,しかしこの記録が単に帳簿棚卸に基づくのか,それとも実地棚卸に基づくのかは確認できない。ヴァレンタン・メンハー (V. Menher) は商品を"この時点の金額とみなされる"価格で,しかも土地を(それに要した)取得価格で計上する。ゾンマーフェルダー (Sommerfelder) はいう。すなわち,この商品がすべて販売されたか否か,どの程度まだ販売されていないのか,それがいくらのコストであったのかをあらかじめ吟味せよ,と。彼の後継者であるザルトリウス (Sartorius) は,未販売の商品を"評価した"のであり,パシアー・ゲッセンス (P. Goessens) は,"価値あるものは評価されるべきである"ことを要求する」[32]。

④ 17世紀の時期

A 総括的損益計算と財産目録　　17世紀に入ると,これまで一般的であった商品の種類別のいわゆる口別損益計算に代えて,徐々に一般商品勘定を用いる総括的損益計算へと変わる時代となる。これをいつの時点からとみなすかは議論のあるところである。山下教授はこれを17世紀初頭のシモン・ステフィン (S. Stevin) の著書に求めるのに対して[33],小島教授はそれを17世紀中頃のダフォルネ (P. Dafforne) 及びド・ラ・ポルト (de la Porte) に求めている[34]。その点はともかく,茂木教授は遅くとも17世紀後半には期間計算が確立し,一般商品勘定も出現したと主張する[35]。

この一般商品勘定に基づく総括的損益計算制度が成立すると,いうまでもなく期末商品の棚卸が不可欠となる。この期末棚卸が行われなければ,その損益計算は妥当性を欠くからである。その場合,棚卸には帳簿棚卸と実地棚卸とがある。どちらを前提とするかは,所説によって異なる。この商品の棚卸問題が徐々に一般商品勘定の登場とともに重視されてくるのである。

この商品の棚卸に関しては,すでに1594年にゲッセンス (P. Goessens) の著書[36]のなかに実地棚卸の方向が見出されうるとイェーガー (E. L. Jäger) は主張する[37]。ゲッセンスはたしかにその著書のなかで未販売の商品については価値を見積もり,しかもそれを貸借対照表に計上すると述べている箇所があるといわれるからである。しかし,ジモン (H. V. Simon) はこのイェーガーのゲッセンス解釈は妥当ではないと批判する。その理由は,開始財産目録にはなるほど財産項目のうちで原価で評価されているものもあるし,見積価値 (Schätzungswerth) で評価されているものもあるが,しかし期末貸借対照表は事実上購入価格 (Einkaufpreis) で計上されているからである[38]。この辺の事情は,17世紀に入り,年度決算の確立を通じて会計史の近代化に大きく貢献したといわれるシモン・ステフィンの場合も同様である。期末商品の評価に関して見積の必要性を説きながらも,結局,仕入単価でそれを計上する手続を彼は示すのである[39]。

一方,一般商品勘定を説き,且つ期末商品に関して帳簿棚卸ではなく,実地棚卸を明確に主張するのがサヴォンヌ (P. Savonne) である。彼は1581年の著書

のなかでそれを明らかにしている[40]。ここに，商品の販売損益の計算に対して，及びこれとの関係における期末商品の評価の範囲において，財産目録の前提となる実地棚卸との緊密な関係が生じてくるのである。いわゆる損益計算面及び複式簿記の会計帳簿の締切と結合した決算財産目録制度の成立もしくは萌芽がこれである。

17世紀の前半に至ると，ジモンはこの決算財産目録制度がフランスを中心に普及していったと推測するのである[41]。

B　サバリーの財産目録と簿記

1)　財産目録の考え方　周知の通り，1673年にフランスでは商事勅令の制定に伴い，商業帳簿及び財産目録の作成がはじめて規定されることになった。前者の商業帳簿規定に関して「第1章　卸売り並びに小売りを行う徒弟，大商人，普通商人」の第4章で複式簿記及び単式簿記の帳簿について触れられている。また「第43章　大商人，普通商人及び銀行業者の帳簿及び記録」の第8条で，すべての普通商人について2年ごとの財産目録の作成が規定されている。

ここで問題となるのが財産目録と簿記との関係である。この手掛かりとなるのは商事勅令のコンメンタールとしてつとに有名なサバリーの著書『完全な商人』である。

このサバリーの著書を詳細に検討した岸教授によると，大規模の会社形態には複式簿記がすでに念頭に置かれており，それ以外の場合には主として単式簿記が想定されている[42]。注意すべきは，ここで単式簿記といっても，そのなかにかなりの程度複記入原則が含まれている点である。以下において，財産目録がそのようなサバリーの簿記システムのなかで果たす役割について考察する。

まず財産目録についてである。サバリーによれば，次の2点が指摘されている。1つは損益の算定である。もう1つは代理人や使用人による盗難がなかったかを確かめるために，すべての商品に関する全般的な調査である[43]。この第1点から財産目録に関してすでに損益計算的思考が明瞭にうかがえる。第2点からは，商品の財産コントロールが財産目録に関して重視されていることがわかる。もちろん，これが機能するためには，帳簿記録に基づく帳簿棚卸数量と

実地棚卸に基づく実地棚卸数量との照合が不可欠である。

この2点に加えて，サバリーは1673年の商事勅令における既述の第3章第8条との関係について次のように述べる。「自己の現状を知るため，しかも不意を打たれて死亡する場合に，無秩序と混乱の事態を招かないように，毎年自己の経済状態を総括的に検討すること (faire une reveue generale de ses affaires) は合理的ではなかろうか。」[44)] (上点は著者挿入)この論述における上点は，ドイツ語版では"自己の商売において実態 (Zustand der Sachen) を毎年明らかにする"という表現が用いられており，ここでは一種の財産状態が想起されているといってよい。

このように，財産目録に関して財産状態を重視する彼の考え方は，実は1673年フランス商事勅令第3章第8条の規定に関する彼の解釈からも読みとることができる。サバリーはこの規定の設定趣旨を次の2点に求めている[45)]。1つは普通商人のすべてが自己の財産状態に関して総括的に検討し，その後の破産の場合に自己の行動を債権者に弁明する点である。もう1つは，商取引の良好な秩序を永続させる点である。この2点は，要するに安藤教授が指摘する通り[46)]，破産防止を主目的とした商業帳簿規定とは異なり，財産目録作成の目的が商人の財産状態に関する自己認識による過怠破産防止を一義的とすることが推測される。

したがって，サバリーは財産目録について結局，過怠破産の防止を目的とした財産状態の把握，損益の測定，そして財産管理といった3つの目的を重視していると解される。ここで重要となるのは，この3つの目的間の相互関係もしくは順位づけである。この点に関して，フランス商事勅命において財産目録を含む一般的な商業帳簿規定を設けた趣旨をいわゆる詐欺破産防止とみなせば，それに寄与するのは財産の数量計算を中心とした財産コントロールであろう。なぜならば，実地棚卸に基づく財産の実在性をチェックすることによって，財産の隠匿もしくは横領の事実を究明することができるからである。次に，過怠破産防止を財産目録の第2の目的と解することができよう。普通商人に自己の財産状態に関する現状を認識させることによって，過怠破産を防止しようとい

うわけである。第3に，サバリーの場合には既述の〔図1〕の通り有名な"現在の財産目録のバランス"に基づいて損益が算定されることからわかるように，財産目録は期間損益計算の算定に大いに役立つと考えられる。

2) 財産目録と簿記との関係 さて，次にこの財産目録と簿記との関係についてサバリーの所説を検討する。

まず商品の評価について取り上げる。彼によれば，商品に関して商品有高帳がその管理のための帳簿として用いられる。これは，帳簿の左側と右側に，つまり借方と貸方に分かれる。前者には仕入帳に基づいて仕入れた商品の種類ごとにその日付と数量が，また後者には日記帳及び現金売上帳に基づいて売却された商品の日付及び数量がそれぞれ記入される。この点に関して彼は次のように述べる。「上記の商品有高帳の様式によって，商品が販売されたか，あるいはそれがまだ店または倉庫に残っているかを容易に確認することができる。未記入の箇所は，その商品全部が売却されていないことを示す。商人が財産目録を作成するとき，彼は商品有高帳を用意しなければならず，これによって財産目録に記入する当該商品を線で消す。しかし，記入されていないある項目が見つかれば，それはその商品の一部が盗まれたか，あるいは紛失したことを示す。」[47] この彼の論述から明らかなように，商品の実在数量を把握する財産目録は，商品有高帳における商品の帳簿棚卸数量のチェックに役立つ。したがって，帳簿記録を修正する意味で，財産目録は簿記記録との密接な関係を有することが判明する。

商品の実在数量との関係だけではなく，その価格決定にも財産目録は深く関与すると彼は考える。この点について彼は次のように述べる。「第7は商品の価格を決定することである。そのためには，その価値より過大に評価しないように気をつけねばならない。というのは，それは頭のなかで裕福になることを望むであろうからである。過大評価せずに，次期にそれを売却する方向で評価しなければならない。その場合には，次年度で作成される財産目録のなかで利益が生じる。その評価を適切に行うためには，その商品が最近購入されたか，それが倉庫や店のなかで古くなっているかを考慮しなければならない。もし，そ

れが最近購入され，それが製造業者あるいは卸売業者のなかでまだ価格の下落がなければ，それは取得原価（prix constant）で計上されねばならない。もし，それが流行が過ぎ，価格の下落が始まる商品で，製造業者でも同じ事情と考えられ，5パーセントの価値が低下したときには，その価格を引き下げなければならない。穴があいたり，陳腐化したり，あるいは全く売却されない商品であれば，価格をかなり減額しなければならない。」[48] このように，最近購入された商品は取得原価で計上されるが，それ以外のケースでは流行遅れ，陳腐化，品質低下に際して，財産目録では商品の価格，すなわち取得原価を引き下げなければならないのである。いわゆる低価基準を中心とした財産価格に関する実在高の把握がこれにほかならない。ここでもまた財産目録は帳簿記録の修正手段として役立ち，両者は緊密な関係を示すのである。

次に現金について取り上げる。彼は次のように述べる。「毎年，それについて損失（perte）が少しもなかったかどうかを確かめるために，そしてそれを証明するために，現金帳の残高を算出しなければならない。金庫に残っている貨幣を数え直さねばならず，しかも帳簿に記載があるもののうちで，次に新しい勘定に実地棚卸によるその残高を財産目録の末尾にそれを記入しなければならない。しかし，毎日現金の受払いがあるので，現金帳の最終日以外に現金帳の残高を計算してはならない。」[49] このサバリーの論述は，現金の帳簿在高と財産目録で確認されるその実在高との照合が論じられている点で注目すべきである。すなわち，財産目録の記録が深く会計記録の修正手段として関与することを明らかにしたといってよい。その結果，彼のいう"損失"，つまり盗難等の理由による現金過不足が帳簿上明確に認識されるのである。なお，それ以外に現金帳の締切に際して財産目録で把握された実在高をそのまま現金帳の期末残高に記入する方法が示されているのも注目に値する。というのは，この方法は期末の勘定残高の締切にあたっていわゆる残高勘定に振り替えずに，財産目録の記録を記入することによってその勘定を直接的に締め切る考え方を示唆したと解される。一種の英米式による帳簿締切法の方向性がこれである。

商品売買における債権及び債務について，サバリーは次のように述べる。「負

債抜粋帳（livre extrait des dettes passives）で決済されていないことが判明するすべての勘定残高を彼(商人―筆者注)は算出しなければならず，しかも商品を仕入れた商人及び職人に対してまだ支払われていないままのものを新しい勘定に記入しなければならない。同様に売掛日記帳の抜粋帳（extrait du Journal de vente à credit）における勘定残高を算出し，買ってくれたもので，未決済分を(新しい勘定に―筆者挿入)記載しなければならない。そして，年間を通じて帳簿に勘定があり，すべての人々に売却した商品すべてを知るため，その結果として彼らとの取引を把握するため，あるいは彼らが代金を受領していないと主張しないように，勅令に従って1年以内に裁判所に提訴するため，彼ら(取引先―筆者注)がその金額の債務を負っていることがわかれば，彼らは勘定残高のもとに（1673年9月；棚卸された2000リーブル）という文言を書く。このように，一見で彼は一年を超えて彼らが負っているすべてを知るのが容易となるであろう。」[50]

この彼の論述からは，売掛日記帳の形式をとる得意先元帳にせよ，あるいは買掛日記帳の形式をとる仕入先元帳にせよ，それぞれの帳簿残高が新しい勘定へ繰り越され，したがって帳簿棚卸を前提とするようにみえる。引用文にある"1673年9月；棚卸された2000リーブル"という文言は，ある意味でそれを帳簿棚卸に基づく勘定残高として解釈することもできよう。というのは，その金額が得意先に対する請求権を示すからである。

これについては債権の評価問題とも関連づけて考察する必要がある。サバリーは債権を次の3つに区別する。1つめは良好な債権(bonnes dettes)で，その回収をかなり当てにすることができる債権である。2つめは疑わしい債権(douteuses dettes)である。3つめは失われたと考えられ，全く回収不能と解される債権である。債権をこの3つに区別するが，しかし，サバリーは例示する財産目録のなかでいずれもその名目的な請求額のままで計上している[51]。言い換えれば，債権の実地棚卸の結果，その回収可能性に基づく分類を前提とした財産評価は行われていないのである。そのため，債権はその帳簿残高のままで締め切られるとみてよい。つまり，債権の名目額から回収不能分をマイナスした回収可能な金額で，その勘定残高が締め切られていないのである。

以上の考察から，債権債務を別とすれば，サバリーの財産目録と簿記は総じて密接な関係にあると結論づけることができるのである。

3 財産目録と簿記システム

さて，次に検討すべきは，財産目録が理論上簿記システムとどのように関係するかである。具体的には，財産目録と単式簿記システム，及び財産目録と複式簿記システムとのそれぞれの関係である。この点についてヒューグリ (F. Hügli) の所説を中心に考察する。ヒューグリによれば，単式簿記は財産在高系列の勘定しかない簿記システムであるのに対して，複式簿記は財産在高系列の勘定と並んで純財産に関する計算をも有する二重計算に基づく簿記システムである。この彼による単式簿記及び複式簿記に関する定義の妥当性については更に検討する必要があるが，ここではそれには立ち入らない。彼の定義を前提としたうえで，この簿記と財産目録との関係についてみていく。

(1) 財産目録と単式簿記システム

まず最初は単式簿記システムのもとで財産目録がいかなる役割を果たすのかという問題について取り上げる。

単式簿記では次のものが主要な会計帳簿となる。すなわち，財産目録，現金出納帳，仕訳帳（または日記帳），そして人名勘定元帳 (Konkorrentbuch) がこれである。ここでは，すでに財産目録が会計帳簿のなかに位置づけられていることに留意すべきである。しかも，これらの帳簿間の関係もまた重要である。ヒューグリはその点について次のように述べる。「財産目録はすべての財産在高の期間的記録を含む。それは，すべての財産を包括し，単式簿記の主要計算である。……〈中略〉……現金出納帳及び人名勘定元帳は財産目録に対する特殊帳 (Spezialbücher) である。」[52] ここから，4つの会計帳簿のなかで財産目録がメインであることがわかる。その理由は，財産在高系列のみから成る単式簿記では，財産在高自体を直接的に把握する財産目録が不可欠となるからである。

いうまでもなく，この財産目録には財産の数量と金額が記載されねばならない。特に財産評価に関してヒューグリは次のように述べる。「財産目録は実際に存在する財産を正確にあるいはやはりできるだけそれに準じて示すように，価値を決定しなければならない。その結果，財産目録の合計は財産目録作成時点で存在する財産をはるかに下回らず，ましてそれを上回らない。建物，土地，山林等のように，その価値がそれほど変化せず，その評価が面倒な財産在高は，その同一物が保有されている限り，価値変動に伴い新しい評価が必要となるまで，連続する数年間の財産目録において同一金額で計上しうる。継続的な会計帳簿のなかで現れる金額は，これらの帳簿をつける際に，財産目録とそれが一致して計上されねばならない。市場価格のある財に対しては，これが価値決定に対する手掛かりを与えるが，しかし販売費及び運送費は控除されねばならない。最も頻繁に全く市場価格のない財が不当に評価される。それに関しては，財産目録が理想的なものではなく，実際に存在する財産を計上すべきであるように価値決定が全く特別に考慮されねばならない。パーセントによる見積はたいてい拒否されねばならない。というのは，これは少なくとも事実上の価値変動におおよそにすぎなくともまた合致しなければならないからである。」[53]

この彼の論述について注目すべきは以下の点である。第1は，不動産に関してはいわゆる固定在高法による評価が便宜的に容認されている点である。第2は，帳簿上の金額と財産目録上のそれとの一致が前提とされている点である。したがって，財産目録は会計帳簿の記録と深く関与していることがわかる。第3は，市場価格のある財に関しては時価評価（但し諸経費はマイナスする。）が重視される点である。この点は，「実際の価値（realer Wert）をもつ財産在高を，これ以下で，もしくは全く計上しないのは誤りである」[54]という彼の表現から明らかである。但し，「回収不能が確認されないうちに，疑わしくなった債権を帳簿及び財産目録から削除するのは合目的ではなく，予測される損失と貸方側にそれに対応した項目（貸倒引当金）で示すのがずっと良い」[55]と彼は考えるのである。

このような期首財産目録と期末財産目録との比較は，彼によると，財産貸借

対照表 (Vermögensbilanz) と呼ばれる。そして，この期首財産目録と期末財産目録とから算出されるのが純損益である。この純損益は明らかに財産在高のストック差額として計算されたものである。このような純損益の算定方法からは，損益の直接的な発生原因としての費用及び収益という形ではなく，あくまで二時点間の在高差異として事後的に示されるのにすぎないのがその特徴である。

(2) 財産目録と複式簿記システム
① ヒューグリ説

単式簿記システムではなくて複式簿記システムを前提とするとき，財産目録の位置づけもそれに伴い，大きく変化するとヒューグリは考える。この複式簿記システムでは，一般に以下の帳簿が設けられる。体系だった元帳，歴史的な記録を示す仕訳帳，現金出納帳，財産目録，そして補助簿（例えば手形記入帳，有価証券明細帳，商品有高帳など）などである。このなかでたしかに第4番目に財産目録が挙げられているが，単式簿記システムの場合と違って，第1順位に置かれていないことがわかる。

既述の通り，もっぱら財産在高系列のみから成る単式簿記と異なり，複式簿記システムではこの財産在高系列のほかに純財産の系列もまた存在する。この純財産の系列において重要な役割を果たすのは資本勘定とその下位勘定としての損益勘定である。「資本勘定及び損益勘定の登場によってはじめて，単式簿記は複式簿記に移行する」[56]と解するのがヒューグリの考え方である。物的二勘定説の立場に立つ彼によれば，財産在高系列と純財産系列の二面的な記帳方法に複式簿記システムの本質を見出すのである。

彼はこの複式簿記システムにおける財産目録の役割について次のように述べる。「単式簿記では一義的な地位にあり，しかもその本来的な主要簿である財産目録は，複式簿記では副次的な地位に後退する。それは，元帳あるいはそれ以前の帳簿，すなわち仕訳帳に対する明細簿 (Spezialbuch) となり，それは，必要である限り，決算残高勘定の項目に対する明細記録を含む。それ故に，複式簿記では財産目録にすべての財産在高を収容する必要はなく，財産目録作成及び

財産目録の比較によってのみその変動が測定されうる財産目録在高に対してあるいは元帳に対して必要である。それらの財産在高については在高と決算残高との一致が明細記録によって確認されねばならない。ところが，単式簿記の場合には，財産目録が例外なく財産在高すべてを含んでいなければ，その計算は不完全であろう。」[57] この論述で注目すべきは以下の諸点である。第1に，財産目録は必ずしもすべての財産在高を収容する必要はない点である。別言すれば，それ以外の会計帳簿に示されているものは原則として財産目録から除外してもよく，単に財産目録固有で把握される財産在高に限定しうるというのである。第2に，財産目録は，元帳もしくは仕訳帳の明細簿としての性質を帯びる点である。すなわち，単式簿記と違って，財産目録は一義的地位から副次的もしくは補助的地位に後退すると解されているのである。このように，財産目録に収容されるべき財産在高の範囲に関しても，またその他の会計帳簿との関係においても財産目録の地位の低下は否めないとヒューグリは主張するのである。

　特に前者の点に関して更に彼はいう。「なるほど財産目録は，しばしば複式簿記の場合においてもまたすべての財産在高に，つまり元帳に完全に十分に示される財産在高にもまた拡大され，しかも多くの国では簿記が単式簿記か，あるいは複式簿記に基づいて行われているかに関わらず，すべての財産在高を含む完全な財産目録が法的に規定されている。すべての財産在高を含むかかる財産目録は複式簿記では必要ではない。というのは，その大部分，つまり現金，手形，有価証券，債権債務等は元帳によって十分に示され，財産目録の要約が決算残高で示されるからである。」[58] 要するに，これは財産目録にすべての財産在高を示さずに，今日のようにその一部のみを収容する棚卸表の主張にほかならない。

　② ヒューグリ説の評価

　たしかに，このヒューグリ説にも一理ある。もし複式簿記を前提とする場合において，しかもその計算体系としていわゆる費用収益アプローチを予定するときには，期末における財産在高の確認は不可欠であるとしても，その範囲は

ある程度限定的となる可能性が多分にある。というのは，すでに期中において資本増加の原因を示す収益及び費用が把握されており，その記録上の修正が必要となる部分に関してだけ，財産目録に基づく財産在高の確認がなされるにすぎないからである。財産項目のすべての範囲を収容する財産目録の作成に代えて，そのうちで財産在高の記録を修正し，決算整理を必要とする財産項目のみを収容した棚卸表の作成で十分であるという根拠が成り立ちうるのである。

この考え方は，なるほど複式簿記記録に対する必要最低限の修正を通じて実施し，帳簿を締め切るという手続を前提とするのであれば，それは理論上特に問題はないともいえる。しかし，帳簿記録の修正を必要としなくとも，財産の実在高，すなわちその数量及び金額に関するチェックを実施した結果についてその明細を一覧表としておくことは，会計上重要と解される。その理由は以下の通りである。第1に，財産の数量計算を通じて財産の実在性が確認されるだけでなく，その財産管理責任の所在を明確に明らかにすることができる。これはコーポレート・ガバナンスの見地から軽視できない重要な側面であるといってよい。第2に，財産目録作成の結果，片野教授が指摘するように，費用収益法による計算体系全体の帳簿記録の信頼性を高めると同時に，いわゆる真実性の保障に財産目録は大いに貢献するのである。抽象的な原因記録に基づく財産在高のチェックに基づいて費用収益計算を間接にバックアップするシステムがそこに見出されるのである。その意味では，単に決算整理を要する項目のみを棚卸表に部分的に収容するだけでは不十分であり，したがって財産在高の実在高を余すところなく網羅した財産目録の作成が不可欠となるのである。

それだけではない。このような費用収益法的な計算体系に代えて，それと好対照をなす財産法もしくは資産負債アプローチを前提とする場合には，財産目録の作成は本質的であり，その絶対条件となる。というのは，財産目録の作成を予定しない限り，財産法もしくは資産負債アプローチは成り立たなくなるからである。言い換えれば，この計算体系では明らかに決算整理を要する財産在高の一部の項目しか記載しない棚卸表だけでは不十分である。したがって，財産在高の実地棚卸の結果を一覧表とした財産目録の作成が不可欠な前提条件と

ヒューグリによれば，複式簿記はあくまで一方で財産在高の勘定系列と，他方で純財産の勘定系列との対立的な記録と解されている。その場合，負債勘定は財産在高系列に対するマイナスとみなされる。このように，彼によれば，財産在高＝純財産という財産ストックの関係を一定の勘定ルールに従って記帳するのが複式簿記と解される以上，やはり彼においてもまた，財産在高の実在高を一覧表とした財産目録の果たす役割は重要であると考えられる。その点から，既述の通りヒューグリが複式簿記システムでは単式簿記システムと異なり，財産目録の存在はかなり後退し，従属的もしくは副次的に位置づけると述べる見解には疑問がないわけではない。もとより，費用収益法的な計算体系ではたしかにそのように財産目録の存在を低く位置づけることもできなくはない。しかし，財産目録に代えて棚卸表と代用し，それで済ますのはあくまで便宜的にすぎない。この計算体系でもやはり棚卸表に代えて財産目録の作成は理論上意味を有するであろう。まして財産法もしくは資産負債アプローチを予定する場合には，必然的に財産目録の作成が不可欠であると解されるのである。

なお，財産目録と簿記との関係で触れておく必要があるのは，帳簿締切手続である。これには一般に大陸式と英米式とが知られている。前者は費用及び収益に属する諸勘定を損益勘定に振り替えると同時に，資産・負債・資本に属する諸勘定を決算残高勘定に振り替えてすべての勘定を締め切る方法である。また，翌期首には開始残高勘定を設けて開始記入を行い，残高を有する勘定を開設するための手続がとられる。これに対して，後者は損益勘定には大陸式と同様に費用及び収益に属する勘定を振り替えるが，しかし期末に残高のある資産及び負債・資本の諸勘定は決算残高に振り替えずに，各元帳勘定上で次期繰越の金額を直接的に元帳に記入して帳簿を締め切るのである。また翌期首には前期繰越の金額をそのまま元帳に記入して勘定残高を記入するのである。19世紀後半以降のフランス簿記書によると，実はこの2つの帳簿締切手続が混在して用いられていた[59]。特に注目すべきは，いわゆる英米式を用いる理由として財産目録にすでに記載されている財産の実在高をそのまま直接的に各勘定残高と

して記入することを前提に決算残高勘定への振替仕訳を省略するのである。つまり，財産目録の作成を前提として決算残高勘定への振替をしないのである。一般に英米式ではこの財産目録の作成を予定しているわけではない。各元帳勘定で個別的に締め切られた勘定の全体的な確認を行うためには，繰越試算表の作成が必要である。しかし，この繰越試算表はあくまで勘定記録の結果から作成されるにすぎない。したがって，この繰越試算表は財産の実在高を実地棚卸に基づいて作成した財産目録とは本質的に異なるといわなければならないであろう。このように，フランスにおける財産目録は英米式といわれる決算残高勘定を用いない帳簿締切手続と密接な関係にあることがわかる。

　一方，大陸式の場合に財産目録の取扱が問題となりうる。すでに触れた英米式と逆を想定すれば，財産目録を作成している限り，あえて決算残高勘定を設ける必要がないともいえる。これもたしかに一つの考え方といえよう。しかし，決算残高勘定に対する資産及び負債・資本勘定の振替仕訳は以下の理由からそれなりに意味をもちうると考えられる。その第1の理由は，元帳への記入に際してはまず最初に仕訳帳に記入し，次にそれを元帳に転記するのが記帳原則であるという立場に立てば，在高勘定を決算残高勘定に振り替えるための仕訳が必要となる点である。そして，決算残高勘定における貸借一致の確認のなかに，最終的に複式簿記システム自体の自動的な自己検証機能が発揮する。第2の理由は，財産目録で示された財産の実在高が簿記記録のなかに組み込まれ，この帳簿記録が修正されるので，たしかに財産目録と簿記は緊密な関係にあるが，しかし財産目録は本質的に簿記システムの枠外に位置する点である。したがって，在高勘定の決算残高勘定への振替仕訳は，この財産目録の結果が簿記記録に反映されるプロセスを示す面で，重要であると解される。第3の理由は，決算残高勘定を通じて帳簿記録自体のなかで期末現在における企業の財産概観を示す必要があるという点である。このような理由から，財産目録の作成は大陸式でも一定の意義をもちうると解されるのである。

4　むすび

以上の論旨を整理すれば以下の通りである。

第1に，財産目録のルーツは古くはローマ時代にまで遡ることができ，そこでは財産表示の目的から，簿記とは独立して作成されていたようである。しかもその作成時期は必ずしも特定されていたわけではなく，臨時的に作成されたと解される。

第2に，複式簿記が登場する中世以前の単式簿記の時代においては，単に相続といった臨時的なケース以外に徐々にではあるが，財産目録が定期的に作成されるようになってきた。その作成目的はその典型をシモン・デュ・リケリケ家の古文書に求めることができる。このシモン・デュ・リケリケ家では，さらに財産目録に基づいて貸借対照表も作成していた点は注目すべきである。

第3に，複式簿記が普及する14世紀から15世紀にかけては，若干これまでとは事情が異なる。例えばイタリアのダチニ商会では財産目録とこれに基づく貸借対照表が作成されており，この貸借対照表に基づいて組合員に対する利益分配が行われていた。しかし，両者とも秘密帳簿に記載され，必ずしも会計帳簿と直結していなかったようである。バルバルゴ家では帳簿の締切に試算表に相当する貸借対照表が存在し，複式簿記のシステムを呈するが，しかし決算財産目録は作成されていなかった。ルカ・パチョーリの簿記書は開業財産目録に論及しているが，まだ決算財産目録には触れていない。しかも，開業財産目録には複式簿記システムの構成要素とはならない私有財産としての消費財が記載されている。その意味で，ルカ・パチョーリの複式簿記論では，財産目録はそれほど重きを置かれていないといってよい。このように，14世紀から15世紀にかけて複式簿記が普及する時代において，財産目録の存在は影が薄く，財産目録は複式簿記の生成段階では当初重要な役割を果たしていなかったと判断することができよう。

第4に，16世紀の時代では財産目録の重要性が認識されてくる。例えば，

4 むすび

　1527年にフッガー家は財産目録を作成し，それに基づいて貸借対照表を作成した結果，損益を算定していたのである。これにより明確に財産目録が損益計算に対する手段として用いられるようになるのである。ただ，この財産目録が簿記記録と有機的に関係していたかは疑問視される。その後，ハオク商会やダフィト・ハオク，ハンス・ラングナオラー商会では定期的に財産目録を作成し，また貸借対照表の作成基盤として財産目録が利用され，毎年それを実施する方向も示された。決算財産目録の作成がこれである。ただ，その作成目的がもっぱら財産表示であるのか，あるいは損益の算定であるのか，それとも両者の目的を有するのかは必ずしも明らかではない。

　第5に，16世紀末から17世紀に入ると，口別損益計算から総括的損益計算への変化に伴い，期末商品の棚卸が不可欠となってきた。ステフィンは帳簿棚卸を主張するのに対して，サヴォンヌは実地棚卸を主張し，この点から財産目録的要素の重要性が徐々に認識されるようになったのである。とりわけ，1673年に制定されたフランス商事勅令のコンメンタールとして知られるサバリーの『完全な商人』のなかで，決算財産目録が複式簿記を指向するシステムと深く関与することが示されている。言い換えれば，財産目録が複式簿記を指向するシステムのなかに組み込まれ，しかもそのなかで重要な役割を果たすのである。サバリーは財産目録の作成目的として次の3点を挙げる。1つめは過怠破産防止に対する財産状態の把握である。2つめは財産目録のバランス作成を通じた損益の算定である。3つめは盗難による財産管理面である。このような目的を有する決算財産目録は帳簿記録の修正機能を有する点で，簿記システムと密接不可分の関係にあるのである。例えば，現金勘定や商品勘定の帳簿残高は決算財産目録の記載内容に基づいて修正されるのである。

　第6に，ヒューグリによれば，理論上もっぱら財産在高系列のみを考察対象とする単式簿記システムにおいては，財産の実在高を把握する財産目録が一義的な地位を占めるのに対して，財産と純財産の原因と結果を把握する複式簿記システムでは，その地位がかなり後退すると解される点である。この見解は一理あるが，しかし必ずしも正鵠を射たものではない。というのは，複式簿記シ

ステムと財産目録との関係においては一考を要するからである。たしかに，複式簿記を前提とし，しかもそのなかに費用収益法的な計算体系を予定するときには，財産目録の役割はかなり限定的とならざるをえないであろう。費用収益計算の見地から，財産在高勘定に関して修正を必要とする項目だけを収容する棚卸表が主張されるゆえんである。すなわち，財産目録のように実地棚卸の結果すべてを収容するのではなく，そのうちで決算整理を要する項目のみを部分的に収容したのが棚卸表にほかならない。しかし，費用収益法的な計算体系を前提としても，やはり財産在高の実在性をチェックし，抽象的でかつ原因計算を中心とした費用収益計算の真実性ないし信頼性を確保するためには，必ずしも棚卸表だけでは不十分で，ぜひとも財産目録の存在を軽視できないと解される。この費用収益法的な計算体系に代えて財産法の計算体系もしくは資産負債アプローチを前提とするときには，いうまでもなく財産目録の重要性は一段と増す。この体系では期首及び期末の財産在高それ自体の把握が不可欠だからである。いずれの計算体系を前提とするにせよ，財産目録の重要性は否めないであろう。

　第7に，財産目録はいわゆる英米式の帳簿締切手続とも一定の関係を有する。すでに財産目録によって財産の実在高が把握され，その結果が各元帳勘定の締切に用いられる以上，財産目録と同一内容の決算残高勘定をあえて設けて，そこに資産，負債及び資本の各勘定からの振替仕訳を行う必要はないからである。

　近年，アングロサクソンの会計を中心に資産負債アプローチが主流を形成しつつある。その結果，従来に比して貸借対照表のウェイトが高まったことも事実である。しかし，簿記記録をこのアプローチで修正し貸借対照表を作成するためには，理念的に財産目録の介在が前提条件である。ただアングロサクソンの会計では一般にそもそも財産目録という考え方がないために，それが意識されてこなかったにすぎない。その根底には現在用いられている棚卸表の延長線上としての財産目録の存在がクローズアップされてくるはずである。この意味で，財産目録は帳簿記録にも深く関与していると解されるのである。その認識がこれまで明確でなかったにすぎないのである。

これを要するに，財産目録は簿記システムと不可分の関係にあると結論づけることができるのである。これは，財産目録が簿記とだけ関連することを意味するわけではない。財産目録は実はそれ以外に種々の役割を果たしうるのである。それをどのように活用させるのかは，ひとえに財産目録の再評価いかんの仕方に関わってくるのである。

注
1) H. Beigel, Rechnungswesen und Buchführung der Römer, Karlsruhe, 1904 年。
2) G. Sykora, Systeme, Methoden und Formen der Buchhaltung, Wien, 1952 年, 25 頁。
3) G. Sykora, 前掲書, 6 頁。
4)5) J. H. Vlaemminck, Histoire et Doctorines de la Comptabilité, Paris, 1956 年, 50 頁。
6) E. Peragallo, Origin and Evolution of Double Entry Bookkeeping, New York, 1938 年, 27 頁以下参照。山下勝治『損益計算論』(復刻版) 泉文堂, 昭和 49 年, 56 頁。
7) 泉谷勝美『中世イタリア簿記史論』森山書店, 昭和 39 年, 218 頁。
8) H. Sieveking, Aus venetianischen Handlungsbüchern, —Ein Beitrag zur Geschichte des Großhandels im 15. Jahrhundert, in: Jahrbuch für Gesetzgebung, Verwaltung und Volkswirtschaft, 第 25 巻第 4 号, 1901 年, 317 頁。この点に関連して，山下教授はフィレンツェでの財産目録に基づく貸借対照表の成立は損益計算方法の発展史上注目すべきであるが，しかしそれが元帳記録とは別個に組合員の利害の明確化から年度損益計算が行われたにすぎないと考える (山下著, 前掲書, 56 頁)。
9) H. Sieveking, 前掲論文, 323 頁。
10) H. Sieveking, 前掲論文, 318〜319 頁。B. Penndorf, Geschichte der Buchhaltung in Deutschland, Leipzig, 1913 年, 44 頁。
11) H. Sieveking, 前掲論文, 324 頁。
12) 片岡泰彦『イタリア簿記史論』森山書店, 昭和 63 年, 176 頁。
13) J. Löffelholz, Geschichte der Betriebswirtschaft und der Betriebswirtschaftslehre, Stuttgart, 1935 年, 144〜145 頁。
14) A. Hunmmel, Die Buchhaltung der Fugger,: in: Zeitschrift für Handelswissenschaft und Handelspraxis, 第 9 号, 1912 年, 271 頁。
15) J. Strieder, Inventur der Firma Fugger aus dem Jahre 1527 年, in Zeit-

schrift für gesamte Staatswissenschaft, Ergänzungsheft ⅩⅧ, 1905 年, 13〜14 頁。

16) J. Strieder, 前掲論文, 5 頁。
17) B. Penndorf, 前掲書, 56 頁。山下勝治, 前掲書, 107 頁。
18) A. Hunmmel, 前掲論文, 270〜272 頁。
19) J. Löffelholz, 前掲書, 155 頁。
20)21) J. Löffelholz, 前掲書, 153 頁。
22) J. Löffelholz, 前掲書, 155 頁。
23)24) B. Penndorf, 前掲書, 62 頁。
25)26) B. Penndorf, 前掲書, 70 頁。
27) B. Penndorf, 前掲書, 84 頁。
28) J. Löffelholz, 前掲書, 156 頁。
29) B. Penndorf, 前掲書, 90 頁。
30)31) B. Penndorf, 前掲書, 96 頁。
32) B. Penndorf, 前掲書, 186 頁。
33) 山下著, 前掲書, 107 頁。
34) 小島男佐夫『複式簿記発生史の研究』森山書店, 昭和 36 年, 157 頁。
35) 茂木虎雄『近代会計成立史論』未来社, 昭和 44 年, 260 頁。
36) ゲッセンスの所説については, 井上清『ドイツ簿記会計史』有斐閣, 昭和 55 年, 37 頁以下及び片岡泰彦『ドイツ簿記史論』森山書店, 平成 6 年, 163 頁以下参照。
37) この点についてイェーガーは, ゲッセンスにおいては決算財産目録はないが, 次の点に着目する。「しかし, 後者の欠点は, 元帳への記帳に際してまだ売却されていない商品をその価値（Werth）で評価し, しかも残高に別のものから導かれるときに計上し, その結果として差額は損益勘定に振り替えられねばならないという方法で, 部分的に除去される。これによって, 価格に関する財産目録の欠点は除かれた。これに対して, 減少の結果を捉えずに, 帳簿数量による計上の誤りはまだ存在していた（E. L. Jäger, Beiträge zur Geschichte der Doppelbuchhaltung, Stuttgart, 1874 年, 257 頁）。
38) H. V. Simon, Die Bilanzen der Aktiengesellschaften und der Kommanditgesellschaften auf Aktien, 第 2 版, Berlin, 1898 年, 33〜34 頁。
39) シモン・ステフィンの所説に関しては, 岸悦三「シモン・ステフィンの簿記論」小島男佐夫編著『簿記史研究』大学堂書店, 昭和 50 年, 所収, H. V. Simon, 前掲書, 34 頁, 小島男佐夫『会計史入門』森山書店, 昭和 62 年, 255 頁参照。
40) サヴォンヌの所説については, 岸悦三『会計生成史』同文舘, 昭和 50 年, 78 頁以下参照。
41) H. V. Simon, 前掲書, 34 頁。
42) 岸著, 前掲書, 225 頁。

43) J. Savary, Le parfait negociant, 第1版, Geneve, 1676年, フランス語及びドイツ語対照版, 602頁。岸著, 前掲書, 269〜270頁。
44) J. Savary, 前掲書, 602〜603頁。岸著, 前掲書, 270頁参照。
45) J. Savary, 前掲書, 604頁。岸著, 前掲書, 270頁。
46) 安藤英義『新版商法会計制度論』白桃書房, 平成9年, 16〜17頁。
47) J. Savary, 前掲書, 500頁。岸著, 前掲書, 237頁。
48) J. Savary, 前掲書, 614頁。岸著, 前掲書, 274〜275頁。
49)50) J. Savary, 前掲書, 608頁。岸著, 前掲書, 272頁。
51) J. Savary, 前掲書, 637・640〜644頁。岸著, 前掲書, 280〜282頁。
52) F. Hügli, Die Buchhaltungs-Systeme und Buchhaltungs-Formen, Ein Lehrbuch der Buchhaltung, Bern, 1877年, 19頁。
53) F. Hügli, 前掲書, 22頁。
54)55) F. Hügli, 前掲書, 23頁。
56) F. Hügli, 前掲書, 77頁。
57)58) F. Hügli, 前掲書, 86頁。
59) 拙稿,「静態論と簿記理論——近年における会計思考と簿記手続——」森田哲彌編『簿記と新企業会計の展開』中央経済社, 平成12年, 所収, 53〜66頁及び拙稿,「フランスにおける帳簿締切手続」『商学集志』第70巻第1号, 平成12年7月参照。

第4章

財産目録と貸借対照表
―財産目録観の類型―

1 はじめに

　周知の通り，わが国では昭和49年の商法改正により開業財産目録及び決算財産目録は制度上完全に廃止された。その結果，清算などの特別な事由がある場合を除き，財産目録は作成されず，それに関する議論はすっかり影を潜めてしまった。この決算財産目録廃止の理由は，第1にそれが単に貸借対照表の明細表にすぎず，両者の間には内容上の違いは全くなく，その意味で財産目録の作成を省略しても一向に差し支えない点にある。第2に，費用収益計算を中心としたいわゆる損益法の計算体系のもとでは，理論上この決算財産目録の作成は不必要で，期間損益計算にとって帳簿記録を実在高に修正するためには，財産の実地棚卸に基づいて決算整理を必要とする項目の一覧表たる棚卸表さえあれば十分であるという点にある。

　このような理由からわが国では財産目録を廃止したのに対して，ドイツ及びフランスの商法は商業帳簿規定のなかで，この財産目録の作成を義務づけている。この章では財産目録と貸借対照表との関係から，財産目録観の類型化を試みることにしたい。

2 広義説

　いうまでもなく，財産目録は各財産の実地棚卸に基づいてその数量計算及び金額計算を詳細に表示した一覧表である。ところで，この財産目録と貸借対照

表との関係を問題とするとき，一つのユニークな見解がある。それは，貸借対照表をも含めて財産目録を捉える考え方である。具体的にはサバリーの有名な『完全な商人』のなかで，その見解が示唆されている。ここではそれを財産目録の広義説と呼ぶ。このような解釈を主張するのは岸教授である[1]。その根拠は，サバリーが財産目録の説明のなかで一般的な意味での財産目録のほかに，それを要約した"現在の財産目録の平均表"（8頁の〔図1〕参照），すなわち貸借対照表を例示する点にある[2]。この点に関して特にこの貸借対照表をめぐって種々の解釈が試みられてきている。例えば，その第1はその貸借対照表をもっぱら財産表示とみる見解，第2はそれを損益計算の手段とみる見解，そして第3はそれを財産表示と損益計算の二元的性質をもつと解する見解が対立している。

貸借対照表にはそのような解釈の相違があるにせよ，このサバリーにおける財産目録は総じて損益計算と財産表示を一義的な目的としている。

3　同　一　説

次に取り上げるのは，いわゆる財産目録と貸借対照表に記載される内容，すなわち資産及び負債の範囲及びその評価に関する内容を基本的には同一とみる立場である。したがって，この同一説では財産目録と貸借対照表との間にとくに密接不可分の関係を見出すことができる。ただ，この同一説においてもウェイトの置き方いかんで次の二つの考え方がある。一つは両者のうちで財産目録を中心とみなし，貸借対照表を財産目録の摘要ないし要約とみる考え方である。これを財産目録中心思考と呼ぶ。もう一つは貸借対照表を中心とみなし，財産目録を貸借対照表の明細表と捉える考え方である。これを貸借対照表中心思考と呼ぶ。

（1）　財産目録中心思考

この財産目録中心思考はまず1861年普通ドイツ商法に典型的に見出すことができる。そこでは，すべての商人は，開業時及びすべての年度に自己の土地，

債権及び債務,金銭の額及びその他の財産を正確に記録した,財産及び負債の関係を示す決算書,すなわち財産目録及び自己の財産にかかる貸借対照表を作成しなければならず(第29条第1項),財産目録及び貸借対照表の作成において,すべての財産と債権は,その作成時点で附されるべき価値で計上されねばならない(第31条第1項)と規定されていた。この規定から明らかなように,財産目録と貸借対照表とがセットとなっており,しかも前者が後者の直接的な作成手段の関係にある。いずれも財産状態の表示を一義的な目的としており,両者に示される資産及び負債の範囲及びその評価は同一と解されるのである。これは同じく1897年ドイツ商法第39条第1項及び第40条第2項にも継承されている。また,わが国の明治23年商法第32条の規定もこれとほぼ同様に解することができよう。

しかも,ここでは資産評価について一般に時価主義あるいは時価以下主義といったように,全般的に時価主義的傾向があるのがその特徴である。

(2) 貸借対照表中心思考

この財産目録中心思考に対して,貸借対照表中心思考にも種々の見解がある。

① 静態論者の見解

これに属するのが静態論者の見解である。例えば,ライトナーは,「財産目録は財産目録在高及び負債の個別記録であるけれども,財産貸借対照表は財産目録在高の最終額にすぎない。商法第39条の意味における財産目録の貸借対照表は財産及び負債の要約的な構成であり,商人の慣用語では財産目録からの計算結果の抜粋,つまり積極財産及び消極財産の要約的対照である」[3]と述べる。このような考え方から,彼は財産目録に基づいて作成される貸借対照表を財産目録貸借対照表 (Inventarbilanz) と規定し,それを財産貸借対照表と解するのである。これと同様の立場に立つのがル・クートル (W. le Coutre),パッソウ (R. Passow),オスバール (W. Osbahr),コフェロ (I. Kovero),ヘルリ (H. Herrli) 等である。この系列に属する学説では,財産目録及び貸借対照表に関してある種の状態表示機能を重視する点では共通する[4]。しかし,財産評価に関しては一様

ではない。ライトナー，ル・クートル及びパッソウは資産の原価評価を中心とするのに対して，コフェロ及びヘルリは資産の再調達原価による評価を前提とするからである。また，売却資産にはその売却価値，使用資産にはその原価に基づく使用価値による二元的評価を主張するのがジモンである。

② 「財務諸表準則」の見解

昭和9年に臨時産業合理局の財務管理委員会は，業種によって様式が異なっていた財務諸表の様式の定式化を企図して「財務諸表準則」を制定した。これに従うと，「財産目録は決算当時に於ける資産及負債の明細書にして，貸借対照表中株主勘定を除きたる残余の科目を含むものとす。」(財産目録・第一総説・三)と規定されている。ここから，財産目録が貸借対照表の資産負債に関する明細書であることは明らかである。この「財務諸表準則」制定に中心的役割を果たしたとされる太田教授は，この財産目録と貸借対照表との違いについて次の3点を指摘する。第1に，財産目録は資本勘定を除く。第2に，財産目録が財産の内容実質を明らかにしなければならないのに対して，貸借対照表は科目と金額を対比したものである。したがって，「貸借対照表と同一に付省略す」という記載は正当でないという。第3に，財産目録が決算以前に存在するのに対して，貸借対照表は決算の結果として作成される。

資産及び負債の評価については，「資産及負債の各科目に附すべき金額は，貸借対照表に記載すべき金額と同一たるべきものとす。但必要ある場合には之と異なりたる価額を参考として説明に加ふることを得。」(財産目録・第一総説・八)と規定している。これにより，財産目録と貸借対照表の資産及び負債の評価もまた同一であることは明らかである。この理由に関して，財産目録は貸借対照表の予備手段であり，相互に関係づけることが必要であり，したがって財産目録の価格と貸借対照表の価格とが相違することは財政を検査するにあたって不都合が生じるので，ともに決算の財政を示す両者の内容は同一でなければならないと太田教授は説明する[5]。

③ 損益計算中心の見解

財産目録と貸借対照表を全く同一内容とみなすが，貸借対照表の目的をもっ

ぱら損益計算と解する視点から，財産目録をその手段と理解する見解もある。これを示唆するのが岩田教授，山下教授及び片野教授である。

岩田教授によれば，事実上の利潤を算定する場合には，帳簿から離れて現物について実際の調査が不可欠で，これを一覧表として収容したのが財産目録である。この財産目録に基づいて作成されるのが事実上の貸借対照表であり，ここで算定されるのが事実上の利潤である。これに対して帳簿記録に基づく計算上の貸借対照表から算出されるのが計算上の利潤である。そして，すでに触れた事実上の貸借対照表と計算上の貸借対照表との比較を通じて，利潤の差異分析が行われる。このように，岩田教授によれば，財産法に基づく計算体系のもとでは財産目録は事実上の利潤計算としての貸借対照表作成の直接的な手段と解される[6]。

この見解と同じ方向を示すのが山下教授である。山下教授に従うと，1527年に始まるフッガー商会の財産目録に典型的なように，そもそも財産目録は純財産額を算出し，その変動額としての利益計算の手段たる意味を有していた[7]。わが国の商法が戦前から一貫して財産目録に基づいて貸借対照表を作成するように規定したのは，実は財産法的損益計算に共通した特徴があるというのである。そして，この財産目録に基づく原初的且つ根元的で普遍的な財産法的損益計算は，具体的及び客観性という特質を有しており，これを近代的な損益計算制度のもとでも生かす必要があると主張する。

片野教授によれば，企業会計にせよ非企業会計にせよ，財産管理手段として財産目録は不可欠とされ，これを財産実在証拠文書として重視するのである。しかも，期間損益計算をいかなる方法で測定するにせよ，つまり損益法であれ財産法であれ，あるいは両者を結合させる場合であれ，「財産実在証拠文書にもとづいて会計帳簿の記録の整理・修正をしなければ，期間損益計算の真正な結果は期しえない」[8]と片野教授は主張するのである。つまり，資産及び負債の実在高の明細を記載した財産目録は企業会計の期間損益計算，ひいては財務諸表による会計報告の真実性を保障する支柱と解されているのである。

4 関係説

　すでに触れた同一説とは違って，この関係説では次のような特徴がある。すなわち，財産目録は貸借対照表の作成に重要なデータを提供する意味で，両者は密接な関係するとしても，単にそれだけが財産目録の役割ではなく，それ以外の面に独自の役割をも有すると解する立場である。つまり，この関係説では財産目録に記載される資産及び負債の項目の範囲及びその評価の内容が，必ずしも貸借対照表のそれと一致せず相違する結果をもたらしうるのである。

(1) 財産の数量計算を中心とした見解

　その第1は，財産目録における財産の数量計算に着目した見解である。いうまでもなく，財産目録は財産の数量計算及び金額計算に関する明細表としての性質をもつ。このなかで特に財産の数量計算を財産目録の本質とみなす見解がある。したがって，ここでは財産の金額計算はその本質というよりはむしろ，その付随的要件と解される。この立場を主張するのは児林氏である。彼によると，財産目録は各種の物件的記録を内容的実質的に説明するのに対して，貸借対照表は価額による財政を表示したものと捉えられる。ただ，両者とも営業財産の状況を表すために作成されるので，財産目録にも価額を附して貸借対照表の財産価額への根拠を示す必要がある。その結果，この価額の面で財産目録と貸借対照表との間に一定の関係が生じる。ただ，財産目録にこの財産価額の個別表示を目的とすると，貸借対照表との理論的相違がなくなり，財産目録は貸借対照表の内訳形式となりうる可能性を指摘する[9]。また，資産及び負債の範囲に関して，創業費や未経過保険料あるいは広告費を貸借対照表に計上するだけでなく，これらの項目を財産目録にも計上すれば，財産目録に計上される法律上の財産の固有の意義が失われ，特に主観的価値に変化してしまう危険性があると主張する。このように，児林氏は基本的に財産目録の本質を財産の数量計算と捉えると同時に，財産目録と貸借対照表との間に一定の関係を見出すとし

ても，両者の内容は必ずしも同一ではなりえないことを示唆している。

なお，安藤教授は，この財産の数量計算を財産管理者の責任を明確にするうえで財産目録の本質的役割と主張する[10]。

(2) 財産表示としての見解（その1）

財産目録はたしかに貸借対照表作成に役立つが，しかし前者は必ずしも後者と全く同一内容ではなく，両者の間に一定の内容上の差異があるとする見解がある。これはドイツ商法に関する有名なコンメンタールのなかで示されている[11]。

現行ドイツ商法第240条において，商業帳簿規定のなかで財産目録の作成がすべての商人に義務づけられており，この財産目録は財産対象物（Vermögensgegenstand）及び負債を収容しなければならない。ここで問題は財産対象物の具体的内容である。これについて通説はそのメルクマールを，商法における債権者保護の見地から債務弁済能力の意味での個別売却可能性（Einzelveräußerbarkeit）もしくは個別利用可能性（Einzelvewertbarkeit）に求めている。このいずれの立場に立つとしても，財産目録には次の項目は財産対象物としての要件を満たさないので記載できなくなる。費用収益計算の見地から計上されうる開業準備費及び営業拡張費，さらに借方繰延税金といった貸借対照表擬制項目（Bilanzierungshilfe），買入のれんや借方計算限定項目がそうである。同様に，貸借対照表には負債として計上できるけれども，第三者に対する義務としての性質が欠けるために財産目録への負債計上が疑問視されるのは，いわゆる費用性引当金や貸方計算限定項目，準備金的性質をもつ特別項目等である。他方，主に法的所有関係を中心とした財産目録固有に記載すべき項目には，企業リスクを潜在的に示すような種々の契約がある。そして，財産目録から貸借対照表項目への移行が必要であり，これを付随手続という実務上の考え方から明らかなように，財産目録と貸借対照表との間に資産及び負債の範囲に差異があることがわかる。

（3） 財産表示としての見解（その2）

　財産目録を財産表示とみる見解には，もう1つ別の見解がある。それをフランス商法及びバタルドン（L. Batardon）の見解に求めることができる。ここでは既述のように資産及び負債の範囲の違いに着目するのではなく，むしろそれらの項目の評価を異にするのがその特徴である。

① フランス商法

　フランス商法は商業帳簿規定のなかで財産目録の作成を義務づけており（第8条），ここで関係する財産評価規定は第12条である。同条第2項で資産項目の価値が帳簿価値を下回るときには，当該帳簿価値は，その減価が確定的であるか否かにかかわらず，決算日の財産目録価値に遡らねばならず，また同条第4項では資産の財産目録価値とその流入価値との間で確認される増価は計上されないと規定されている。この規定から財産目録で計上される価値が必ずしも会計帳簿の価値とイコールではないことが推論される。その点を一層明確化したのが1983年のデクレ第7条である。同条4項では現在価値は市場や企業に対する財貨の効用に従って評価される見積価値であり，同条第5項では財産目録の価値は現在価値に等しいと規定されている。

　このように，財産目録に計上されるのは財産の現在価値であり，その内容は必ずしも明らかではないが，一種の時価評価を予定したもので，帳簿価値とは異なることは明らかであろう。なお，この考え方は1999年に全面的に改正されたプラン・コンタブル・ジェネラル（Plan Comptable Général）第3編「会計処理と評価の原則」・第2節「流入後の評価」の条項322-1及び条項322-2において同様に継承されている。

② バタルドンの見解

　バタルドンによれば，企業設立時，財産譲渡時，清算あるいは破産時に作成される財産目録はいずれも臨時的に作成されるもので，そこでは企業の財産状況（situation d'entreprise）の把握が一義的であり，それぞれの財産状況の把握に即した財産評価が行われる。これに対して，決算財産目録はこの財産状況だけでなく，さらに成果算定という二つの目的を有する点にその特徴がある[12]。そ

こで問題となるのは財産評価方法である。前者の目的に関していえば，資産の再調達原価にせよ，あるいは資産の継続を前提とした販売価格にせよ，それらをすべて財産に一律適用することは問題がある。また，成果算定にとっては資産の利用価値（valeur d'utilisation）を示す取得原価が特に重要となる。そこで，二つの目的を満たすためには，資産それぞれに適した時価及びその取得原価とを並列的に財産目録に示す必要があると彼は主張するのである。

5　独　立　説

これまで触れた広義説，同一説及び関係説と違って，財産目録と貸借対照表との関係について両者を全く別個の存在とみなし，したがって財産目録を貸借対照表から独立したものと解する考え方がある。ここではこれを独立説と呼ぶ。これにも実は次の2つの立場が考えられる。1つは財産目録をもっぱら企業外部者に対する財務報告書と解する立場である。もう1つはそれを財産管理手段に対する企業内部の報告書として捉える立場である。いずれも財産目録を会計情報の一部として利用しようとする点では共通する。

(1)　企業外部報告書

まず最初は企業外部報告書として，つまり財産目録を財務諸表の1つとして位置づけようとする立場を取り上げる。この場合，それは更に次の2つの方向に分けられる。1つは債権者に対する会計情報として財産目録を捉える見解である。もう1つは株主に対する会計情報として捉える見解である。

①　債権者に対する会計情報

債権者に対する会計情報として財産目録の重要性を主張するのは，わが国では下野教授である。この考え方に従うと，財産目録と貸借対照表は，その内容，その目的，その作成方法といった各種の点で相違するのである。したがって，財産目録を貸借対照表の明細書と解するのは誤解であると主張する。まず内容に関していえば，貸借対照表は各種財産の実物勘定のみならず，その財産増減

の原因を示す名目勘定をも含むのに対して、財産目録は、商法に規定されているように、名目勘定を含まず、動産不動産や債権債務その他の財産のみを含む点に違いがある。目的に関していえば、「金の出所と使途を明らかにし、収支差引現金残高を示すは勘定の本質にして貸借対照表の任務なり出資者の第一に知らんと欲する處なるべし」[13] とされる。つまり、貸借対照表は出資者に対して資金の源泉とその運用状況を示すものであり、したがって資産は収支計算を前提として取得原価で評価される。これに対して、財産目録は債権者に対して財産の現状を示すために、財産は時価で評価される。作成方法に関していえば、貸借対照表は純然たる帳簿上の産物として総勘定元帳の縮図にほかならないのに対して、財産目録は資産負債に関する実地調査の結果を表示したものである。

ティードシェンもまた財産目録を債権者保護の見地から外部報告書として位置づけようという見解である。損益計算の見地から貸借対照表擬制項目や計算限定項目といった項目をも収容せねばならない貸借対照表と違って、財産目録は財産対象物及び負債のみを表示し、純粋の財産表示に役立つ。そこで、この財産目録を債権者保護の手段として活用するのである。その場合、彼女は企業の解散ではなくて、あくまで企業の継続を前提とした債権者保護を想定し、これに最も適するのが金銭執行であると考える。この見地から財産対象物の範囲を、金銭執行によって没収あるいは売却に基づく換金可能なものに限定するのである[14]。それ故に、そのなかには当事者間でたとえ譲渡が禁止されている債権及び権利もその範囲に含まれることになる。

② 株主に対する会計情報

債権者に対する会計情報と並んで、株主に対する会計情報として財産目録を重視する見解もある。これを主張するのはコソンである。

いうまでもなく、貸借対照表は歴史的原価会計のフレームワークのもとで作成される。しかし、それは必ずしも企業の真実な実態を開示するわけではない。そこで、コソンはこの貸借対照表を補完するために、財産目録の附属明細書（annexe）としての積極的な活用を提唱するのである。その場合、彼は資産及び負債のきわめて詳細な数量計算及び価値計算の表示ではなくて、価値計算のみ

に限定し，かつその重要項目のみを簡略化した方式で表示させた財産目録の株主への開示を主張する。さらに，そこでは資産をその現在価値で評価した一覧表を財産目録に収容させるのがその大きな特徴である。しかも，資産の種類に応じて一般購買力修正価値 (valeur historique actualisée)，再調達原価 (valeur de remplacement)，統一市場価値 (valeur actuelle unitaire)，すなわち清算価値を多欄式で，且つ強制的に開示させる評価額と選択的に表示させる評価額とに細分化しながら開示しようというわけである。加えて彼は，すべての会社，上場会社，財務内容の悪化した会社とを区別して各財産目録の雛形を例示している[15]。この詳細は第7章で触れる。

なお，財産目録は単に債権者だけでなく，株主にも有用な会計情報と解する但馬教授の考え方もある[16]。

（2） 企業内部報告書

財産目録を外部報告書としてではなく，財産管理手段に対する企業の内部報告書として活用しようとする考え方もある。これに近い考え方を示すのがヒントナーである。成果測定を中心とした決算貸借対照表と異なり，合併，清算，組織変更，会社更正等のように臨時的に作成される非常貸借対照表 (Sonderbilanz) 及び彼のいう"シュタートゥス"(Status)，すなわち財産目録は一つの共通点をもつ。いずれも企業の財産価値の確定を一義的な目的として作成される点にある。ところが，両者の間には一つの明確な差異があるという。非常貸借対照表は帳簿価額からの独立性が単に評価にだけ関係するのに対して，財産目録は表示すべき実質的内容にもまたそれが及ぶ点にある。その結果，非常貸借対照表（及び正規の貸借対照表）においては貸借対照表能力と，また財産目録には表示能力との間を明確に区別することが重要であると彼は考える。

そして，財産目録において信用状況を問題とすれば，財産価値に関して帳簿価値，時価(正常な市場価値)及び換金価値（担保財産の売却価値）の3つの欄を設ける必要があると主張する[17]。このような財産目録は簿記及び過去の決算書と原則として結合せず，それらから全く独立しており，したがって例えば将

来のストック情報を流動性分析などに利用して，将来の企業発展の予測に大いに役立つと解されているのである。ヒントナーの詳細は第8章で触れる。

このような財産目録の捉え方は，財産ストックに基づく財産管理に対する内部報告書としての重視にほかならない。今日，金融機関を中心に重視されているALMは，この流れの一環として捉えることができよう。

6 むすび

以上の考察結果から，財産目録と貸借対照表との間は必ずしも一様ではなく，広義説，同一説，関係説，そして独立説といった様々な見解が存在することが判明した。財産目録観の類型と呼ぶゆえんであり，財産目録の内容は，資産及び負債の範囲においてもその評価においてもかなり多様化している。近年，いわゆる資産負債アプローチが急速に強調されてきており，財産ストック情報の重要性が一段と高まりつつある。そこで，その面から貸借対照表を補完する意味で財産目録を再評価する必要がある。具体的には，財産目録を企業内部における財産管理の面に利用するだけでなく，さらに企業外部の財務諸表の1つとして，つまり単に勘定記録（特に補助簿）から導出されたものではなく，実地棚卸を前提した意味での財産ストックに関する附属明細表としても積極的に活用する必要があると考えられるのである。

注
1) 岸悦三『会計生成史』同文舘，昭和50年，261～262頁。
2) J. Savary, Le parfait negociant, 第1版, フランス語及びドイツ語対照版, Geneve, 1676年, 640～641頁。
3) F. Leitner, Die doppelte kaufmännische Buchhaltung, 第1巻：des Grundrisses der Buchhaltung und Bilanzkunde, 第6・7版, Berlin・Leipzig, 1923年, 22頁。
4) 例えば，ル・クートルはこの点に関して「原則として，いつでもしかも全く過去の記録に左右されずに，貸借対照表を作成することができる。この目的に対しては，貸借対照表作成時点で存在する各財産在高及び負債を収容し，その金額を

確定しさえすればよい」（W. le Coutre, Grundzüge der Bilanzkunde, 第1巻, 第2版, Leipzig, 1927年, 35頁）と述べる。同じくパッソウは次のように述べる。「このような在高の実地調査の意義は前述のように異なる。簿記が存在し, しかもこれがすでに当該報告を含んでいれば, 財産目録は, それが帳簿から除外されない限り, 帳簿のコントロールに役立つ。簿記が必要な報告を含まなければ, 財産目録による実地調査はその限りにおいて簿記の不可欠な補完である。したがって, 帳簿がすべての要求された報告を含まない限り, 特別な在高の実地調査は貸借対照表作成の不可欠な前提であるのに対して, 財産目録は特にそれ自体不必要であろう。というのは, 見出された評価を確かにまた直接的に貸借対照表に計上しうるであろうからである。しかし, 法は, われわれが理解するように, 2種類の財産表示を規定し, 第39条の文言から明らかなように, 貸借対照表のなかに財産目録の要約を理解するのである。したがって, 財産目録が法の意味において貸借対照表の本来の基盤である。」（R. Passow, Die Bilanzen der privaten Unternehmungen, 第1版, Leipzig, 1910年, 34頁）また, 簿記は拡張された貸借対照表であると解するオスバールは, 「これ（貸借対照表―筆者注）がある企業のこの貨幣経済的構造の見取り図であれば, この見取り図が記される前に, その構造について正確で事細かな描写が提出されねばならない。経済的に考察されるすべての面に基づくある企業のこの貨幣経済的な詳細描写が財産目録であり, 事細かな描写に対する基盤把握が実地棚卸である」（W. Osbahr, Die Bilanz vom Standpunkt der Unternehmung, 第2版, Berlin, 1918年, 122頁）と述べる。コフェロは, 「現代の経済生活においては, 商品に関して商品有高帳を完全なシステムとして記帳すること, 及びこれに基づいて利益を決定することは, わずかに例外的なケースしか可能でないので, 確かに実地棚卸はぜひとも必要である。それ故に, 実際の実地棚卸に基づく貸借対照表がこの発展の第3段階及び結果を形成する」（I. Kovero, Die Bewertung der Vermögensgegenstände in der privaten Unternehmungen, Berlin, 1912年, 19頁）と述べる。ヘルリは, 「貸借対照表の基盤は簿記と財産目録である。したがって, 貸借対照表は元帳のすべての勘定残高の抜粋であるだけでなく, その残高はやはり検証されねばならず, それは実地棚卸によって行われる」（H. Herrli, Die Façonwerte in der Bilanz, Bern, 1933年, 85頁）と述べる。なお, この静態論に属する諸学説の詳細については, 拙著, 『静的貸借対照表論の研究』森山書店, 平成8年参照。

5) 太田哲三『財務諸表準則解説』（改訂版）高陽書院, 昭和15年, 166〜167頁。
6) 岩田巌『利潤計算原理』同文館, 昭和31年, 36頁以下。
7) 山下勝治「財産目録計算の会計思考」『企業会計』第7巻第7号, 昭和30年6月, 13〜16頁。
8) 片野一郎『簿記精説』（下巻）, 同文館, 昭和52年, 505頁。

9) 児林百合松「貸借対照表と財産目録の区別如何」『會計』第3巻第2号，大正7年5月，55頁以下参照。
10) 安藤英義『簿記会計の研究』中央経済社，平成13年，160頁。
11) Adler・Düring・Schmaltz編, Rechnungslegung und Prüfung der Unternehmen, 第6巻，第6版, Stuttgart, 1998年, 67頁以下。
12) L. Batardon, L'inventaire et le bilan—étude juridique et comptable—, 第5版, Paris, 1926年, 1頁以下。
13) 下野直太郎「貸借対照表と財産目録の異同弁」『會計』第21巻第4号，昭和2年10月，10頁。
14) S. Tiedchen, Der Vermögensgegenstand im Handelsbilanzrecht, Köln, 1991年, 54頁。
15) G. Cosson, L'information des actionnaires par l'inventaire(2), in : Revue française de comptabilité, 第73巻, 1977年6月, 283頁以下。
16) 但馬弘衛「貸借対照表及財産目録を繞りて」『會計』第31巻第2号，昭和7年8月，19頁以下。
17) O. Hintner, Bilanz und Status, in : Zeitschrift für Betriebswirtschaft, 第30巻第9号, 1960年, 537頁。

第5章
財産目録・簿記・貸借対照表の関係

1 はじめに

　第3章「財産目録と簿記」では，財産目録が歴史的にみて簿記とどのように関係してきたのかについて論究した。その結果，財産目録はそもそも簿記から独立して生成してきたのであるが，その後，中世以降に徐々に簿記システムと結合するようになってきた。その結合の仕方は単式簿記システムを前提とするのか，あるいは複式簿記システムを前提とするのかによって異なる。いずれにせよ，財産目録と簿記の間には密接不可分の関係にあるのである。また，第4章「財産目録と貸借対照表」では，財産目録と貸借対照表との関係を考察した結果，この財産目録にはさまざまな見方があることが判明した。貸借対照表を財産目録の要約とみるのか，あるいは財産目録を貸借対照表の摘要とみるのかはともかく，従来，財産目録に記載される資産及び負債の範囲とその評価は貸借対照表のそれと同一とみる同一説が一般的であった。しかし，それ以外にも歴史的には種々の見方が存在することが明らかになったのである。
　そこで，本章ではこの二つの側面を踏まえて，ドイツ商法規定を中心として財産目録・簿記・貸借対照表の三者間の関係について検討することにしたい。

2 財産目録・簿記・貸借対照表の内容

　まず最初に財産目録・簿記・貸借対照表の各内容について触れておく。

（1）財産目録

ドイツ商法は第3編「商業帳簿」第1章「すべての商人に対する規定」のなかで財産目録について次のように規定する。

> 商法第240条　すべての商人は開業時に不動産，債権及び債務，金銭の額その他の財産対象物を正確に記録し，その際に各財産対象物及び負債の価値を附さねばならない。

この規定で示されている財産目録及び負債のすべてを収容したのが財産目録である。この財産目録作成の前提が資産及び負債に関する実地棚卸である。そこでは何よりも資産及び負債の実在高の把握が一義的であり，特に財産の詳細な数量計算及び金額計算が重要である。この財産目録は，帳簿記録に対する重要な証拠及び検証機能を有するといわれる。

かつての1897年商法では，財産目録は貸借対照表とセットで財産及び負債を示す決算書と解されていた。しかし，現行商法では財産目録は貸借対照表作成の直接的な関係よりも，むしろ簿記記録との関係で商業帳簿規定として位置づけられているのがその特徴である。

（2）簿　記

ドイツ商法では簿記について規定しており，そのなかで特に重要なのが次の規定である。

> 商法第238条：
> 　第1項　すべての商人は帳簿をつけ，このなかに自己の商取引と自己の財産状態をGoBに基づいて明瞭化する義務がある。簿記は，それが適当期間内において専門的知識のある第三者に営業取引の概観と企業の状況とを伝達できる性質でなければならない。営業取引についてその発生と決済とが跡づけられねばならない。

商法第239条：
> 第2項　帳簿記入及びその他の必要な記録は，完全で正当でタイムリーで，秩序立って行われねばならない。
> 第4項1文　商業帳簿及びその他の必要な記録は，簿記の形式がそこで用いられる手続を含めて，GoBに合致する限り，証拠書類の秩序立った保管の形式をとることもあるし，あるいはデータ処理装置に維持されうる。

　これらの規定からわかるように，簿記は企業の取引を商業帳簿及びその他の必要な記録に記入し，その結果として商人の財産状態の把握に役立つものと解されている。しかもそれに関してGoBに基づく明瞭化が要請されるのである。その際に重要となるのが帳簿記録の完全性，正当性，適時性，秩序性である。したがって，この商業帳簿規定におけるGoBは形式的な簿記に関するもので，狭義の簿記に関するものといってよい[1]。このような解釈の意味のほかに，このGoBは実質的な会計処理 (materielle Bilanzierung) にも深く関与することはもちろんである。

　このように簿記は商人の営業取引を記録するものであり，その重要な手掛かりとなるのが主に現金及び財貨の流れ，さらに権利及び義務の発生・消滅などである。これらの取引が証拠書類に基づいて帳簿に一定のルールに従い記録される。この取引に加えて簿記は自己情報に対する商人の義務に伴い，適切で且つ合理的な財産管理に対するコントロール・システムとも密接に関連する。この点の事情についてアドラー・デュアリンク・シュマルツ編のコンメンタールは次のように述べる。「企業における簿記のそれ（形式的要件，具体的にはすべての取引の把握―筆者注）以上の形態はその時々のケースに依存し，しかも自己情報に対する商人の義務と，それと緊密に関係する十分なコントロール・システム及び税務システムによって広範囲に決定される。その場合，簿記は経営上の計算制度の一部を形成するにすぎない。それは様々なその他の部分領域（例えば原価計算，内部報告制度，計画計算）と密接に結合する。別の部分領域が簿記に

対して情報を与える限り，これ(情報—筆者注)は実質的に適切に，しかも形式的に確保されねばならない。」[2] その結果，かかる意味での簿記は，単に年次決算書を構成する貸借対照表及び損益計算書に計上される取引だけに留まらず，さらにこれに加えて商人の自己情報に有用な財産の管理に役立つものも含めて対象とするのである。

（3）貸借対照表

一般商人においては，貸借対照表は損益計算書と並んで年次決算書の構成要素の重要な一つである（商法第242条3項）。また商人は各営業年度末に財産及び負債の関係を示す決算書を作成しなければならない(商法第241条1項1文)。商法第246条1項によれば，年次決算書はすべての財産対象物，負債，計算限定項目，費用及び収益を計上しなければならない。したがって，商法第242条1項1文でいう貸借対照表の内容を意味する"財産及び負債の関係を示す決算書"とは，財産対象物，負債及び計算限定項目を指すと解して差し支えあるまい[3]。

ここで重要となるのが貸借対照表に計上される既述の財産対象物をはじめとする諸項目のメルクマールである。この点について詳述する。

まず財産対象物概念について取り上げる。これについて主に次の2つの考え方がある。1つは個別売却可能性を重視する考え方である。これは財の独立した取引可能性に着目した考え方である。その理由は，年次決算書が会計情報及び配当測定の可能性を満たすだけでなく，企業の債務弁済能力の判定にも役立つように客観化される必要があるからである。そのなかで，財貨は法律もしくは契約上の法取引においてのみ譲渡可能でなければならないとするのが具体的な個別売却可能性に着目するものである。このほかに，必ずしも法的な意味での売却可能性を前提とせずに，経済的視点から法律上もしくは契約上の譲渡可能性による制約にとらわれない考え方もある。これが抽象的な個別売却可能性を重視した考え方である。それ故に，この解釈に従うと，例えばコンピュータのソフトウェアのような利用権に対して譲渡禁止，譲渡制限及び転売禁止があるものも財産対象物に含まれる。同様に法的には譲渡できない認可権などもそ

うである。

　このような個別売却可能性をメルクマールとする考え方と並んで，個別的利用可能性をメルクマールとする考え方も有力視されている。ここでは個別売却可能性というよりは，むしろ加工，消費，行使に対する権利あるいは利用に対する対象物の第三者への譲渡が重視されるからである。その典型が用益あるいは商標その他の営業上の権利に対するライセンスの授与である。さらに強制執行の方法による利用もまた十分に考えられる。いずれにせよ，この個別利用可能性に基づく財産対象物の範囲は個別売却可能性のそれよりも広い。

　債権に関しては原則として法的に発生し，決算日現在になお存在するすべての債権が計上されねばならない。ただし，法的には認められなくとも，事実上の債権，例えば未収利息のように決算日後に支払期限の到来する見積項目は，経済的考察方法の観点から計上される。

　他方，負債は債務及び引当金を含む上位概念である。この負債計上の要件は一般に次の3つであるといわれる[4]。すなわち，第1は給付に対する法的あるいは経済的義務が存在すること，第2はこの義務が決算日において経済的負担を根拠とすること，第3はそれを独自に評価し計数化しうること，この3点である。

　計算限定項目(Rechnungsabgrenzungsposten)は，発生原則(Verursachungsprinzip)に基づいて当期の収益費用計算と収入支出計算との期間的なずれから生じる項目である。当期中の支出額のうちで当期の費用に属さない項目と，当期中の収入額のうちで当期の収益に属さない項目とが計算限定項目である。このように，ドイツ商法上の計算限定項目は，いわゆる経過勘定項目のうちで期間帰属の定まった繰延項目のみに限定され，見越項目は含まれないのがその特徴である。したがって，未収収益及び未払費用といった見越項目はドイツ商法上の計算限定項目から除外され，前者は債権及びその他の資産のうちでその他の資産に，後者は債務のなかでその他の債務にそれぞれ計上される。

3 財産目録・簿記・貸借対照表の関係

(1) 三者間の結合図

すでに触れたように,ドイツ商法では財産目録・簿記・貸借対照表の三者が,きわめて密接に関係することはいうまでもない。例えば財産目録は簿記記録の重要な修正手段であり,財産の実在高を把握するのにそれは不可欠である。と同時に,かかる修正手続を通じて修正された簿記記録のなかから摘出されたのが,原則として貸借対照表に計上される項目である。このようなわけで,財産目録・簿記・貸借対照表の三者間には密接不可分の相互関係が成り立っているといってよい。しかし,このことは三者がすべて同一内容を示すことをもちろん意味するわけではない。既述の通り,財産目録・簿記・貸借対照表にはそれぞれ独自の役割があり,その点から三者間の内容に関する差異が生じうるのである。そこで,いまそれを明らかにするために,著者が独自に作成した以下の〔図5〕を例示する。

Ⅰは財産目録の範囲,Ⅱは簿記の範囲,そしてⅢは貸借対照表の範囲をそれぞれ示す。また,この3つの相互関係から便宜上三者間の関係をAからGまでの各要素から成り立つものとする。

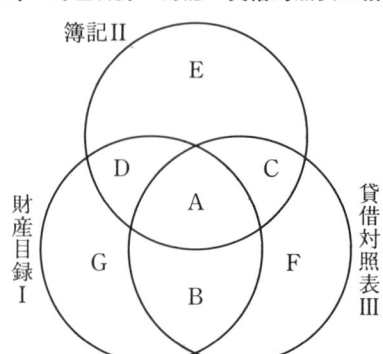

〔図5〕 財産目録・簿記・貸借対照表の結合図

（2） 各構成要素の内容

① 接合関係をもつ領域

まず最初はAの項目についてである。これは財産目録・簿記・貸借対照表の三者間が交差した部分に相当する。それ故に，三種間での相関関係がきわめて強い部分ともいえる。具体的にいうと，既述の通り実地棚卸に基づき把握された資産及び負債の実在高により簿記記録が修正され，その結果として貸借対照表に計上される項目が決定されることになる。この典型的な項目が例えば現金及び棚卸資産などである。ここでは財産の実在高と当在高との比較を通じて貸借対照表に計上される項目が決定されると同時に，その差額としての損益もまた認識されるのである。なお注意すべきは，ここでは簿記記録を修正する場合，すでに記録されている当在高としての数値自体が実地棚卸に基づく財産目録を通じて修正されることを意味する点である。つまり，ここでは当該項目に関する帳簿在高が既知であるという前提である。このように，実地棚卸手続が簿記記録に直接的に作用する点で，このAの領域には狭義の実地棚卸手続が属するといってよい。

これに対して，Bの範囲も基本的にはAと類似する。ここでもまた同様に実地棚卸に基づく財産目録が貸借対照表に計上される項目を規制するからである。ただし，Aの場合と違って，このBではこれに関連する簿記記録が事前に存在していないのがその特徴である。したがって，すでに存在する簿記記録に対する直接的な修正手続を経ずに，財産目録で把握されたものがストレートに貸借対照表項目となるのである。具体的な項目を挙げれば，経過勘定のうちの見越項目や新たに設定する必要のある引当金の計上などがその典型であると考えられる。もちろん，このような項目も事後的には簿記で記録される。しかし，これは新たに帳簿記録の修正ではなくて，その追加という形で行われることになる。その結果，AとBによって把握される項目が決算整理の段階で一括把握されるのである。AとBを含めた範囲を一般に棚卸手続といい，この結果を一覧表としたのがいわゆる棚卸表である。

Cは簿記と貸借対照表が関係するが，しかし財産目録は関与しない領域であ

る。例えばこれに属すると考えられるのは、ドイツ商法でいう既述の計算限定項目である。これは、すでに簿記で記録されている項目のうちで、当期の費用収益計算の面からみて次期以降に繰り延べられる。この計算限定項目には借方計算限定項目と貸方計算限定項目とがある。前者の計上要件は、第1に支払取引 (Zahlungsvorgang) が決算日以前にあること、第2に費用としての成果への影響が決算日以降であること、第3にその費用が決算日後の一定の期間に関係すること、この3点である[5]。これに対して、後者の計上要件は、第1に収入取引が決算日以前にあること、第2に収益としての成果への影響が決算日以降にあること、そして第3にその収益が決算日以降の一定期間に関係すること、この3点である。借方計算限定項目に属するのは、例えば契約解消に伴う賃貸人に対する違約金の支払、前払家賃、前払保険料、前払関税及び前払消費税などである。貸方計算限定項目に属するのは、違約金の受領、ホテル経営者のビール納入義務に対する受取額、研修施設設置に対する補助金などである。

　Dは財産目録と簿記とが交差する部分で、貸借対照表とは何ら関係しない領域である。ここに属するのは、例えば重要性の原則を適用した結果、貸借対照表には計上されないが、財産管理上軽視できない項目、具体的には簿外資産及び簿外負債である。ここで簿外資産及び簿外負債といっても、それは帳簿上計上されていない資産または負債という意味ではもちろんない。そうではなくて、企業外部者が財産目録に基づいて企業の財務内容を判断する際に有用な会計情報のみを財務諸表に表示するために、そこでは省略されるけれども、財産管理の面からは財産目録及び簿記ではそのなかに記載されている資産または負債項目を指す。いうまでもなく、重要性の原則を適用する際には科目の重要性と金額の重要性を十分配慮する必要がある。さらに、簿外資産のなかには文字通り帳簿から全く除外されてしまうものもある。例えば事務用品や消耗品のたぐいがそうである。それに関してその取得時点で費用処理する方法を前提とすると、これらは取得時点で費用処理されてしまうため、それ以降は何ら帳簿から全く除かれることになる。理論上はたしかに期末時点で消費していない部分については、資産に振り替えることが必要である。この処理を行えば、それは

Dの範囲に含まれることになる。ただ実務上はこの処理は煩瑣であるため，行われないのが一般的である。しかし，財産管理担当者の管理責任の所在を明確化するためには，可能な限りその実在高をチェックし，少なくとも財産目録だけにはそれを把握しておく必要があろう。その結果，かかる意味での限定された簿外資産は，このDではなくて，後述するG，すなわちもっぱら財産目録固有の領域に該当することになろう。

② 接合関係をもたない領域

以上述べた領域と異なり，以下で取り上げるのは各要素が他の要素と全く交差せずに，独自の領域を形成する部分である。

1) 簿記固有の領域　　Eは簿記固有の領域で，財産目録も貸借対照表も何ら接点をもたない部分である。これに属するのは資産・負債・資本の各項目と直接的に関係しないか，または費用及び収益に関連する損益取引がその典型である。仕訳帳及び元帳の主要簿以外で財産管理上必要な補助簿での記録もここに含まれる。例えば商品有高帳での商品の出入計算，補助元帳での仕入先元帳及び得意先元帳の債権債務の管理などがそうである。さらに，このEには簿記特有の処理，具体的には必ずしも企業の外部取引の発生ではないけれども，簿記手続上固有の再振替仕訳や決算振替仕訳なども含まれる。なお，手形の裏書きや債務保証の際に偶発債務を示すために，簿記上備忘記録としての対照勘定による処理もまたこの領域に属すると考えられる。

2) 貸借対照表固有の領域　　さらにFは貸借対照表固有の領域である。これは文字通り貸借対照表独自の領域で，財産目録とも簿記とも関わらない部分である。いうまでもなく，貸借対照表は企業の一定時点における財務状態を示したものである。そこでは企業にとっての資産及び負債・資本が表示される。その場合，貸借対照表の作成に関しては特に損益計算の見地を無視することはできない。言い換えれば，貸借対照表は企業の財務状態を表示するといっても，その作成上損益計算の視点に基づく項目の計上及びその評価の決定が重要となるのである。その結果，現行ドイツ商法ではその見地からの項目が計上される。

例えば，すでに触れたように貸借対照表擬制項目がその典型である。これには商法第269条で規定する開業費及び営業拡大費（Aufwendungen für die Ingangsetzung und Erweiterung des Geschäftsbetriebs）がある。これは，本来的には財産対象物ではないため貸借対照表能力をもたないが，しかし資本会社に限って借方項目として計上することが許容されている項目である。それ故に，それ以外の人的会社や個人企業ではその計上が禁止されている。つまり，資本会社には開業費及び営業拡大費には借方計上選択権（Aktivierungswahlheit）がある。この項目は財産対象物としての性質をもたない。したがって，課税所得計算上の事業財産（Betriebsvermögen）としての経済財（Wirtschaftgut）を構成せず，その計上が禁止される。

開業費及び営業拡大費について計上選択権が付与されたのは，その金額が多額となるため，主に企業の債務超過の回避にあるといわれる[6]。また，この計上は費用収益対応の原則を中心とした動的会計思考（dynamisches Denken）の適用とみなす考え方もある[7]。これは事実上わが国でそれを繰延資産とみなす考え方と一脈相通じるものである。さらに，開業費及び営業拡大費の計上が期間利益の平準化（Glättung des Periodenerfolgs）を目的とする考え方もある[8]。なお，財産対象物としての性質をもたないこの項目を借方計上したときには，配当規制がある（商法第269条4文）。すなわち，配当後に残っているいつでも取り崩すことができる利益準備金に繰越損益を加減した金額が，少なくともこの開業費及び営業拡大費の合計に相当する場合にだけ，利益配当が行われるうるにすぎないのである。

開業費及び営業拡大費と並んで貸借対照表擬制項目に属するのは，借方繰延税金（aktivisches latentes Steuer）である。いうまでもなく，これはいわゆる税効果会計の適用結果として生じる借方項目である。これを規定するのが商法第274条である。同条1項は，税法上の課税所得が商法上の利益よりも少ないケースを，また同条2項はその逆のケース，すなわち税法上の課税所得が商法上の利益よりも大きいケースをそれぞれ規定する。前者のケースでは将来に予測される税金負担が生じるため，商法第249条1項1文に従い引当金を設定しな

ければならない。繰延税金負債の計上がそれである。これに対して，後者のケースに関してわが国では繰延税金負債に呼応して繰延税金資産が計上される。ところが，ドイツ商法では，わが国の場合と借方繰延税金の取扱が異なる。その理由は，商法第274条の税効果が主に適正な期間測定(periodengerechte Erfolgsermittlung)という動的考察方法の見地から論じられているからである。したがって，そこでは税金費用の期間限定としての性質が重視されるのである。そのため，「商法第274条によれば，さらに損益計算書アプローチ (Gewinn und Verlust‐Orientierung)から出発しなければならない。」[9] つまり，そこでは繰延法 (deferral method)が前提とされるのである。ところが，アメリカGAAPやIASをはじめ，わが国では貸借対照表アプローチ（Bilanz-Orientierung）から債務法 (liability method)もしくは資産負債法が前提とされる。ここにドイツとそれ以外の諸国との間で税効果に関する考え方の大きな違いがある。そして，ドイツ商法はこの繰延法を適用した結果として生じる借方繰延税金を財産対象物と捉えずに，貸借対照表擬制項目と解するのである。その計上はあくまで資本会社にとっての選択権が付与されているにすぎないのである。また，開業費及び営業拡大費と同様に，借方繰延税金を計上した場合には配当規制がある(商法第274条2項3文)。

なお，税効果に関して近年では国際的にみて貸借対照表アプローチが国際的に支配的であるため，ドイツの実務では繰延法をまず適用してから，次にそれを債務法に修正する手続をとっているようである[10]。

このFにはさらに準備金的性質を有する特別項目 (Sonderposten mit Rücklageanteil) と税法上の価値修正項目 (steuerrechtliche Wertberichtigung) も含まれる。商法第247条3項は，すべての商人に税法が定める非課税の準備金(unversteuerte Rücklage) の設定を容認している。これが準備金的性質を有する特別項目である。さらに資本会社以外の企業では，税務貸借対照表の目的としていわゆる逆基準性原則(umgekehrte Maßgeblichkeit)，つまり税務上の課税所得計算に対して商事貸借対照表への特別項目の計上を条件として税法がその計上を認めるという考え方の前提がなくとも，準備金的性質をもつ特別項目を設定しうる

のである。これに対して，資本会社については商法第273条3項に従うと，前述の逆基準性の原則を条件に準備金的性質をもつ特別項目の計上が容認される。非課税の準備金に属するのは，例えば所得税法第6b条3項で規定する再投資準備金（Reinvestitoinsrücklage），所得税通達第R35に基づく補充調達準備金（Rücklage für Einsatzbeschaffung），所得税法第7g条3項に基づいて将来の新しい固定資産の取得もしくは製造の償却を認めた節約償却準備金（Ansparabschreibung）などである。また商法第281条1項によれば，資本会社に対して商法上の減額と税法上の減額，例えば特別償却との差額（価値修正項目）について，逆基準性を条件に準備金的性質を有する特別項目として計上しうる。ただし，資本会社以外のその他の商人は，税法が商事貸借対照表への計上を要求しない場合にもまた，税法上の減額を行うことができる。非課税の準備金にせよ，あるいは税法上の価値修正項目にせよ，それらの項目は経営経済的には一方で次期以降の税負担を示す点で，他人資本の性質を示すと同時に，他方で自己資本に属する利益準備金としての性質をもつので，いわば両者の混合的性質を有するといわれる[11]。その意味でこの項目は，決算整理手続を経た後の貸借対照表固有の領域に属するということができる。

3) **財産目録固有の領域**　　Gは財産目録固有の領域である。既述の通り財産目録は財産対象物と負債の詳細且つ正確な一覧表である。したがって，本来的に財産対象物及び負債の性質を有する項目しかそこには記載されないのである。その結果，例えば貸借対照表固有の領域Fで触れた貸借対照表擬制項目は純粋の財産対象物としての性質をもたないので，財産目録には記載されないのである。

　問題は財産目録に収容される財産対象物及び負債の具体的内容である。この点に関してアドラー・デュアリンク・シュマルツ編のコンメンタールは次のように解釈する[12]。財産目録に収容される財産対象物及び負債について商法第240条では法的所有権から出発しなければならない。また，商人の事実上の財産状態を表示するという年次決算書の要求を考慮し，さらに経済的見地から経済的所有及び経済的帰属（wirtschaftliche Zugehörigkeit）もまた重要となる。このよ

うな解釈に従うと，財産目録では法的所有関係を一義的としつつ，それを経済的所有によって補完するといってよい。この経済的所有が重視されるのは，特に信託及びリース関係，所有権留保，譲渡担保，委託年金取引，債権買取業務としてのファクタリンク，借地権などである。この経済的所有はあくまで二義的であることに留意する必要がある[13]。すでに指摘した貸借対照表擬制項目のほかに，財産目録に記載する義務がないものとして費用性引当金(Aufwandsrück-stellung)がある。この費用性引当金は，適正な期間損益計算の見地から費用収益対応の原則に基づいて設定されたもので，上述の法的所有関係の要件を満たさないからである。

なお注意すべきは，当該財産対象物が企業の外部もしくは内部にあるかどうかは財産目録への記載には無関係である点である。例えば委託業者，運送業者及び倉庫業者に財産を保管してもらっている場合にもまた，財産目録にそれを記載する義務がある。他方，商人に経済的に帰属しない財産を企業が預かって保管している場合には，たしかにそれを帳簿に記録しておく必要があるとしても，それを財産目録で示す義務はない。この点に関してアドラー・デュアリンク・シュマルツ編のコンメンタールは次のように述べる。「実務上しばしば一般的であり且つ合目的であるように，実地調査の完全性の確保に対する財産目録の正規の展開の面からは，限定された実地調査の範囲で見出されるすべての財産対象物が収容されるのであれば，他人の所有権があるという事実は実地調査にあたって確認されねばならず，しかも当該財産対象物が財産目録には関係しないことについて考慮されねばならない。」[14] なお，財産目録への計上について問題を含むのが，さらにいくつかある[15]。例えば買入のれん，繰り延べられた計算限定項目，そして準備金的性質をもつ特別項目である。その理由は，それらの項目が混合的性質あるいは特別な性質をもつからである。

さて，財産目録固有の領域として示されるのは，すでに触れた通りまず重要性の原則の適用により取得もしくは製造のときに全額償却されてしまった固定資産である。同様に事務用品を取得時点でこれを即時に費用処理したものについても，財産管理上は財産目録で少なくともその数量の確認は必要となる。さ

らに，無償取得による財産対象物は財産目録に計上されねばならない。この点に関して商法第248条2項は無償取得による無形固定資産の計上を用心の原則から禁止している。これについてアドラー・デュアリンク・シュマルツ編のコンメンタールでは，法的な借方計上の禁止がない場合に限って，無償取得による財産対象物の財産目録計上を義務づけている[16]。しかし，用心の原則に基づく貸借対照表への資産計上禁止規定を直ちに財産目録にも同じく適用する必要はないはずである。したがって，実地棚卸手続の完全性の面からはあくまで財産対象物のすべてを財産目録に記載すべきであるという考え方に立てば，その項目が財産対象物として要件を満たす場合には，無形固定資産であっても財産目録に記載するのが妥当であろう。

その結果，最近において論議の対象となっているブランドの計上問題についていえば，それを直ちに貸借対照表に計上しうるか否かは，貸借対照表計上基準もしくは貸借対照表をどのように考えるのかによって決定されるべき問題である。この点に関連して，買入のれんに含まれるブランドだけでなく，自社開発のブランドも分離可能で且つある程度客観的に測定可能な財産対象物（無形資産）としての要件を満たしていれば，そのようなブランドを少なくとも財産目録に収容させる方向は，特に異論はないであろうと考えられる。この点からも財産目録の意義はきわめて大きいといってよい。

財産目録固有の領域を論じる際に注目に値するのは，アドラー・デュアリンク・シュマルツ編のコンメンタールにおける次の論述である。「実務では実地棚卸及び財産目録はしばしば直接的に貸借対照表に方向づけられない[17]。名称，数量，金額（例えば計算価格もしくは販売価格，標準価格等）及びその他の記録は，むしろまず第1に貸借対照表への計上の測定に対する出発点として財産目録価値の確定に方向づけられる。この場合においては，それは通常，商法上に計上及び評価の規定の尺度に基づいて財産目録から貸借対照表項目への移行（Überleitung）を通常必要とし，これは付随手続（Anhängeverfahren）とも呼ばれる。」[18] この論述から，実務上は必ずしも財産目録に収容される財産対象物と負債の金額が貸借対照表に計上される当該項目の金額と全面的に一致すると

は限らないことが明らかとなる。言い換えれば，財産目録に収容される項目及びその金額は商法上の計上及び評価の厳格な適用を受けないため，計上される項目及びその評価に関して財産目録と貸借対照表との間で差異が生じうるとみてよい。つまり，財産目録は貸借対照表と密接に関係するが，しかし両者は必ずしも一体ではない。財産目録はそれ自体貸借対照表とは自ずから異なる内容をもち，財産目録に収容される項目及び評価のうちで，商法上の計上及び評価規定に即して必要な記録を摘出したのが貸借対照表項目と解されるのである。先の引用文中の"付随手続"とはまさにそれを意味するといってよい。したがって，財産目録と貸借対照表との間で計上される項目の範囲に違いが生じるだけではない。さらに財産目録に独自の役割を課すことによって，財産目録と貸借対照表項目の評価に関してもまた金額的な違いが生じうることも十分考えられるのである。例えば財産目録には，ある資産項目について貸借対照表と同一の金額を損益計算の観点からその取得原価で示すほかに，財産目録を債権者保護の見地に基づく会計情報の表示手段とみなせば，そこには売却価格その他の評価をも付すこともありうるのである。もちろん，それ以外の評価方法を記載することもありうるであろう。

　それだけではない。いうまでもなく，財産目録には実地棚卸に基づいて財産対象物及び負債のすべてが収容される。つまり，それらの項目に関する完全性の要求がこれである。この点に関して，アドラー・デュアリンク・シュマルツ編のコンメンタールは次のように述べる。「すべての負債を把握する義務は，特に引当金の範囲で年次決算書の完全性を保証するために，いわゆるリスクの実地棚卸もまた要求する。リスクの実地棚卸に対する基盤は，すべての義務，とりわけ継続的な法律関係及び未決取引についての記録を示す。この記録は実務上企業の部門（法務部門，経理部門，人事部門，購買部門及び販売部門）のなかで管理されている。個々のケースの状況に応じて財産対象物及び負債の一覧表と並んで，企業の状況に対して重要なすべての契約に関する記録を（特にそれらがたぶん引当金に対して，附属説明書への報告に対して，あるいは株式法第312条に基づくいわゆる従属報告での報告において重要である限り）示され

ねばならない（契約の実地棚卸）。」[19] この論述のなかで，財産目録のなかにまだ必ずしも正式な負債としての要件を満たしていないけれども，将来的には引当金の設定が必要なりうる項目をあらかじめチェックしておくために，企業の状況にとって重要となりうるリスク開示に役だつ契約の実地棚卸が重視されているのは注目に値する。この契約の実地棚卸はまさしく財産目録固有の領域ともいえよう。ただ，それはあくまで財産目録にとって本質的な要件というよりは，むしろその付随的もしくは補足的要件といってよい。なぜならば，契約の締結すべてが直ちに財産目録にとって不可欠な企業リスクの発生を意味するとは限らないからである。言い換えれば，それはあくまでその必要条件にすぎず，十分条件をまだ満たしていないのである。

　なお，リスクの実地棚卸と逆のケース，つまりある特定の契約締結に伴い，企業にとって明らかに有利な状況が発生している場合にも同様に，それを財産目録に記載するのは意義あると考えられる。それだけではない。さらにそれを一歩進めたユニークなティードシェンの見解がある。それは，販売取引に基づかない未実現の債権及び未決取引が財産目録に記載すべき財産対象物の要件を満たすという考え方である。その点について彼女は次のように述べる。「文献で述べられた反対意見は，しかし未決取引からの債権もまた財産目録への計上能力があり，しかも財産目録への計上義務があると考える。ただし，これと，販売取引に基づかない未実現債権との関係は述べられていない。その場合，これと関連するのは，この未実現取引から生じる債務の財産目録への計上の必要性である。この見解は，財産目録が財産状態を示すべきであるということを決定的に目指す。未決取引の債権は財産に属し，前者は後者を増加させたり，あるいは未決取引の損失が見込まれねばならない場合には，前者は後者を減少させるので，したがってそれは財産目録にもまた表示させねばならないであろう。それを表示した場合のみ，財務諸表の作成者は企業の状況に関して完全で信頼できる情報を提供しうるであろう。というのは，これは——原則として未決取引による債権にほかならない。——注文の存在にとりわけ左右されるからである。かかる網羅的な財務諸表作成者の自己情報は最終的に外部の財務諸表利用

者のためにもまた要求されよう。というのは，その保護がより良く保障されるだけ，それだけ一層確実に財務諸表作成者は自己の経済状況を評価することができるであろうからである。その上，未決取引からの偶発損失引当金が設定されるべきか，そうであればいかなる金額で設定されるべきかという問題は，すべての債権及び債務をリストアップした場合にのみ信頼できるように回答されうるにすぎないことが指摘される。このリストアップは，その性質上未決取引に基づく債権債務の実地棚卸と合致する。」[20] この見解は，未決取引に基づいて債権及び債務，つまり契約自体が財産目録への計上の単なる付随的事項ではなくて，むしろ積極的に財産目録への計上を要求している点にその大きな特徴があるといえよう。

このようなティードシェンの見解の基礎となっているのは次の考え方である。「財産目録は財産状態表示の中心手段である。この役割においては，未決取引による債権債務もまた，したがって注文をそれが含むのがより表現力が増す。というのは，これ(注文数—筆者注)は，財産状態にとって少なからず重要だからである。同様に企業におけるその他の未実現債権の報告は，財産状態への追加的な洞察を与える。未実権の債権表示がかなりの追加的な記帳及び振替手続に通じる面から，貸借対照表のなかで完全性命令を後退させる決定は，この債権をいつでも財産目録で把握すれば，より簡単に消滅する。」[21] このように，ティードシェンは，利益計算に対する要求を加味せざるをえず，したがって純粋の財産表示には利用できない貸借対照表と異なり，純粋の財産表示手段として利用できる財産目録に着目していることがわかる。

このような視点から，ティードシェンはさらに注目すべき考え方を明示する。「貸借対照表に未実現利益が示され，それによって配当されうることが妨げられるはずである限り，実現原則は用心の原則の特徴を示す。しかし，財産目録のなかにこの未実現利益を示すことはそれに匹敵しうるリスクをもたらさない。というのは，これには配当の可能性は関係しないからである。用心の原則に対する比較しうる"違反"はさらに，財産目録では商法第248条2項と異なり，派生的に取得されてはいない固定資産は表示されねばならない点にある。した

がって，用心の原則と同じくそこから生じる実現原則は，財産目録にとっては貸借対照表と同一の意義をもたない。」[22] ここでもまた，彼女の考え方によると，純粋の財産表示手段たる財産目録は，未実現の債権及び対価を以て取得されていない自己創設の無形固定資産を表示しなければならないことになるのである。

4 むすび

　以上，財産目録・簿記・貸借対照表の三者間の関係について考察した。この三者が密接不可分の関係にあることはいうまでもない。しかし，その具体的内容はこれまで論じられてきてはいるが，しかし必ずしも明らかではなかった。従来，外部報告書としての貸借対照表のみを一方的に強調するあまり，単にその基礎データを提供するのが財産目録及び簿記であるという考え方もある。その意味で，財産目録及び簿記については商業帳簿規定のなかで位置づけられてきてはいるものの，そのなかに記載すべき固有の内容に関してはそれほど認識されてこなかったといってよい。

　ところが，ここで検討したように，財産目録・簿記・貸借対照表の三者間の関係はいささか複雑な様相を呈することが判明した。すなわち，第1は三者の領域がすべて交差するケースである。すでに簿記で把握されている当在高としての記録が財産目録によって実在高に修正され，それが事実上貸借対照表に計上される項目がこれに該当する。

　2つめの部分は，三者間のうちで2つの要素が交差するが，しかし残りの1つの要素は除かれる。これには次の3つのケースから成り立つ。1つは財産目録と貸借対照表とが交差するが，簿記とは関係しない領域である。ここでは決算時点までには簿記によって把握されておらず，財産目録の作成によってはじめて把握された項目が決算整理仕訳を経て簿記の対象となり，結果的に貸借対照表に計上されることになる。この範囲とすでに触れた三者間が交差する範囲との両者を一覧表としたのが簿記手続上いわゆる棚卸表である。第2のケース

は，簿記と貸借対照表が交差するが，財産目録は関与せずに除かれる範囲である。ドイツ商法では計算限定項目がこれに該当する。というのは，繰延項目を意味するこの計算限定項目は，費用収益対応の原則に基づいて計上されるもので，これは財産目録に計上すべき財産対象物及び負債の要件を必ずしも満たすとは限らないと考えられているからである。第3のケースは，財産目録と簿記とが交差するが，貸借対照表とは関与しない範囲である。その典型は簿外資産及び簿外負債である。この項目はたしかに貸借対照表には計上されないけれども，財産管理上はやはり帳簿及び財産目録で把握しておく必要がある。

そして，3つめの部分は，それぞれの要素が独自の領域を形成するもので，他の要素は全く関係しない範囲である。これにも3つのケースがある。第1は簿記固有の範囲である。これには資産・負債・資本といったストックとは直接的に関係しない取引，財産管理上必要な補助簿での記録，さらには必ずしも厳密な意味での取引の発生ではないが，簿記手続上必要となる決算振替仕訳及び再振替仕訳，対照勘定による備忘記録などが含まれる。第2は貸借対照表固有の領域である。この典型は費用収益対応の原則に基づく開業費及び営業拡大費，さらに借方繰延税金などの貸借対照表擬制項目や，準備金的性質を有する特別項目である。これらの項目は，ドイツ商法上財産対象物及び負債の要件を満たしておらず，財産目録には収容されない項目といわれる。第3は財産目録固有の領域である。これには例えば取得時点で費用処理されてしまい，帳簿から完全に除かれてしまったが，期末時点で財産として実在するものがある。さらに貸借対照表では商法上用心の原則からその計上が禁止されているが，財産としての性質を有する無償取得の無形固定資産，最近脚光を浴びているブランド，契約のリスクを判定するために契約の実地棚卸，さらにティードシェンによれば未実現の債権及び未決取引等もまた考えられる。

この様々な範囲のなかで，とりわけ，財産目録・簿記・貸借対照表がそれぞれ独自の領域を有することに留意すべきであろう。ドイツ商法及びフランス商法は財産目録及び簿記を商業帳簿として規定している。両者はたしかに財務諸表作成の重要な基盤を形成するが，しかしそれに留まらず，それぞれ独自の役

124　第5章　財産目録・簿記・貸借対照表の関係

割を有している。いうまでもなく，ストック情報を外部に公表する手段は，現在では貸借対照表のみである。この貸借対照表がストック情報のきわめて重要な開示手段であることは間違いないとしても，それで十全であるとは必ずしもいいがたい。損益計算や財産計算などの種々の機能を果たさざるをえない貸借対照表は，ストック情報としてはその限界を有することも否めないであろう。そこで，このストック情報としての貸借対照表の限界を補完するためには，同じくストック情報を対象とした財産目録を積極的に活用し，それを一つの外部の財務表として利用させるのが望ましいと解されるのである。この財産目録をどのような形で装いを新たにして財務表として利用すべきかについては，次章以下で検討する。

注
1)　Adler・Düring・Schmaltz編, Rechnungslegung und Prüfung der Unternehmen, 第6巻, 第6版, Stuttgart, 1998年, 141頁。
2)　Adler・Düring・Schmaltz編, 前掲書, 12〜13頁。
3)　Adler・Düring・Schmaltz編, 前掲書, 183頁。
4)　Adler・Düring・Schmaltz編, 前掲書, 211頁。
5)　Adler・Düring・Schmaltz編, 前掲書, 497頁。
6)　Adler・Düring・Schmaltz編, 前掲書, 第5巻, 第6版, Stuttgart, 1997年, 253頁。W. Hilke, Bilanzpolitik, 第5版, Wiesbaden, 2000年, 110頁。R. Federmann, Bilanzierung nach Handelsrecht und Steuerrecht, 第11版, Berlin, 2000年, 238頁。
7)　R. Federmann, 前掲書, 239頁。
8)　Adler・Düring・Schmaltz編, 前掲書, 第5巻, 253頁。
9)10)　Adler・Düring・Schmaltz編, 前掲書, 第5巻, 400頁。
11)　Adler・Düring・Schmaltz編, 前掲書, 第6巻, 369頁。
12)　Adler・Düring・Schmaltz編, 前掲書, 第6巻, 18頁。
13)　輸送中の商品についても経済的考察方法が中心である。買い手にとって原則として注文した商品の事実上の処分権の受け入れが決定的だからである（Adler・Düring・Schmaltz編, 前掲書, 第6巻, 68頁。）。
14)　Adler・Düring・Schmaltz編, 前掲書, 第6巻, 69頁。
15)　Adler・Düring・Schmaltz編, 前掲書, 第6巻, 67〜68頁。
16)　Adler・Düring・Schmaltz編, 前掲書, 第6巻, 69頁。

17) アドラー・デュアリンク・シュマルツ編のコンメンタールにおける,この実務上の財産目録の取扱に対する基礎を形成する考え方は,ドイツ経済監査人協会が1990年に公表した「実地棚卸手続の範囲における具体的な実地調査について」という専門委員会(Hauptausschuß)による報告書を根拠とすると解される。それは次のように述べる。「実地棚卸は,種類,数量及び金額に基づいて在高の測定に役立つ。それを通じて,それは会計の基盤を形成するが,しかし固有の決算の予備段階のままである。これはすべての実地棚卸手続に当てはまる。というのは,この手続は原則として取得原価もしくは製造原価(場合によっては計算価格もしくは販売価格もまた)を基礎としてまず第1に,貸借対照表への計上を測定するための出発価値(Ausgangswert)としての実地棚卸価値の確定に方向づけられるからである。それ以外の低価原則(より低い時価,リスクの発生,損失のない評価),特定の税法上の規定(例えば輸入商品の控除,価格上昇準備金)あるいは評価手続はその他の貸借対照表項目における価値修正と類似して,別個の作業プロセスのなかで考慮される(いわゆる付随手続)。」(Hauptfachausschuß, Stellungsnahme 1/1990, Zur körperlichen Bestandaufnahme im Rahmen von Inventurverfahren, in : Wirtschaftsprüfung, 1990年, 148～149頁)
18) Adler・Düring・Schmaltz編,前掲書,第6巻,85頁。
19) Adler・Düring・Schmaltz編,前掲書,第6巻,71頁。
20) S. Tiedchen, Der Vermögensgegenstand im Handelsbilanzrecht, Köln, 1991年, 77～78頁。
21) S. Tiedchen, 前掲書, 78頁。
22) S. Tiedchen, 前掲書, 79頁。

第6章
財産目録の役割

1 はじめに

　周知の通り，わが国の商法は昭和49年の改正で開業財産目録及び決算財産目録を廃止した。その結果，これによってその時点まで重視されてきた決算財産目録は，完全に姿を消すことになった。その主な理由の一つは，決算財産目録は貸借対照表に示される資産負債の明細表にほかならず，両者の内容が同一であれば，あえてこの財産目録を作成する意味がなく，資産負債の明細表としては附属明細表を代用すればよい点にある。もう一つの理由は，帳簿記録に基づく損益法体系のもとでは棚卸表さえあればよく，決算財産目録は不必要である点にある。このような理由から，わが国では財産目録と貸借対照表との関係は完全に断ち切られてしまい，財産目録は事実上もはや貸借対照表の直接的な作成手段ではなくなったのである。

　たしかにこの考え方はわが国では現在でも有力視されている。しかし，だからといってこれだけが唯一の考え方ではない。その妥当性についても今一度検討を要する問題である。すでに触れた棚卸表は実地棚卸に基づく一部の結果を示すけれども，そのすべてではなく，それは単に簿記上決算整理を要する項目の一覧表でしかない。また，附属明細表はあくまで勘定記録，とりわけ補助簿から導出された明細表であり，必ずしも実地棚卸の結果を収容したものではない。したがって，棚卸表にせよ，あるいは附属明細表にせよ，それらは全面的な財産目録の代用とはなりえず，両者は本質的に異なるものといわなければならないであろう。

第6章 財産目録の役割

本章では、ドイツ及びフランスの商法規定並びにそのコンメンタール等を中心に、決算財産目録が貸借対照表とは異なる役割を有する[1]点について考察することにしたい。

2 ドイツにおける財産目録

(1) 現行商法規定

現行ドイツ商法では第3編「商業帳簿」第1章「すべての商人に対する規定」における第1節「簿記・財産目録」のなかで財産目録について第240条で規定している。

> 第240条　財産目録
> ① すべての商人は開業時に不動産、債権及び債務、金銭の額及びその他の財産を正確に記録し、その際に各財産対象物及び負債の価値を附さねばならない。
> ② すべての商人は次の各営業年度末にかかる財産目録を作成しなければならない。営業年度の期間は12か月を超えてはならない。財産目録の作成は正規の業務推移に合致した期間内に行われねばならない。
> ③ 有形固定資産の財産対象物並びに原料、補助材料及び経営材料は、それらが規則的に取り替えられ、その総額が企業にとって二義的であり、その在高が数量的、金額的及び構成的に変動が小さい場合に限り、同一数量を同一金額で計上することができる。但し3年ごとに原則として実地棚卸は実施されねばならない。
> ④ 棚卸資産の同種の財産対象物並びにその他の同種もしくは同一の金額を有する動産及び負債は、その都度グループにまとめて加重平均価額で計上することができる。

なお、第241条は財産目録の作成に関して実地棚卸の簡便法について規定する。ここではこれと直接的に関係しないので、それに立ち入らない。

旧商法 (1897年) では財産目録は貸借対照表とセットで財産と負債の関係を示す決算書として捉えられていた (1897年商法第39条1項)。つまり，財産目録は一種の財務表としての性格を有していたのである。ところが，現行商法では財産目録は貸借対照表との直接的な結びつきよりは，むしろ商業帳簿との関係で規定されている。これは，一般商人の年次決算書を構成するのが貸借対照表及び損益計算書であり，年次決算書から財産目録が除外されていることから明らかである（商法第242条3項）。なお，資本会社の年次決算書はこの貸借対照表及び損益計算書のほかに附属説明書 (Anhang) を含み，この三者が一体として年次決算書を形成する。この年次決算書と，さらに状況報告書 (Lagebericht) の作成と公表が義務づけられる（商法第264条1項）。このように，現行商法上の財産目録は従来の財務表的な性質よりは，むしろ商業帳簿との関連で年次決算書作成の前提として捉えられているといってよい。

（2） 財産目録の内容

財産目録の作成にあたって不可欠なのは，いうまでもなく財産の実地棚卸である。この実地棚卸によってはじめて財産目録の作成が可能となる。この実地棚卸の結果を収容する財産目録は，帳簿記録に対して重要な証拠及び検証機能を有するのである。実地棚卸に関しては二つの考え方がある[2]。一つは狭義の伝統的な実地棚卸であり，物的な資産の在高調査に重きを置く考え方である。その結果，ここでは財産の物量的な測定がその中心となるのである。これに対して，もう一つは広義の実地棚卸であり，ここではすべての資産以外に負債もまたその対象となる。このうち後者の考え方が一般的である。

① 実地棚卸の方法

実地棚卸の方法はその在高の種類によって異なる。

一つは有形物の実地棚卸に関してである。これには棚卸資産及び有形固定資産などの物財並びに受取手形，小切手，有価証券などの文書により説明しうる権利及び債務，現金も属する。ここでは帳簿価額と，物的な実地調査に基づいて測定された金額との一致によって，財産対象物の存在とその状態を検証する

だけではない。さらにそれを通じて，内部コントロール・システムの有効性及び信頼性もまた判断されうるのである。

これに対して，もう一つは無形財や上で触れた以外の権利並びに債権債務に関するものである。ここでは帳簿棚卸（Buchinventur）が中心で，証書，勘定，固定資産台帳，残高リスト等のチェックが重要となる。例えば債権債務については残高証明や日計表の作成を通じて，当在高（Sollbestand）を示す帳簿記録の検証が不可欠である。

② 実地棚卸原則

この実地棚卸に関してはいくつかの原則がある。
（1） 財産調査に関する完全性
（2） 財産調査に関する正確性
（3） 財産の個別把握
（4） 財産調査の検証可能性

（1）は，いうまでもなく資産及び負債を漏れなく実地調査することを要求する原則である。実地棚卸にあたっては資産の質的状態，損傷，欠陥，利用可能性の低下，過剰分がチェックされる。また負債についてはリスクの実地棚卸が不可欠で，特に引当金や継続的な法的関係，未決取引などのすべての義務に関する記録がその対象となる。なお，資産及び負債のほかに企業の状態にとって重要なすべての契約に関する実地棚卸も合目的となる[3]。

（2）は資産及び負債を正確に確認し，その数量及び金額について信頼できる確定を要請する原則である。ここでは単に在高の数量計算のみならず，例えば取得原価や製造原価といった評価に有用な情報すべてが不可欠となる。なお，物的な在高調査ができないすべての帳簿棚卸においては，すべての増減に対する数量及び金額の把握，その他の価値変動が正確に行われねばならない。

（3）は資産及び負債の個別把握を前提としたものである。ここで問題となるのが商品の払出数量に関する手続，基準価格による評価，グループ評価といった商法第256条で許容される評価簡便手続（Bewertungsvereinfachungsverfahren）である。たしかに，この評価簡便手続は商法第252条1項3号の意味における

個別原則に反するが，しかし実地棚卸の範囲における商品の払出順序の手続の適用に関してもまた個別把握の原則が適用されるという。

(4)は第三者としての専門家が在高の数量及び金額の結果に関する立証を前提とするものである。

なお，このほかに実地棚卸の経済性を追加する文献もあるという。これは上述の(1)から(4)までの在高に関する実地棚卸の正確性について制限することを認めたもので，いわゆる重要性の原則に関するものである。

③ 財産目録上の資産及び負債の範囲

財産目録上で記載される資産及び負債の範囲は必ずしも貸借対照表に計上されるそれらと全く同じであるとは限らない。すでに触れたドイツ商法第240条1項の規定から明らかなように，実地棚卸に基づいて作成される財産目録のなかに記載されるのは，財産対象物及び負債である。逆にいえば，この財産対象物及び負債の要件を満たしていないものは，財産目録には記載できない結果となる。ここでもちろん問題は財産対象物及び負債の要件である。

A 財産対象物　　まず財産対象物について規定するのは商法第246条である。本条1項では年次決算書はすべての財産対象物及び負債，計算限定項目，費用及び収益を含めねばならないと規定するが，この財産対象物の内容自体については明らかにしていない。この点に関して種々の見解がある。通説は，そのメルクマールを債権者保護の見地から債務弁済能力の意味で個別売却可能性に求めている。但し，この個別売却可能性の内容に関して，次の二つの立場がある。一つは法取引としての個別売却可能性を重視する立場である。これによると，法的もしくは契約上売却が禁止される項目はその計上範囲から除外される。その意味で，この立場はいわゆる具体的な個別売却可能性を強調する。これに対して，もう一つは法取引ではなくて，むしろ経済的側面に着目した広義の立場である。つまり，例えばソフトウェアの利用権について譲渡禁止がある場合のように，たとえ法的な取引の対象から除かれても，経済的にみて個別売却可能性があれば，それを含めて考える立場である。つまり，これは抽象的な個別売却可能性を重視する立場である。このような個別売

却可能性に着目した考え方に関連して、最近では個別利用可能性を強調する見解も有力視されている。ここではたとえ財産対象物を売却できなくとも、加工、消費、譲渡等により個別的に利用が可能であれば財産対象物として十分な要件を満たすとみなすのである。

　このような個別売却可能性にせよ個別利用可能性にせよ、それぞれの性質を有する財産対象物を財産目録に記載すべきことが当然義務づけられる。しかし、逆にいえばその性質をもたない項目を原則として財産目録に記載する義務はない。その一つの典型的な項目は貸借対照表擬制項目または貸借対照表補助項目である。その主なものは開業準備費及び営業拡張費（商法第269条）、及び税金の期間配分によって生じる借方繰延税金（商法第274条2項）である。このうちで後者は、わが国では「税効果に係る会計基準」によりその資産性が認められるようになった。しかし、ドイツではそれは既述の意味における財産対象物としての性質をもたないため、貸借対照表擬制項目とみなされる。それ故に、その貸借対照表への計上は必ずしも要求されておらず、その計上に関して選択権が付与されているにすぎない。また、それを貸借対照表の借方側に計上したときには、開業準備費及び営業拡張費と同様に配当規制がある（商法第269条及び商法第274条2項）。すなわち、配当後に残っており、いつでも取り崩しうる利益準備金に繰越損益を加減した金額がその借方繰延税金の金額に達する場合だけ、利益配当が行われるにすぎない。したがって、この借方繰延税金にはドイツでは貸借対照表への計上選択権はあるが、しかし財産目録には記載されないのである（但し貸方繰延税金は、商法第249条1項1文に基づく債務性引当金と解されるため、商法第274条1項の規定によりその計上は義務づけられる。）つまり、財産目録に記載される項目と貸借対照表に計上される項目との間には、差異が生じうることがわかる。

B 負　債　それは単に貸借対照表擬制項目だけに限定されるわけではない。ドイツで最も伝統があり、しかも権威あるといわれるアドラー・デュアリンク・シュマルツ編のコンメンタール（第6版）等では、実は費用性引当金もこれと同様に財産目録に記載する義務はないとされる[4]。この

2 ドイツにおける財産目録　133

点は若干の説明を要する。いうまでもなく，負債は債務(Verbindlichkeit)と引当金(Rückstellung)をも含む概念である。このうちで前者の債務は特に問題はない。そこでは法的な債務性が重視されるからである。費用性引当金について規定しているのが商法第249条である。これによると，不確定債務引当金及び未決取引による偶発債務引当金は設定されねばならない（商法第249条1項）。さらに3か月以内に取り戻される修繕引当金及び翌年度内に取り戻される廃石土除去引当金だけでなく，法的債務性のない製品保証引当金も設定されねばならない。また翌年度の3か月を超え，しかも翌期以内に取り戻される修繕引当金は設定することができる(商法第249条1項2号)。さらに費用収益対応の原則から，いわゆる費用性引当金を設定することができる（商法第249条2項）。

　このように修繕引当金及び廃石土除去引当金のなかで特に一定の条件を満たし計上義務あるものを除き，費用性引当金の計上は総じて容認規定である。この費用性引当金は，利益の比較可能性を重視する動態論の見地から費用収益の対応原則に基づいて設定される。その典型はわが国のいわゆる特別修繕引当金及び自家保険引当金である。かかる動的観に対立する静的観では，第三者に対する義務の存在が引当金設定の不可欠な要件となる。この点から，動的観による引当金の範囲のほうが静的観のそれよりも広い。この費用性引当金の計上はかつての1965年株式法第152条では禁止されていたが，現行商法ではじめて許容されたものである。商法の代表的なコンメンタールにおいては，この項目を貸借対照表に計上できても財産目録にはその記載義務がないのは，動的観では"費用未支出"と規定されるその項目が，静的観の立場で重要な第三者に対する義務的性質を欠くためであると解される。

　なお，このような貸借対照表擬制項目及び費用性引当金以外の項目で，貸借対照表には計上されるが財産目録には記載されないものとして，第1に買入のれん，第2に繰り延べられた計算限定項目，第3に準備金的性質を有する特別項目等がある。それらの項目は既述の財産対象物及び負債の要件を厳密に満たさず，むしろ混合的性質もしくは特別な性質を有するために財産目録への記載は疑問視される[5]。

C 財産目録と貸借対照表との関係

かくして,財産目録に記載される項目と貸借対照表に計上される項目との間には,密接な関係があるにせよ,明らかに差異が生じると考えられるのである。この理由についてアドラー・デュアリンク・シュマルツのコンメンタールでは次のように説明する。「商法第240条は,商人が"自己の"財産対象物及び負債を記載しなければならないことを規定する。いかなる財産対象物及び負債が商人に帰属しなければならないか(個人的帰属)という問題の回答として,原則として法的所有関係から出発しなければならない。しかし,商人の実際の財産状態を表示するという年次決算書への要求(商法第242条及び第264条2項)の面では,そのほかに経済的観点,すなわち経済的所有(経済的帰属)に基づいてもまた決定されねばならない(商法第246条1項2文)。」[6] このように,財産目録上の財産対象物及び負債では主として法的所有関係が中心となるのに対して,貸借対照表上のそれでは主として経済的所有が中心となる点は注目すべきである。

また,財産管理面からも両者の記載は相違しうる。例えば償却済の財産は備忘金額で財産目録に記載する必要があるし,また重要性の原則の適用により重要性のないと判断された項目もそれに記載しなければならないが[7],貸借対照表にはそれらを計上する必要はない。

このように,ドイツ商法上財産目録に記載される項目は貸借対照表作成に重要なデータを提供するけれども,しかし両者は必ずしも同一内容を示すわけではない。なお,これに関連して注目すべき事柄がある。「実務上,実地棚卸及び財産目録はしばしば直接的に貸借対照表に方向づけられない。名称,数量,金額(計算価格及び売価,標準価格等も)及びその他の報告は,むしろまず第一に貸借対照表金額の測定に対する出発価値としての財産目録価値の確定に方向づけられる。この場合には,それは商法上の計上及び評価規定を尺度として財産目録から貸借対照表項目への移行を通常必要とし,これは付随手続とも呼ばれる。」[8] この論述は,財産目録がたしかに貸借対照表に対する出発点を形成するけれども,しかし両者の内容は必ずしも同一ではなく,したがって財産目録から貸借対照表項目を導く付随的な移行手続の必要性を示したものである。こ

こからわかるように,財産目録は貸借対照表と緊密に関係するが,しかし純粋の財産表示に役立つ財産目録は企業内部における財産管理の面で貸借対照表とは異なる独自の機能を有するのである。

(3) ティードシェンの見解

その点を一層明示し,貸借対照表と異なる機能を積極的に展開するのがティードシェンの所説である。

彼女に従うと,たしかに財産目録は貸借対照表作成の基盤を形成するが,しかしこれだけが唯一の財産目録の機能ではない。それ以外にこれは独自の機能を有するという。その理由は,財産目録がもっぱら資産及び負債を収容した財産状態を示すのに対して,損益計算の観点から貸借対照表擬制項目及び計算限定項目等をも収容する貸借対照表は純粋の財産状態の表示に適さないからである。貸借対照表は財務状態(Finanzlage)を示すというのが彼女の考え方である[9]。

さて,彼女は財産目録の独自の機能として次の3つを指摘する。
(1) コントロール及び管理機能
(2) 証拠及び実証機能
(3) 債権者保護機能

この3つの機能は必ずしも並列的な関係にあるのではない。「証拠及びコントロール機能を財産目録の目標と解さねばならない。それらは,すぐに後述するように債権者保護に役立つ。債権者保護が財産目録の目的である」[10]という彼女の論述から明らかなように,この3つのうちで(3)が最も中心であり,残りの(1)及び(2)は(3)に対する手段と解するのが彼女の考え方である。そして,この債権者保護の見地から彼女は貸借対照表とは別に財産目録に計上されるべき財産対象物の範囲について検討した結果,それに関するユニークな説を展開するのである。なお,彼女が債権者保護の見地を重視するといっても,けっして企業の解散を前提としているわけではなく,あくまで企業の継続を前提とする点は注意を要する。

この点で彼女が着目するのは強制執行手続(Vollstreckungsverfahren)である。

これは，債権者保護の立場から財産対象物について重要なメルクマールを示すというのである。ただその場合，強制執行そのものを重視するわけではない。実は強制執行の部分領域，すなわち金銭執行 (Recht der Zwangsvollstreckung wegen Geldforderungen) がその中心である。その理由は以下の通りである。強制執行法では，特定の財の引き渡し，またはある行為あるいは不作為などの強制が問題であり，債務者の財産との直接的な関係はない。これに対して，金銭執行の場合には明らかに，ある個人の財産全体の確定が重要である。したがって，強制執行と違って，金銭執行は債務者の財産に直接的に関係するのである。

　この金銭執行の見地からは，財産対象物の範囲は事実上その執行による没収あるいは売却に基づく換金可能なものすべてに限定される。そのなかには，当事者間で譲渡が禁止されているような債権及び権利も含まれる。「したがって，強制執行上の意味における財産は，あらゆる換金可能な項目のみならず，換金可能でないものも含まれる。ただし，このケースはその法的性質ではなくて，強制執行に反しない契約上の合意に基づく場合に限る」[11]と彼女は理解するのである。

　この点に関して留意すべきは，金銭執行の対象となる財産対象物と，破産法 (Konkursordnung) の対象となるそれとの関係である。前者はあくまで継続企業を前提とする。これに対して，後者は企業の解散を前提としている。現行ドイツ商法は継続企業に基づくシステムである以上，前者が後者よりも妥当であると彼女は解するのである。また，両者の間には一つの大きな違いが生じる。金銭執行はあくまで各財産対象物だけを対象とするのに対して，破産法は各財産対象物のほかに，企業全体の評価もその対象になりうるからである。「その理由から，破産法を考慮することは（財産対象物―筆者挿入）概念規定に際して適切な結果をもたらしえない。そうである以上，金銭執行による強制執行法のみが財産対象物の概念規定に対する尺度として考察される。」[12]

　このように，財産目録に記載される財産対象物概念規定に関して金銭執行の対象となる換金可能性を重視する彼女の見解は，貸借対照表から明確に区別されるべき財産目録独自の機能を主張したものと解される。しかも，財産目録を

単に商業帳簿との関係で捉えるのではなくて，債権者保護の立場から外部報告に対する一種の財務表として積極的に位置づけようとする考え方は注目すべきである。

3 フランスにおける財産目録

(1) 商法規定
① 一般商人に対する規定

A　財産目録の作成に関する規定　　財産目録がはじめてフランス商法のなかで規定されたのは，かの有名な 1673 年フランス商事勅令においてである。その第 8 条では商人は動産及び不動産，並びに債権債務について 2 年ごとに財産目録の作成が義務づけられている。この商事勅令は財産目録の作成のみを規定し，まだ貸借対照表については定めていない。この商事勅令のコンメンタールとしての役割を果たすサバリーの『完全な商人』において"現在の財産目録のバランス"という表現のなかで貸借対照表が示されるにすぎないことは周知の通りである。これ以降 1953 年まで，この財産目録が商業帳簿規定の中心であった。この 1953 年の商法改正ではじめて財産目録のほかに貸借対照表及び損益計算書が新たに商業帳簿規定で登場するのである（1953 年 9 月 22 日デクレ）。

フランス商法は EC 会社法指令を国内法に変換するために 1983 年に大幅に改正された。その結果，一般商人に関する規定も改訂された。現行フランス商法は第 1 章「一般商人」のなかで財産目録について以下のように規定する。

商法第 8 条：
　商人の資格をもつ自然人または法人は，その企業の財産に影響する変動について会計記録を行わなければならない。その変動を日付順で記録する。
　この自然人または法人は，少なくとも 12 か月に一度，企業の積極財産及び消極財産の存在と価値を，財産目録によって検証しなければならない。

この自然人または法人は，会計年度末に会計記録及び財産目録に基づいて年次計算書を作成しなければならない。この年次計算書は貸借対照表，成果計算書及び附属明細書を含む。これらは不可分の一体を形成する。

この第3項から明らかなように，かつて商業帳簿規定のなかで財産目録を中心とした従来の考え方とは異なり，財産目録が貸借対照表を含む年次計算書作成の前提として位置づけられていることがわかる。

さらに以下に示す1983年11月29日デクレ第83-1020号は，財産目録について詳しく規定する。

デクレ第2条：
　すべての商人は仕訳帳，元帳及び財産目録帳をつける義務がある。

　仕訳帳及び財産目録帳は，当該商人が登録した登記簿に，商事裁判所あるいは必要な場合には商事事件の判決を下す大審裁判所の書記課によって，通常の書式で且つ無料で整理番号を付して花押する。各帳簿は特別登録に対する書記課による整理番号の記入を受ける。

　前項の規定にかかわらず，コンピュータ処理された書類は仕訳帳及び財産目録帳に代用しうる。その場合，当該書類は証拠に関してすべての保証を与える方法により確認され，番号とその作成日の日付が付されねばならない。

デクレ第6条：
　財産目録は棚卸日においてすべての積極項目及び消極項目の数量及び価値を記載する一覧表である。

　財産目録の資料は財産目録帳に再集計され，当該資料が示す項目の性質及び評価方法に従って区分する。財産目録帳は貸借対照表の各項目の内容を正当化するために，十分に詳しく説明しなければならない。

なお，1988年4月22日デクレ第88-418号により，次のデクレ第6条第3項が新たに追加された。

デクレ第6条3項：
　年次計算書は，それが附属明細書もしくは登記簿に公表されねばならない場合を除き，各年度財産目録帳に転写される。

1994年8月30日デクレ第94-750号において，以下に示すデクレ第6-1条及び第6-2条がさらに追加された。

デクレ第6—1条：
　前記第2条から第6条までの規定にかかわらず，商法第17-4条第1項で定める年次計算書を作成しない自然人は，仕訳帳，元帳及び財産目録帳の作成が免除される。当該自然人は，その場合に証明しうる証憑と同じく毎日記録される当座預金出納帳，受取収益及び支払費用を記録しなければならない。

デクレ第6—2条：
　前記第2条から第6条までの規定にかかわらず，商法第17-4条第2項で定める年次計算書を作成しない自然人は，仕訳帳，元帳及び財産目録帳の作成が免除される。
　当該自然人は，整理番号のついた帳簿を記入し，そのなかに現金決済とその他の方法による決済を区別し，しかも証明される証憑を示しながら，回収日によって事業収入額を，空白や削除なく記録するものとする。

B　評価規定　　フランス商法は評価について第12条で定めており，そのなかで財産目録と関係するのは次の規定である。

商法第12条：
　2項　固定資産の積極項目について，財産目録で計上される価値は，必要であれば償却しなければならない。積極項目の価値がその帳簿価値を下回るときには，当該帳簿価値は，その減価が確定的であると否とにかかわらず，決算日の財産目録価値に遡らねばならない。
　4項　資産の財産目録価値とその流入価値との間で確認される増価は記

入されない。有形固定資産及び金融固定資産の全体について再評価したときに，現在価値と帳簿価値との間の再評価差額は，損失塡補には用いることができない。それは貸借対照表の消極項目に明確に記載される。

　商法第12条2項の規定は，帳簿価値の強制的評価減の適用を明示したものといってよい。また，同条4項の規定は次の点で注目すべきである。すなわち，財産目録に計上される資産の価値が当該資産の流入価値，つまりその取得原価とは必ずしも一致せず，むしろ両者の間に差異が生じうる点である。別言すれば，財産目録に計上される資産の価値が貸借対照表に計上されるそれと相違することを明らかにした点で重要である。

　その点を一層明らかにしたのが，すでに触れた1983年11月29日デクレ第83-1020号の第7条である。この第1項では取得原価の範囲について，第2項では製造原価の範囲についてそれぞれ説明し，第3項では無償取得の財産に関して再調達原価に基づく評価を規定する。このうちで特に財産目録との関係で重要なのが次のデクレ第7条の規定である。

　デクレ第7条：
　　4項　現在価値は市場や企業に対する財貨の効用に従って評価される見積価値である。
　　5項　財産目録の価値は現在価値に等しい。しかし，非財務性固定資産の財産目録価値がその帳簿価値を著しく下回っていないときには，後者が財産目録価値とみなされる。

　このデクレ第7条4項及び5項の内容は注目すべきであろう。前者の規定により現在価値が市場もしくは財貨の効用に基づく見積価値であることから，明らかに時価評価を前提とするといってよい。また後者の規定により，財産目録では財貨の現在価値，すなわち時価評価が原則であることがわかる。ただし，非財務性固定資産の時価が帳簿価値を大幅に下回らない場合に限り，帳簿価値

による評価も例外的に認められるのである。
　1994年8月30日には次のデクレ第7条第6項が付加された。

　　デクレ第7条：
　　　6項　前掲第1項から第5項の規定にもかかわらず，選択権をもつか，あるいは税法第302条の2に定める簡易課税制度を正当な権利とする自然人は，以下のように測定しうる。
　　　　a）　棚卸資産の財産目録価値は，貸借対照表日の当該財貨の売価から財貨の各種類について企業が付加する利益に相当する金額を控除するものとする。
　　　　b）　進行中の工事に関する財産目録価値は，請求書以前の前払額で計上する。

② **商事会社に対する規定**

一般商人に対する規定のほかに商事会社については財産目録について特別規定がある。

　　商法第340条：
　　　1項　各年度末に理事会，取締役会あるいは業務執行者は，商法典第Ⅰ巻第2編の規定に従って財産目録，年次計算書及び営業報告書を作成する。貸借対照表に添付されるのは以下のものである。
　　　　1　会社によって与えられた保証及び担保の状況。この規定は金融業あるいは保険業を営む企業には適用されない。
　　　　2　当該企業が同意した担保状況。
　　　3項　本条で触れる証拠書類は，必要な場合にはデクレで定める条件に従い，決算監査人の利用に委ねる。

この第3項は，場合によっては財産目録もまた決算監査人に利用されうることを明示したもので，財産目録の重要性を指摘したものである。

142　第6章　財産目録の役割

　以上がフランスにおける財産目録に関する商法規定である。ここでは財産目録は単に年次計算書の作成基盤として役立つだけではない。これに加えてさらに財産目録が現在価値を示す一覧表としての性質をも有する点に留意すべきであろう。つまり，一方で財産目録は年次計算書の作成，とりわけ貸借対照表及び損益計算書の作成において，いわゆる財産表示や損益計算にとって不可欠なデータを提供するだけでない。他方で財産の現在価値評価を収容する財産目録は，財産の取得原価評価を中心とした貸借対照表とは異なる独自の役割も果たしうるといえよう。特に後者は，すでに触れたドイツの場合と同様に重要である。

　ただフランスとドイツとの間には若干の差異があることも見落すことはできない。具体的にはドイツでは主に財産目録に記載すべき資産及び負債の範囲や，それに関連する事項にその重点がある。財産表示の判断に重要な影響を及ぼす事項，例えば未決取引をはじめ，注文数などを財産目録に記載するが，しかし財産表示に関係しない貸借対照表擬制項目等をそれに記載しないのがその特徴である。また，財産目録に記載すべき項目の評価にはあまり触れられていない。これに対して，フランスでは財産目録に記載すべき資産及び負債の範囲についてはあまり言及されず，むしろそれに記載される項目の現在価値による評価に重点がある。

　ちなみに，このようなフランス商法の考え方は，最近改正されたプラン・コンタブル・ジェネラル（Plan Comptable Général）の1999年版のなかにも同様に継承されている。この第3編「会計処理と評価の原則」・第2節「流入後の評価」の条項322-1及び条項322-2は財産目録について次のように規定する[13]。

　　条項322-1：財産目録の価値は現在価値に等しい。但し，資本参加証券に関しては条項332-3，持分法で評価された有価証券に関しては条項332-4の規定によることが条件である。財産の現在価値は，市場の機能により企業に対する財産の効用によって評価される。この価値を決定するために，企業は財産の性質に最も適し

た基準または技法を用いる。市場価格，運賃，価格等早見表，穀物市場標準価格表，個別物価指数等がそれである。

条項322-2：財産の財産目録価値と，その流入価値との間で確認された増価は計上されない。但し，金融先物取引及び組織的市場の金利オプションにおける価値変動に関しては，条項372-1ないし372-3の規定によることを条件とする。

（2） バタルドンの見解

財産目録における財産評価に関して注目すべきものに既述のバタルドンの見解がある[14]。以下，これについて取り上げる。

彼によると，財産目録には以下の種類がある[15]。

（1） 企業設立時の財産目録
（2） 財産譲渡時の財産目録
（3） 清算あるいは破産時の財産目録
（4） 一定期間ごとに作成される財産目録

このうちで前掲の（1）から（3）までの財産目録はそれぞれの目的に応じて臨時的に作成されるもので，各目的に即した企業の財産状態（situation）の把握が一義的である。（1）から（3）までの財産目録の作成にあたっては，それぞれの作成目的に応じて財産は評価される。ここで重要となるのがそこでの財産目録における財産評価である。前述の企業設立及び財産譲渡における財産目録では，設立時もしくは財産譲渡時に財産は現在価値で評価される。すなわち契約当事者間で取り決められた価格がこれである。清算及び破産時の財産目録では財産は換金価値で評価される。このように，（1）から（3）までの財産目録については特に大きな問題はない。

いうまでもなく問題を含むのは（4）の決算財産目録である。企業の継続を前提として作成されるこの財産目録は，バタルドンの考え方に従えば，財産状態及び損益（résultat）の把握という二重の性質を帯びるのである[16]。この決算財産目録における財産評価については，いくつかの見解が鋭く対立する。1つは，決

算財産目録では財産を現在価値で評価しなければならないとする見解である。問題はその現在価値の具体的内容である。これについて彼はまず「清算価値，つまり企業を一括してあるいは各財産ごとに換金価値によって決定される価値は問題となりえない。というのは，企業は清算しないからである。このような評価方法は恣意的で困難であろう」[17]と述べ，清算価値による評価を否定する。次に考えられるのは財産の再調達原価による現在価値評価である。これについて彼は次のように考える。「魅力あるようにみえるこのシステムは，たとえそうだと考えるにせよ，現在価値の考え方に合致していない。相場の変動を蒙らない対象を除き，それはある種の対象（相場のある商品）にしか適用しないのみならず，生産物を多量に購入するという事実は，その価格を十分に変化させてしまうであろう。そういうわけで，このように解される現在価値は，何よりも不安定で不確実である。」[18] 彼はこの再調達原価による評価にも批判的である。最後は販売価格による現在価値評価である。「そのシステムは認められない。なぜならば，売却されず，しかもけっして売却されないであろう対象の存在はまさに問題だからである。」[19] この結果，彼は販売価格による現在価値評価にも批判的な立場を示すのである。

このような論述からは，彼はいずれの現在価値による時価評価にも消極的であるようにみえる。しかし，このことは彼が財産目録において現在価値による評価を全面的に否定していると解すべきではないであろう。というのは，すでに触れた通り財産目録は財産状態及び損益計算という二元的性質を有しており，この限りで財産目録は財産状態を把握しなければならない任務をもつからである。ただ，この財産状態を把握するという観点から，すべての財産について再調達原価もしくは販売価格による評価を一律適用するのは困難であることもまた事実である。そこで，財産それぞれの種類に最も適する現在価値による評価の財産目録計上を示唆したのが彼の主張であると解されるのである[20]。

さらに彼は次のように述べる。「前に検討したのと異なる方法は一つの共通点を示す。われわれがそれについて注目したように，企業の財産状態を確かめるだけではなく，とりわけ期中において生じた営業成績を理解することもまた

問題である。その成果を得るためには，財産目録の各要素が企業に対して示す利用価値，すなわち企業がその要素を取得するのに要するであろう価格ではなくて，企業がそれを取得するのに要した価格を財産目録に計上することが不可欠である。その理由から，この点にふさわしいであろうのは原則として原価である。われわれは特に商品に関係するものについて原価評価だけが成果の歪みを避けることができる。」[21] この彼の論述から，営業成績，つまり損益計算の見地に基づく取得原価の重要性を指摘していることがわかる。逆にいえば，いずれの時価を前提とするにせよ，その時価変動は損益計算を結果的に歪めてしまうというのである。

このように，バタルドンは財産表示及び損益計算の二面性を有する財産目録のなかで，各財産に適する時価とその取得原価との並列的表示に着目しているのである。この二つの評価額のうちでどちらが貸借対照表に計上されるかは，財産目録から独立した貸借対照表自体の問題である。この彼の考え方は，ある意味で財産の現在価値を財産目録に計上させる現行フランス商法と関連し，その先駆形態を示すとも解することができよう。

4 むすび

財産目録に関してドイツ及びフランスの商法並びに二つの所説について検討した。もちろん，かつて主張されたように決算財産目録が貸借対照表の直接的な手段とみる考え方は完全に否定されている。しかし，1974年に決算財産目録を廃止したわが国の商法とは違って，両国ではいずれもこの決算財産目録に特定の役割を付与し，これを今なお重視していることが判明したのである。その場合，この財産目録の役割は一様ではない。

一つは財産の数量計算の側面である。本来的に財産の数量計算を担当する財産目録が，財産管理にとってきわめて有用な手段となることはいうまでもない。当該財産の数量的確認は財産管理責任を明らかにするときに不可欠だからである。これはコーポレート・ガバナンスの重要性が問われている昨今，特に

商法上無視できないであろう。

　二つめは，財産の金額計算をも有する財産目録が会計記録及び財務諸表の信頼性を高めることに大いに貢献する側面である。言い換えれば，ドイツ及びフランスの商法規定にみられるように，商業帳簿規定のなかで位置づけられ，実地棚卸に基づいて資産及び負債の実在高を示す財産目録は，会計記録及び年次決算書（または年次計算書）の真実性を支えるという，きわめて重要な役割を果たしていると考えられるのである。

　しかし，この二つだけが財産目録の主な役割ではない。貸借対照表とは異なる独自の役割を財産目録がさらに果たす点を見落すべきではないであろう。ドイツ商法の有名なコンメンタールのなかで示されているように，財産目録には純粋の財産状態の表示に役立つ項目のみを記載するが，その性質をもたない項目，例えば貸借対照表擬制項目などをそれに収容する必要はないとされるからである。ドイツでは主として財産目録と貸借対照表との間で計上される資産及び負債の項目の範囲に違いがあり，その評価に関しては取り上げられていない。これに対して，フランス商法及びバタルドンの所説にみられように，そこでは財産目録及び貸借対照表で計上される資産及び負債の項目の範囲に関してではなくて，むしろ計上される項目の評価内容の違いにその重点がある。財産目録には財産の現在価値による評価で示すという考え方がこれである。いずれにせよ，これは財産目録を内部的に財産管理手段として用いる側面に関係し，3つめの財産目録の役割といってよい。

　さらに，債権者保護の見地から金銭執行の対象となる換金価値あるものだけを財産目録に収容すべきとするティードシェンの所説にみられるように，財産目録を外部報告に対する一種の財務表としての側面も無視できない。これは第4の財産目録の役割といえる。このような考え方が，実はわが国ですでに下野学説[22]によって展開されていたことに留意すべきである。

　このように多種多様な役割を有する財産目録を，商法上も会計上も再検討する必要があろう。特にわが国の実務で金融機関の破綻処理との関連で問題となっている債務超過の判定，企業の内部的な流動性管理として知られるALMと

の関連性，さらに投資家に対して貸借対照表では不十分な種々の時価ストック情報を補完する面との関連性などからみても，財産目録を再評価し，もう一度それを積極的に活用すべきであろう。

注
1) この点に関して安藤教授は財産管理者に対する責任の所在を明らかにする面から，わが国の商法上財産目録を復権すべきことを主張する。安藤英義『簿記会計の研究』中央経済社，平成13年，157頁以下参照。最近において財産目録の独自の役割を主張するのは百瀬教授である（百瀬房徳「財産目録の位置づけ」『會計』第189巻第5号，平成13年5月）。
2) Adler・Düring・Schmaltz 編, Rechnungslegung und Prüfung der Unternehmen, 第6巻, 第6版, Stuttgart, 1998年, 66頁。
3) Adler・Düring・Schmaltz 編，前掲書，71頁。
4)5) Adler・Düring・Schmaltz 編，前掲書，67頁。なお，キュッティング（K. Küting)・ヴェーバー（C. P. Weber）編のコンメンタールでは貸借対照表擬制項目及び計算限定項目，準備金的性質を有する項目などの純粋の計算的大きさを財産目録に記載しない，いわゆる静的観による立場と，それらの項目も帳簿棚卸が必要なので，それらを財産目録に記載する立場の両者とも認められると解する（K. Küting & C. P. Weber 編, Handbuch der Rechnungslegung, 第Ⅰa巻, 第4版, Stuttgart, 1995年, 411頁)。
6) Adler・Düring・Schmaltz 編，前掲書，68頁。
7) この点について，アドラー・デュアリンク・シュマルツのコンメンタールでは，商法上及び税法上，重要性の原則の適用により取得または製造年度にその全額を償却した固定資産については，特別な勘定に記帳することにより財産目録への記載義務がある。これに対して，取得原価または製造原価が100マルク未満の固定資産並びに耐用年数が2年以内の固定資産については，即時償却することができ，財産目録への記載義務がないという（Adler・Düring・Schmaltz 編，前掲書，70頁)。
8) Adler・Düring・Schmaltz 編，前掲書，85頁。
9) S. Tiedchen, Der Vermögensgegenstand im Handelsbilanzrecht, Köln, 1991年, 47頁。この彼女の学説の詳細については，拙著『現代静的会計論』森山書店，平成11年，277～318頁参照。
10) S. Tiedchen, 前掲書，51頁。
11) S. Tiedchen, 前掲書，56頁。
12) S. Tiedchen, 前掲書，54頁。なお，ティードシェンは，財産表示を中心手段

13) とする財産目録の補遺のなかで,未決取引及び販売取引に基づかない未実現債権をその回収額で示すことも主張する (S. Tiedchen, 前掲書, 78頁)。
13) プラン・コンタブル・ジェネラル(1999年版)の邦訳に関しては,岸悦三訳「プランコンタブル　ジェネラル(フランス会計原則)(1999年版)(1)」東亜大学「経営学部紀要」第13号,平成12年12月,123頁を参照した。
14) この見解については野村教授の紹介がある(野村健太郎『フランス企業会計』中央経済社,平成2年,378頁以下参照)。
15) 16)　L. Batardon, L'inventaire et le bilan—etudé juridique et comptable—, 第5版, Paris, 1926年, 1頁。
17)　L. Batardon, 前掲書, 2頁。
18)　L. Batardon, 前掲書, 2～3頁。
19)　L. Batardon, 前掲書, 3頁。
20)　バタルドンによれば,相場のある商品について基本的には原価評価が原則であるが,低価基準も認めている。したがって,この限りでは時価情報も財産目録で記載しておく必要がある(L. Batardon, 前掲書, 206頁)。また,商品を時価で評価し,それと原価との差額を未実現損益として計上する方法は結果的に原価評価と同一であるとみなしている(L. Batardon, 前掲書, 201～202頁)。この方法を前提とすると,財産目録には時価データを記載しておくことが条件となる。
21)　L. Batardon, 前掲書, 3頁。
22)　下野直太郎「貸借対照表と財産目録の異同弁」『會計』第21巻第4号,昭和2年10月,8頁以下。

第7章
コソンの財産目録論

1 はじめに

　すでに触れた通り，わが国では財産目録に対する公告の廃止理由の一つに，いわば同一説の立場が前提とされていた。この同一説の立場によれば，財産目録は貸借対照表に計上される項目と全く同一の範囲及び同一の金額を収容するのであり，基本的に前者は後者の明細を示すと解される。したがって，財務表としての公表を想定する場合，同じ表示内容をあえて2つ公表する必要はないという結論もそれなりの理由がある。わが国では，このような経緯から財産目録に対する定時総会への提出と承認は要求されたものの，昭和13年の商法改正によりその公告の必要はなくなってしまったのである。これは明らかに財産目録の後退を裏づけるものといってよい。そして，昭和37年の商法改正で定時総会への財産目録提出とその承認も必要としなくなったのである。

　この第7章では，かかるわが国の財産目録観とは異なり，財務表としての財産目録の役割に着目し，それが株主に対する有用な会計情報を提供するという立場に立つフランスの専門会計士で且つ法定監査役でもあるコソンの財産目録論について論究する。これは，財産目録の再評価に対する重要な手掛かりを示すと考えられるのである。なお，このコソンの主張は1983年にEC会社法指令を変換した現行フランス商法を前提としたものではなく，改正前の商法を念頭に置いたものである。しかし，その主張をそのまま現行フランス商法にも同じく適用しうると考えられる。

2　財産目録と会計制度

(1) 種々の法規制

いうまでもなく、フランスにおいて財産目録の作成がはじめて義務づけられたのは1673年フランス商事勅令第8条においてである。これは次のように規定した。

> 商法第8条：商人は6か月以内に自己のすべての動産及び不動産，債権及び債務について自署したうえで財産目録を作成せねばならない。これは2年ごとに調査され改めねばならない。

1807年商法第9条の規定は以下の通りである。

> 商法第9条：商人は，毎年，動産及び不動産，債権及び債務について自署したうえで財産目録を作成し，それを毎年その目的に特別に設けられた帳簿に複写しなければならない。

さらに，1953年9月22日デクレにより，商法の財産目録規定は次のように改正された。

> 商法第9条：彼（商人の資格をもつすべての自然人及び法人―筆者注）は，毎年自己の企業の資産及び負債の項目による財産目録を作成し，貸借対照表及び損益計算書を作成するために，すべての勘定を締め切らねばならない。

この財産目録規定からわかるように，1953年9月22日のデクレ以前には財産目録のみが重視されていた。これに対して，このデクレ制定後にようやく財産目録と並んで貸借対照表と損益計算書が登場したのである。

また，商事会社に対して1966年商事会社法第340条では財産目録について次のように規定した。

第340条第1項：各営業年度末に理事会，取締役会または業務執行者はその時点に存在する資産及び負債の各項目による財産目録を作成する。

同じく1966年商事会社法第228条1項では，財産目録について会計監査役による正規性及び誠実性に関する証明が規定された。

（2） 財産目録廃止論とその批判

このような財産目録規定に対して，1973年4月2日法律第55条法案のなかで次のような見解が提出されたのである。すなわち，経済的発展が急速に進み取引量が膨大となってきた現在では，実務的には株主が事実上財産目録を調査できず，しかも財産目録の監査証明もその保証の限りではないとする見解がこれである。その結果，1966年商事会社法における財産目録規定をすべて削除すべきであることが要求されたのである。つまり，「財産目録の作成義務は，その理由書の説明では不必要と考えられ，しかも決算監査人による財産目録の監査証明は『それが貸借対照表及び損益計算書の監査証明に対する保証の補完をもたらすと思いこませるので』，無用であり，株主，債権者及び一般大衆にとって危険でさえ考えられる。」[1]

わが国でもこれに類するような考え方がかつて展開された。その結果，昭和37年の商法改正により第283条において定時総会への財産目録の提出及びその承認を廃止したが，取締役によるその作成及び備置は従来通りとした。そして，昭和49年の商法改正では第281条で取締役による財産目録の作成を廃止するとともに，商法総則から財産目録作成規定を削除してしまったのである。

しかし，コソンによれば，商事会社におけるかかる財産目録の考え方は余りに皮相的であり，必ずしも妥当でないと解する。財産目録の装いを新たにし，株主に対する有用な会計情報を示す報告書として財産目録の再評価を試みるのが彼の基本的な立場にほかならない。その場合，もちろん彼は伝統的な財産目録の内容及び形式をそのままの形で主張するわけでない。株主にとって有用な

会計情報となるように，財産目録の内容及び様式の改善を図るのである。その理由は，会計システムそのものに起因しており，いわゆる伝統的な歴史的原価システムのもとでは，有用な会計情報の提供面で明らかに限界が生じるからである。具体的には，伝統的な会計システムは企業の実態（réalité de l'entreprise）を必ずしも忠実に反映していない点をその根拠とするのである。そこで，これまでの法会計（comptabilité des droits）から経済的事実を把握する会計システムの変換が必要であると主張する。その結果，歴史的原価とは異なる財産の価値評価もまた不可欠となるというのである。

しかし，この伝統的な会計システムを全面的に改革し，経済的実態（fait economique）に即したシステムを制定するには，かなりの時間を要する。そこで，差し当たりこの伝統的な歴史的原価システムを堅持しつつ，それを株主への会計情報の面で補完するものとして，財産目録を位置づけようというわけである。つまり，財産目録の一種の附属明細書化構想がこれである。その点について彼は以下のように端的に明示する。「われわれの歴史的原価会計――これは確実性というメリットを有しており，その点を改革者も理解している。――をまだ堅持し，しかも経済的現実により適した情報を附属明細書で示すことがより望ましいと考える。」[2]

ただ，その際に彼は次の事柄に留意すべきであるという。それは，財産目録の附属明細書化に対する基本方針に関して国家会計審議会（Conseil National de la Comptabilité）によるプラン・コンタブル・ジェネラルの改定作業では，完全化に対する方向が示されている。けれども，附属明細書を余りに多く用意させるのはかえって誤りであり，欲張りすぎると元も子もなくしかねないと考えるのである。その理由は次の2点である。第1は情報を提供する企業側に対する作成面である。つまり，附属明細書に記載すべき情報内容よりも，そのおびただしいその様式は企業側にとって煩瑣な手続となるからである。第2は会計情報の利用面である。この利用者にとっては情報の数が多すぎると，自己の関心ある情報を摘出することが逆に困難となりうるからである。このような理由から，彼は財産目録の附属明細書化に対する基準設定にあたって次の3点を考慮

する必要があると説く。
- （1）　実施の簡略化及び適用の保証
- （2）　企業比較及び期間比較に有用な会計情報の客観性
- （3）　コントロールに対する合目的性

このなかで特に(1)に注目する必要がある。たしかに財産目録は本来的には資産及び負債の詳細を一覧表としたものではある。しかし，財産目録の附属明細書化に際して必ずしもそれを要件とせずに，むしろその条件の弾力化ないし緩和化を企図するのがコソンの基本的な考え方である。

3 財産目録と貸借対照表

（1）　商法規定における財産目録

すでに触れた通り，フランス1807年商法第9条は財産目録について規定していた。ただ，この規定上の"アンヴァンテール"という用語自体は必ずしも一義的ではない。実はそれは多義的である。これについては第1章の1「財産目録の概要」のなかで言及した。

その第1は棚卸手続という意味である。これに基づいて，文字通り会計帳簿にかかわらず，資産及び負債の実地調査に基づく実地棚卸 (inventaire extra-comptable) と，帳簿棚卸 (inventaire comptable) あるいは帳簿締切手続 (clôture des éritures de l'exercice) とに分かれる。第2はこの棚卸手続の結果を示す文書の意味である。これはもちろん固有の財産目録を指す。第3は棚卸資産の意味である。特に"アンヴァンテール"はこの棚卸資産の意味でしばしば理解されている。

この3つの意味のうちで1953年デクレは"アンヴァンテール"という用語を棚卸手続もしくはその結果を一覧表とした文書の意味で用いている。これ以外の法規定，例えば商事会社法第340条では，やはり棚卸の結果を一覧表とした文書，つまり財産目録の意味でその用語を用いている。1921年7月8日の判決文でも，"アンヴァンテール"をすべての不動産及び動産，債権及び債務の価値

について正確な一覧表とし，詳細に調査したものとみなしている。

いずれにせよ，"アンヴァンテール"に関する定義の特徴は，資産及び負債の実地棚卸の結果についての一覧表の作成と，その正確性への要求とである。ところが，財産目録に計上される資産及び負債に関する肝心な評価方法については，意見の一致があるわけではなく，必ずしも明らかではない。この評価方法に関してこれまでいくつかの見解が示されている。例えば，コンスタンタン（L. Constantin）は計算（numération）と，見積（estimation）を区別するが，しかし評価方法を明言していない。バタルドンは企業の財産状況（situation）及び営業成績（résultat）という二つの目的を有するので，財産の現在価値と取得原価とを収容しなければならないが，ただし，ある財産の取得原価がその現在価値を著しく上回っていなければ，前者による評価を妨げないと主張する。これは，財産目録において時価及び原価による二元的な評価が原則であり，取得原価が時価を著しく上回らない場合に限って例外的に取得原価による評価を便宜的に認めようとする見解である。

1960年12月14日に破棄院（Cour de Cassation）は，財産目録について株主が企業活動に閲覧権及び批判権を行使するために，資産及び負債すべての文書及び見積による一覧表（tableau descriptif et estimatif）と規定した。この定義のなかでコソンが注目するのは次の2点である。すなわち，第1は単に文書と規定され，その内容の詳細が要求されていない点である。第2は，「そのリスト（財産目録―筆者注）が見積によるものでなければならず，つまり検証されるが，しかし見積ではない取得原価[3]（valeur d'acquisition）を禁止するようにみえる」[4]点である。

（2） 財産目録と貸借対照表の関係

① 同一説に対する批判

ここで一考を要するのは財産目録と貸借対照表との関係である。コソンはこれについて次のように述べる。「貸借対照表の観点から財産目録への関心が薄れるのは，完全に会計上の側面にすぎない。しかし，この2つの報告書は区別されるのであり，貸借対照表を財産目録の摘要（résumé）と解する幾人かの論者

もいるが，この見解は誤りである。」[5] この論述は，貸借対照表を中心とする会計の立場から財産目録を貸借対照表の附属明細書として位置づけ，前者を後者のいわば一部とみる考え方に対して批判したものである。言い換えれば，財産目録は単に貸借対照表の従属物ではなく，両者の任務は本質的に異なるというのである。「財産目録は財産に関する唯一の認識 (seule connaissance) であり，貸借対照表は会計結果にすぎない」[6] と捉えるのが彼の考え方にほかならない。この点に付言すると，財産の要件を一義的に決定するのは財産目録の役割であるのに対して，会計上のルールに従い勘定記録に基づいて導出されるのが貸借対照表であると解されているのである。

このことは，もちろん財産目録と貸借対照表とがそれぞれ独立した存在で，全く無関係であることを意味するわけではない。財産目録で一義的に把握された財産すべては会計記録のなかに当然反映されねばならないからである。その意味で会計記録が財産目録に基づいて修正されれば，それに伴い，貸借対照表は財産目録に対応し符合する結果となるはずである。これは，実地棚卸に基づく資産及び負債の実在高を把握する財産目録による帳簿記録の修正機能であり，この点から財産目録と貸借対照表は緊密な関係を有するといってよい。

このように，財産目録と貸借対照表はたしかにそれぞれ独立した存在ではあるが，両者の間には前者による後者の修正手続を通じて一定の関係をもつと彼は考えるのである。それ故に，貸借対照表を財産目録の摘要表と解する見解は，財産目録の以下に示す2つの本質を除外してしまうと主張するのである。その1つは，財産目録が会計から独立しており，しかも会計が与える情報を修正することができる点である。もう1つは，「会計基準は，必要と思われるであろうすべての修正手続を認めない」[7] 点である。

② 会計記録に対する財産目録の修正機能

まず会計記録に対する財産目録の修正機能についてみていく。これを最もよく示すのがコンスタンタン及びゴトラ (Gautrat) による次の指摘である。財産の浪費，損傷，使い込みあるいは盗難等を財産目録が明らかにするケースである。実在勘定の記録はあくまで各財産の当在高を示すにすぎないため，これを

実在高に修正する機能を財産目録は有するのである。この点についてコソンは「会計システムが不完全なために，実務上常に財産ストックの実地棚卸が不可欠となる」[8]と表現している。

また，コソンは次のフォラスティエ（J. Fourastié）の考え方にも注目する。すなわち，会計から出発すべき貸借対照表を作成するためには，会計の枠組み（carde）を越えた実地棚卸手続に基づく財産目録を作成しなければならない。したがって，会計は元来技術的であるのに対して，財産目録は経済的であり，評価を予定している。このフォラスティエの考え方を更に敷衍すれば次の通りである。会計は実現された取引（opération realisée），財の移動に伴う流入価値（entrée de valeurs）及び流出価値（sortie de valeurs）しか記録しえない。ところが，経済的事実は，たとえ物的な変動が生じなくとも，日々刻々変化している。このような理由から，実地棚卸を通じて会計記録をコントロールし，それを適切な金額に修正することが不可欠となる。ここに財産目録の大きな役割があるというのである。

このようなフォラスティエの考え方において重要な問題が生じるとコソンは考える。すなわち，財産目録によって把握される会計記録のコントロールないし確認がすべて会計上記録されねばならないのかという問題がこれである。実際にはそのように処理されているわけではない。「なぜならば，会計は厳格なルールに従うからである」[9]と彼は述べ，必ずしも財産目録で把握された経済的事実がすべて一定のルールに従って作成される会計記録に反映されるとは限らないというのである。

③ 財産目録及び貸借対照表の作成基準

これは，必然的に財産目録及び貸借対照表の作成基準に影響する。言い換えれば，財産目録の作成基準と貸借対照表のそれとの間には差異が生じうるのである。両者において一つの大きな違いを示すのが用心の原則（règle prudence）に関してである。この用心の原則は会計原則（règle de comptabilité）の一つで，貸借対照表の作成上適用される。その結果，将来起こりうるマイナス価値（moins-value）は会計上認識されねばならない。ところが，財産目録の作成に際しては事

情は異なる。「これ（用心の原則―筆者注）は財産目録作成を担当する原則ではない。財産目録は貸借対照表と一体化しない。貸借対照表は財産目録の摘要ではない。それは取引の日々の会計結果であり，財産目録が作成される時点でなされるいくつかの考察によって修正される。」[10) つまり，財産の実地棚卸手続により把握された結果を会計上記録してはじめて貸借対照表が作成されるのである。言い換えれば，実地棚卸手続の結果のすべてを会計記録に反映させず，例えば特定のルールに従った用心の原則などを適用して，実地棚卸の結果の一部だけを会計記録に反映させることも十分ありうるのである。

かくして，コソンは「貸借対照表は財産に関する伝統的な表示にすぎないけれども，財産目録は真実の表示でなければならない」[11) と主張するのである。別言すれば，財産目録と貸借対照表はその内容上必ずしも一致するとは限らないというのである。具体的にはまず資産及び負債の範囲に関してである。まず財産目録には計上されるが，しかし貸借対照表には計上されない項目が生じうる。次は，資産及び負債の評価に関してである。財産目録に計上される財産価値が貸借対照表のそれよりも高くなりうる項目が生じる。その理由は，貸借対照表にはいくつかの価値変動を会計上記録しないからである。

このような財産目録を貸借対照表から独立させる考え方は，実は1975年3月20日における国家会計審議会が採用した評価原則のなかでも同じように示されている。それは以下の内容である。「財産目録については，企業は資産及び負債の構成要素を調査し評価する。評価はそれらの要素の現在価値で行われ，しかも（現実的な方法である）歴史的価値方法では，流入価値が総額として記録される。資産要素にとっての増価は会計上認識されない。実在する負債要素にとっては，単に価値増加だけが会計上認識される。」[12) ここで示された評価方法が，フランスの会計原則として有名なプラン・コンタブル・ジェネラルの暗黙の原則である。ただ事実上この評価方法との関係で財産目録の作成がこれまで論じられていないのが現状である。ここにコソンは重大な関心をもち，財産目録の再評価を試みようというわけである。

なお，貸借対照表からの財産目録の独立性のうちで，資産及び負債の範囲問

題については単に指摘するに留まり，その具体的な内容に関してコソンは論及していない。後述するように，彼のもっぱらの関心は財産評価問題にある。

④ 財産目録の役割

貸借対照表から財産目録が独立するとき，財産目録はもちろんその固有の役割をもちうる。この点に関して専門会計士高等評議会（Conseil supérieur de l' Ordre）の勧告によると，財産目録は次の2つの役割を果たすという。1つは，実地棚卸に基づく当在高を修正して実在高に修正する手続を通じて，真実な貸借対照表の作成と開示に財産目録は大いに貢献する点である。もう1つは，会社の業務内容が良好であるかをコントロールするために，財産目録が株主に対する補完的な情報提供の手段となりうる点である。

A 勘定記録の修正

すでに触れた通り，財産の実地棚卸によりその物的な実在性が確認される結果，勘定記録もまた修正される。したがって，財産の物的実在性という面において財産目録と会計記録との間で評価に関しても同一であり，対立はない。固定資産の帳簿価額はその現在価値を上回ってはならない。その帳簿価額の修正は，過度の用心の原則の適用あるいは減価償却費等に関する税務上の恩典といった例外的なケースを除き，一般に行われないのが普通である。固定資産を除くその他の資産，例えば債権及び有価証券については，債務者の財務状況や相場の変動に伴い，その勘定記録は修正されるケースが多い。

しかも実務上特徴的なのは，財産の実地棚卸の結果について，例えば棚卸資産，固定資産，債権及び債務といったように，財産の種類別にそれぞれカードや表などの文書として記録しているものの，その全体を一覧表として財産目録の様式で作成していない点である。その理由はその必要がなく，財産の実地棚卸の結果を財産の種類別に確認できさえすれば，経営管理上何ら支障をきたさないからである。

このような実務上の財産目録の取扱に関して，コソンは異なる立場に立つ。1つは財産目録上の財産評価問題であり，もう1つは財産目録の利用主体とその利用方法である。後者はBで触れることとし，ここでは前者を中心に論及す

る。従来，財産目録の財産評価は会計上の価値とイコールとみる考え方が一般的であった。両者とも特に棚卸資産及び固定資産について取得原価で同様に評価されていたのである。ところが，すでに触れた専門会計士高等評議会の勧告が直接的な契機となり，財産目録において資産及び負債の評価問題が一躍クローズ・アップされるようになったのである。その勧告では財産目録は見積による情報 (renseignements estimatifs) を提供しなければならないと明示されているのである。1960年の破棄院判決で示された"見積による"という用語の採択は，見積ではなく確定された歴史的原価とは明らかに異なる評価内容を示唆するが，ただ勧告はその点について具体化を避けている。

B　株主に対する会計情報　19世紀末から20世紀中頃までの古い控訴院では，株主に対する会計情報の手段として財産目録の作成を課した判決はほとんどなかったが，すべての判決のなかで株主に対する情報の一環として財産目録の有用性は認められていた。前述の1960年12月14日における破棄院の判決は，株主に対する会計情報として財産目録の立場を鮮明にしたのである。すなわち，財産目録は，従来のように資産及び負債の計上に関する絶対的な完全性原則を前提として，それらに対する網羅性を要求する必要はなく，各株主に閲覧権を行使できるような内容であればよいというのがその趣旨であった。同じくコルマール控訴院は1975年6月13日の判決で，財産目録で省略された要素をすでに原告が知っているので，株主総会に提出されたその財産目録の不完全性を理由に株主総会の無効の訴えを斥けたのである。この判決から，財産目録が明らかに情報目的を有すること，さらに裁判所は原告に関係する価値評価についてだけ取り上げることができるにすぎない点が明らかになったとコソンは考えるのである。

　ところが，財産目録を株主に対する会計情報と捉える考え方について疑問視する方向も示されているという。例えば，財産目録を株主への会計情報と考える必要はなく，それはかえって危険でさえあるという見解がある。コンスタンタンによれば，詳細な財産目録の株主総会への提出は株主の閲覧権の行使以上に，株主に有益な財務的な判断材料を示さないと解される。また実務ではこの

財産目録の作成及び開示に不満をもち，1966年の法律に含まれる財産目録に関連する規定すべての削除を提案したのである。

このような状況のなかで，コソンは次の3点に論旨を整理する。第1に，"アンヴァンテール"は会計手続であるが，しかしそれは財産目録という報告書である。第2に，この財産目録は語源上及び歴史的に，さらに作成上も貸借対照表から区別され会計基準から独立している。第3に，財産目録の作成が複雑でしかもその情報への貢献度が低いと判断されるため，実務上作成されない。そこで，コソンは第1及び第2点の特質を踏まえたうえで，且つ第3点の欠点を改善するために，以下のように考えるのである。現行の会計基準を修正せずに，しかも財産目録のかつての目的に注目しながら，その情報に対する有用性をもちうるためには，次の2つの条件が不可欠である。1つは，資産及び負債について従来のような詳細化された財産目録に代えて，財産目録の表示内容について量的制限を加えるという条件である。これを財産目録の量的条件と呼ぶ。もう1つは，財産目録による財産評価の内容が会計基準に基づく会計情報を補完するという条件である。これをここでは財産目録の質的条件と呼ぶ。

そこで，以下においてこの2つの条件に関するコソンの考え方を検討する。

4 財産目録の量的条件に関する改善

(1) 従来の財産目録

いうまでもなく，従来の財産目録に関する量的条件の特徴は，資産及び負債の数量計算及び金額計算についての詳細表示であった。その点については，すでにルカ・パチョーリは，所有するすべての財産を個別的に詳しく表示したのが財産目録であると捉えている。この詳細な財産目録を商人の財産管理に役立てようというのがその主目的であるといってよい。したがって，資産及び負債に関して数量及び金額についての詳細な表示をその特質とする財産目録は，元来企業の財産管理に関する内部報告書としての性格を有していたとコソンは考えるのである。

そのような財産目録の特徴は，以下の点に求められる。第1は，その財産目録が財産の内部管理上の必要性に役立つだけでなく，経営者の財の有効利用に対するコントロール手段としても役立つ点である。第2は，その財産目録の作成方法が全く規制されない点である。なぜならば，その作成は企業の管理組織上の必要性に応じて実質的に決定されるからである。別言すれば，財産目録における詳細な程度は，まったく企業が実地棚卸を必要とする財産の範囲に左右されるため，その統一的な基準は一概にはいえないのである。つまり，各企業における会計責任（responsabilité）のレベルに応じて，その作成基準は異なりうるという性質をもつのである。

(2) 株主への会計情報としての財産目録

このような経営管理上の内部報告書としての財産目録は，たしかに株主に対する会計情報としては余りに詳細すぎ，かえって利用しにくい面がある。実務がこの株主総会への提出あるいは株主の閲覧権を不必要と考えるのは，この点を示したものといってよい。そこで，財産目録を株主に対する有用な会計情報として役立たせるためには，利用者の視点から利用しやすいように従来の財産目録の方式を一部改善する必要がある。その場合に留意すべきなのは，コソンによれば，次の3つの要件である。1つは情報要求を十分に満たすこと，2つめは企業の機密（secret des affaires）を配慮した表示内容とすること，そして3つめは経営者の保護監察（liberté surveillée）の確立である。

① 情報要求の充足

株主への会計情報として財産目録を考察する場合，既述の通りその詳細な情報提供に代えて，株主の情報要求を十分に満たしうる合理的で最低限度の情報提供の開示が望ましい。この点に関して1960年12月14日に破棄院の判決では注目すべき考え方が示されたのである。すなわち，株主の監督権を行使することができる"要約的な明細書"（etat récapitulatif）がまさしく財産目録にほかならないという考え方がそれである。この定義こそ，株主の会計情報の意味における財産目録に必要且つ十分な条件であるとコソンは捉えるのである。

専門会計士協会及び会計監査人国家評議会もまた財産目録に関して同様の解釈を推奨する。ただ，前者は，法が株主に対して認める閲覧権(droit de communication)はともかく，株主が概括的な報告書よりはむしろ関心ある項目の詳細を閲覧しうる権利をもつという立場に立つ。しかし，コソンは，その立場が企業機密にとってはきわめて危険であり，財産目録に対する株主の閲覧権をある程度制限するのが望ましいと主張する。この点に関してアングロサクソン系統の会計では，いわゆる重要性の原則（seuil de signification）がある。この重要性の原則を金額の多寡といった量的範囲に適用すれば客観的な基準となりうる。しかし，財産目録に関する詳細の必要性の程度面にそれを適用することは問題解決に有効ではないとコソンは考える。したがって，「われわれの必要に応じた財産目録の詳細な程度に関する基準を設定するのは困難であるようにみえる」[13]と主張するのである。

　財産目録が会計記録では提供できない財産の詳細を提供するので，会計システムの不十分な点を補完することも見逃すことができない。そこで，必要最低限の資産及び負債の詳細なデータが財産目録ではやはり不可欠となる。これには次の3つの点が重要となる。1つは，会計記録上の価値に対して会計外部の明細や情報を示す点である。例えば土地の面積，工場の生産能力，その取得日や支払方法などである。財産の性質についての正確性が要求されるのは債権者の担保，外貨建債務，インフレ修正値，支払能力に基づく債権債務の区別，遊休資産の識別等である。2つめは非会計事項についてわかりやすい用語の説明である。3つめは，会計上の価値でないもの，例えば賃貸借契約が締結されている財産あるいはリース資産，売り手に財産権の留保契約がある財産，税務上の繰延税金費用，人的価値などである。

② 企　業　機　密

　第2に株主への会計情報として財産目録を考える場合，考慮しなければならないのは企業機密事項の保持である。これには業務，生産及びノーハウ等に関するものがある。これらはいずれも刑法あるいは民法で保護されている。ただ，企業機密を正確に定義づけるのは容易ではない。例えば，リオンの裁判所は

4　財産目録の量的条件に関する改善　163

1951年5月21日の判決において経営者が企業機密事項として要求するにもかかわらず，会社の一般費用の明細を株主に公開すべきことを命じたのである。

この企業機密問題に関して，コソンは次のように考える。たしかに機密を守るのは必要となりうるが，しかしその場合には自主的にそれを省略したことに触れるのが望ましい。だからといって，恥ずべきところがある秘密の隠蔽に対する口実になってはならないという。このように，コソンは企業機密事項に対して一定の理解を示していることがわかる。

③　保　護　監　察

株主に対する会計情報として財産目録の活用を想定するにあたっては，第3にその作成に関する厳格な基準を定めることはきわめて困難である。それ故に，その作成上経営者に大幅な裁量の余地が与えられる結果となる。その場合，コソンは次の2つの考え方を示している。1つは自由の原則（principle de liberté）である。もう1つはその自由の制約（cadre de la liberté）である。

前者に関しては，既述の通り商事会社は多種多様であるため，これに統一的な基準を適用することは各企業の順応性を奪う結果ともなりやすい。そこで，コソンは「具体的な財産目録に厳格な規制を提案するのは，企業に対して政策上好ましくなく，しかもしばしば非現実的である」[14]と考える。その結果，次の3点を考慮する必要があると主張する。第1に，財産目録の詳細は本質的にその特殊なケースに左右される点，第2に企業機密は企業の責任者によってだけ評価されうる点，第3にすべての財産目録について唯一つだけの情報の分類とその表示は困難である点である。このように，株主に対する会計情報として財産目録を利用する際には，ある程度経営者によるその作成上の裁量の余地を残しておくとともに，各企業の内容に即した財産目録の弾力的な作成及び開示の必要があると説くのである。

また，後者に関しては，この作成上の自由の制約にあたって次の2つの基準が不可欠となるという。1つは，財産目録は完全でなければならないという基準である。たとえそれが詳細化されなくとも，そこでのグループ化は株主が情報を的確に判断できるように，すべての要素をカバーしなければならないという

基準である。もう1つは、経営者が企業機密と判断する事項については、当該情報を財産目録からオミットすることができるが、ただし、その旨を言及しなければならないという基準である。

さらに、それ以外に例えば以下に示す具体的な事柄に関しては、国家会計審議会が勧告すべきであると彼は主張する。

（1）　情報は会計の専門知識がない者に向けて提供されるので、あまり詳しすぎないように配慮する。
（2）　営業に役立つ要素の情報に対しては、その利用に必要なものをグループ化して補完する必要がある。
（3）　営業データに関する情報に対して効果的なその利用を考慮する。
（4）　要素の分類及びグループに対して、地理的及び財務的な同質性を考慮する。

5　財産目録上の財産評価に関する質的改善

株主に対する会計情報としての財産目録を考える場合、単にその量的条件について改善を加えるだけでは十分ではない。さらに財産目録を質的に改善させることが不可欠である。その際に重要なテーマとなるのが財産目録における財産評価に関する問題である。既述の通り、そこでは会計帳簿上の価値は必ずしも有用とはいえない。それは検証可能な確定された価値を示すにすぎず、けっして見積価値を示さないのである。いうまでもなく、そのような会計帳簿上の価値は株主の有用な会計情報とはいえないからである。そこで、財産の現在価値評価がクローズ・アップされるのである。

（1）　財産目録と財産価値

①　財産価値の種々相

ある償却性固定資産の取得原価が50,000フランで、その取得時点から2年が経過した場合、次のような現在価値が考えられる。

（1） 定額法による年10%を償却した場合：40,000フラン
（2） 逓減法で償却した場合：32,000フラン
（3） 同一の新品価値：55,000フラン
（4） 2年経過分をマイナスした新品価値：44,000フラン
（5） 古物商の譲渡価値：25,000フラン
（6） 古物商の再販売価値：33,500フラン
（7） 据付費込みの同一再販売価値：38,000フラン
（8） 2倍の生産能力をもち，改良を加えた新品の旋盤価値：75,000フラン

このように，一口に財産価値といっても8種類の個別評価に基づく財産価値が存在する。

② 財産価値の種類とその分類

国家会計審議会が定義する財産価値は，以下のように整理される。

まず最初は使用価値（valeur d'usage）である。これは，企業が財産の保有から獲得する便益（advantage）の全体を意味する。第2は収益価値（valeur de rendement）である。これは，財がもたらす将来収入を現在価値に割り引いたものである。第3は財の交換価値（valeur vénale）であり，これは財の交換価値（valeur d'exchange）を意味する。第4は正味実現可能価額（valeur réalisation）である。第5は清算価値（valeur de liquidation）である。第6は再調達原価である。第7は担保価値（valeur d'assurance）であり，これは事実上新品価値の老朽化した分だけ修正した価値である。そして，第8は貨幣購買力修正価値（valeur historique actualisée）である。

これらの財産価値を次の3つに分類することができる。1つは価値決定の方法による分類である。これに従うと，財産価値は計算価値（valeurs caluculées）と市場価値（valeurs reelles）に分類される。前者に属するのが使用価値，収益価値，担保価値，貨幣購買力修正価値である。これに対して，後者に属するのが交換価値，正味実現可能価値，清算価値，再調達価値である。この市場価値は，仮定に基づいて計算される主観的性質を帯びる計算価値とは違って，多かれ少なかれ長期間にわたってコントロールでき，より客観的であるのが特徴である。

第2の分類は財の保有目的による区別である。使用する財にとっては，使用価値と収益価値が適する。売却する財にとっては，市場価値（あるいは正味実現可能価値）あるいは清算価値が適当である。取得する財にとっては再調達価値が適当である。第3の分類は内容に基づく区別である。企業の継続を前提とすると，売り手の価値に属するものを除き，計算価値，再調達価値あるいは担保価値が重要となる。また，企業財産の相互補完性を前提とすると，個別評価は排除されるが，価値の考え方すべてが考慮される。

③ 財産価値に対するコソンの考え方

このような種々の財産価値に関しては次のような一般的な傾向がある。使用価値や収益価値のごとき計算価値は，収入の予測や割引率の選択面でかなり主観的となりうる。歴史的原価の購買力修正価値はそれに比べて，それほど主観的ではない。再調達価値はより客観的ではあるが，しかし同一物の再調達を仮定する点で選択の可能性がある。これに対して，実在価値としての市場価値は中古市場があるときには最も客観的であるが，中古市場がないときには最も不正確となる。

そして，かかる価値に対する一般的な考え方は次の通りである。理論上，所有者が財を売却する目的をもたないときには，その価値は交換価値である。財が特殊であったり，あるいは売り手がいないために市場がなければ，その価値は収益価値である。財がもはや役に立たず，あるいは買い手がいないので市場がなければ，スクラップ価値（valeur à la casse）がその価値である。また実践上では，財の所有者がそれを売却する目的をもてば，その価値は正味実現可能価値である。その結果，市場価値を決定する際には次の点を区別する必要があるという[15]。企業の継続を想定するとき，企業の売却の意図がなければ，企業全体の理論価値（valeur théorique d'ensemble）が，また企業全体の譲渡が考えられるときには財産間の相互補完性と市場の状況を考慮した修正実践価値（valeur pratique corrigée）が，それぞれ重要となる。企業活動を停止するとき，清算の際には統一実践価値（valeur pratique unitaire）が，また企業全体の譲渡の際には修正実践価値がそれぞれ重要となる。

国家会計審議会の評価委員会によれば，市場価値は真実の経済価値を意味する。具体的にいえば，固定資産及び営業資産については，企業の財産に含まれたと仮定した場合に当該資産が有するであろう価値を，また債権債務はその時点で割り引かれた金額をそれぞれ指す。要するに，そこでの市場価値とは，当該資産及び負債を獲得したと仮定した場合の価格を意味し，財の取得者の立場に立つ。その結果，その評価は主観的なものになりやすい。このため，国家会計審議会の総会では既述の評価委員会による市場価値の定義を見直し，それを交換価値と捉えたのである。

かかる種々の財産価値のなかでコソンが財産目録の価値として重視するのは以下の価値である。第1は理論価値としての計算価値である。ここでは特に割引現在価値が中心となる。第2は貨幣購買力修正価値である。第3は再調達価値である。そして，第4は市場価値である。この市場価値について国家会計審

〔表7-1〕 各財産価値の有用性

(× 要求を満たさない。　△ 要求の一部を満たす。　○ 要求を満たす。)

視点（要素）	財産価値の種類	歴史的原価	購買力修正価値	計算価値	再調達価値	修正市場価値	統一市場価値
1	期間比較	×	○	×	×	△	△
2	企業比較	×	○	△	△	△	△
3	企業全体価値	×	△	×	×	○	△
4	債権者の担保表示	○	△	×	×	×	△
5	企業の利益獲得能力	×	×	○	△	○	×
6	管理：原価の妥当性	×	×	△	○	△	×
7	管理：取替可能性	×	×	△	△	△	×
8	企業全体の譲渡	×	×	△	△	△	△
9	価値決定の容易性	○	○	×	△	×	△
10	客観性	○	△	×	△	×	△
11	検証可能性	○	○	△	△	△	△

出典：G. Cosson, L'information des actionnaires par l'inventaire (2), in: Revue française de comptabilité, 第73巻，1977年6月，280頁

議会が定義したのは企業継続と財産全体の譲渡だけを対象としたものである。したがって，この市場価値には，その国家会計審議会の評価委員会でいう市場価値，すなわち修正市場価値（valeur actuelle corrigée）と古典的な市場価値，すなわち財産の統一的な価値づけを示す統一市場価値（valeur actuelle unitaire）とがある。前者は企業全体の譲渡の際に各財の相互補完性に基づく価値相当分を付加したものである。また後者は事実上売却価値を意味する。

このような財産目録にとって重要となりうる財産価値をそれぞれの視点からみた有用性の結果について一覧表としたのが，前頁の〔表7—1〕である。なお，留意すべきはこの〔表7—1〕と同様に，後述する〔表7—2〕もまた単に各財産の種々の財産価値のみならず，歴史的原価も併せて開示する点である。

（2） 株主の会計情報としての財産目録

① 株主の有用な会計情報と財産価値

株主の多くが会社の利益に関心あるとすれば，株主に対する会計情報としての財産目録の財産価値を問題とするときには，特に次の諸点が重要となる。第1は財産の真実な表示（représentation reélle du patrimoine）である。第2は経営者による受託責任のコントロールである。前者に関係するのが［表7—1］の利益獲得能力(5)と，投資意思決定のための企業比較(2)である。また後者に関係するのは［表7—1］における期間比較(1)，企業全体の価値(3)，企業の利益獲得能力(5)，取得原価の妥当性に対する管理(6)，取替の可能性に対する管理(7)，企業全体の譲渡(8)であるという。その結果，株主が会計情報として要求するのは，貨幣購買力修正価値，計算価値（割引価値），再調達価値，そして修正市場価値である[16]。

しかし，財産目録に計上すべき財産価値を左右するのは，単にそのような一般的な考え方だけでは決定しえない。企業の特性によって，あるいは企業の財務内容によっても財産目録に計上すべき財産価値は異なるとコソンは主張する。例えば前者に関していえば，株主にとってもっぱら投資の収益性及び安全性に関心のある上場企業に対しては，他企業との比較を可能とする一般物価の

変動を顧慮した購買力修正価値や，財産全体の評価に関する修正市場価値の表示がより重要となる。また後者に関しては，その企業の財務内容いかんによって次の財産価値がそれぞれ重要となる。例えば運転資本（fonds de roulement）がマイナスの企業では，清算が強制されうるので，売却価値が重視される。また純財産が資本の4分の1以下になっている企業では，財産状況の現状を確認しうる購買力修正価値や，見込まれる解散の結果を予測しうる市場価値などが重視される。数年間にわたって赤字が続く企業では，破綻を回避しえない性質を測定しうる再調達価値もしくは破綻の限界を測定する統一市場価値，つまり売却価値が重要となる。ここではいずれも財務内容の悪い企業が考察対象の中心となっている。

② 各財産の評価方法

次に，株主に対する会計情報としての財産目録作成にあたって，コソンは各財産の評価方法について具体的に説明する[17]。

まず最初に営業用固定資産は企業の全体価値をより良く示すために，その修正市場価値で評価される。営業に用いられていない固定資産は場合によっては換金化される可能性があるので，その（統一）市場価値，すなわち売却価値で評価される。なお，建設仮勘定のように営業に利用可能な固定資産は，その潜在性あるいは利得（再調達価値と貨幣購買力価値との差額）の判断ができるように，修正市場価値あるいは再調達価値で評価される。償却済固定資産あるいは償却される時期が近づく固定資産は再調達価値で評価される。その理由は，この再調達価値と統一市場価値との比較を通じて必要な投資の金額を知ることができるからである。借入金の担保に供された固定資産はその統一市場価値で評価される。割賦方式で購入した資産は，その将来性を示すために，計算価値もしくは修正市場価値で評価される。投資不動産は，換金化の可能性があるので，計算価値及び統一市場価値で評価される。

開業費，組織費及び研究開発費はその計算価値あるいは修正市場価値または再調達価値で評価される。投資有価証券は営業に有用であるので，その再調達価値で評価される。賃貸借契約上の債権は，特許権及び商標権と同じく修正市

場価値で評価される。

　原材料は，その回転期間が長ければ再調達価値で，また過剰在庫分については統一市場価値で評価される。仕掛品は企業の正常な営業活動に不可欠であるから，修正市場価値もしくは慎重な歴史的原価で評価される。製品はその正常な在庫分については修正市場価値もしくは購買力修正価値で，また過剰在庫分については統一市場価値，つまり売却価値で評価される。

　有価証券はその売却によって得られる資金を測定するために，統一市場価値

〔表7-2〕　各財産とその評価方法

	歴史的原価	購買力修正価値	計算価値	再調達価値	修正市場価値	統一市場価値
営業用固定資産					○	
営業に利用されていない固定資産						○
営業に利用可能な固定資産		○		○	○	
償却済固定資産				○		○
賃借されている財産（リース財産）			○		○	
賃貸財産			○			○
開業費			○	○	○	
投資有価証券				○		○
原材料				○		○
仕掛品		○			○	
製品		○			○	
過剰在庫製品		○				
有価証券		○				○
賃貸債権					○	○
のれん					○	
債権債務	○	○				

出典：G. Cosson, 前掲論文, 283頁

で評価され，これとその購買力修正価値とを比較し，その超過分が把握される。

のれんは修正市場価値で評価される。

債権債務は購買力修正価値で評価され，インフレに伴う損益が把握される。

この財産評価を一覧表にしたのが前頁の［表7—2］である。

③ 財産目録の様式と例示

さて，株主に対する会計情報として財産目録を考察するとき，彼はいくつかの留意点を指摘する。

第1に，かかる財産目録の制度化ないし規制に際してすべての情報を財産目録に収容させずに，むしろ必要不可欠な情報のみに絞って，それを限定するのがベターである点である。つまり，株主が要求する重要な会計情報のみに限定し，かつ概括的に示せば十分であるというのである。

第2に，〔表7—2〕のように，各財産に関して有用な会計情報といえる種々の財産価値を多元的に示す必要がある点である。別言すれば，従来の財産目録のように一つの財産に一つの財産価値を付して評価するのではなく，各財産ごとに有用と思われるいくつかの財産価値も併記するのがその特徴である。

第3に，財産目録の様式を一律すべての企業に定めることは困難であるため，各財産とそれに対応する財産価値とを表形式による一覧表で示せばよい点である。その結果，財産目録が本来有する財産の詳細な数量計算機能は，ここでは完全に放棄されている。あくまで財産の金額計算が中心であり，かつ特定項目に重点を置いた多元的で要約的な金額計算がその特徴である。

第4に，財産目録が開示すべき会計情報を最低限度不可欠なものと，それ以外の推奨されるものとに分ける点である。例えば前者に属するのは，評価基準として歴史的原価，購買力修正価値，再調達価値，修正市場価値，そして統一市場価値の5つである。このなかに計算価値は含まれていない。その理由は，この計算価値の利用可能性がなく，その金額は大部分修正市場価値に近いからであるという。財産目録に計上すべき財産の範囲は〔表7—2〕の通りである。

第5に，財産目録が開示すべき範囲を実は企業の内容に即して捉えようとする点である。1つは会社すべてに適用されるケースである（〔表7—3〕参照）。2つ

めは上場会社のケースである（〔表7-4〕参照）。その3は財務内容が悪化している会社である（〔表7-5〕参照）。具体的には純財産が資本の4分の1以下になった会社がこれに該当する。この3つの会社の種類に応じて財産目録の開示範囲を区別するとともに，各会社ごとに強制的な開示部分と，開示を勧告する部分とに分けた財産目録の作成を主張するのである。この点に関連して，それらの表の

〔表7-3〕 **すべての会社の財産目録**（○ 会社すべてに勧告表示　● 会社すべてに強制表示）

		歴史的原価	購買力修正価値	再調達価値	修正市場価値	統一市場価値
A	営業用固定資産	○	○		●	
B	営業に利用されていない固定資産	○	○			●
C	営業ではなく目的が定まった固定資産	○	○		●	
D	償却済だが，営業に利用される固定資産			○	●	
E	5年以内に利用をやめる固定資産	○		●		●
F	リース資産				●	
G	投資不動産	○				●
H	開業費，組織費，研究開発費	●		○		
I	関係会社株式	○		●		
J	投資有価証券	○	○			●
K	原材料	○		●		
L	仕掛品	●	●		○	
M	製品	○			○	
N	過剰在庫あるいは陳腐化在庫	○	●			●
O	有価証券	○	○			●
P	賃貸借	○			○	
Q	のれん				○	
R	債権及び債務	●	●			

出典：G. Cosson, 前掲論文，285頁

なかで営業に利用されていない固定資産とは、例えば社宅として利用されているものを指す。何をもって財務内容が悪化した企業と判定するのかは容易ではなく、そこには難しい問題を含んでいる。既述のように純財産が資本の4分の1以下になる時点では余りに遅すぎる嫌いがあろう。ただ、この財務内容の悪

〔表7-4〕 **上場会社の財産目録**（□ 勧告表示　■ 強制表示）

		歴史的原価	購買力修正価値	再調達価値	修正市場価値	統一市場価値
A	営業用固定資産	○	■	□	●	
B	営業に利用されていない固定資産	○	○		□	●
C	営業ではなく目的が定まった固定資産	○	○	□	●	
D	償却済だが、営業に利用される固定資産			■	●	■
E	5年以内に利用をやめる固定資産	○	■	●	■	●
F	リース資産			■	●	
G	投資不動産	○	■		■	●
H	開業費、組織費、研究開発費	●	■	○	■	
I	関係会社株式	○	■		■	■
J	投資有価証券	○	○		□	●
K	原材料	○	■	●		
L	仕掛品	●	●		□	
M	製品		●		□	
N	過剰在庫あるいは陳腐化在庫	○	●		□	●
O	有価証券	○	○			●
P	賃貸借	○			■	
Q	のれん				■	
R	債権及び債務	●	●			

出典：G. Cosson, 前掲論文, 286頁
（注）● については、すべての会社において強制表示されるものがそのまま適用される。

化の徴候を何に求めたらよいのかは理論上検討すべき問題である。各財産について統一市場価値もしくは再調達価値による評価はそれほど困難ではない。これに対して，修正市場価値による評価を各財産に適用するには困難な場合が少

〔表7-5〕 **財務内容が悪化した会社の財産目録**（◇ すべての会社に勧告表示で，財務内容の悪化した会社に強制▲　財務内容が悪化した企業のみ強制表示）

		歴史的原価	購買力修正価値	再調達価値	修正市場価値	統一市場価値
A	営業用固定資産	◇	◇		●	▲
B	営業に利用されていない固定資産	◇	◇			●
C	営業ではなく目的が定まった固定資産	◇	◇		●	▲
D	償却済だが，営業に利用される固定資産			○	●	▲
E	5年以内に利用をやめる固定資産	◇	▲	●		●
F	リース資産				●	
G	投資不動産	◇	▲			●
H	開業費，組織費，研究開発費	●		○		
I	関係会社株式	◇			●	▲
J	投資有価証券	◇	○			●
K	原材料	◇			●	▲
L	仕掛品	●	●		○	▲
M	製品	◇			○	▲
N	過剰在庫あるいは陳腐化在庫	◇				●
O	有価証券	◇	○			●
P	賃貸借	◇			○	▲
Q	のれん				○	
R	債権及び債務	●	●			

出典：G. Cosson, 前掲論文, 287頁

（注）● については，すべての会社において強制表示されるものが，また ○ についてはすべての会社に勧告表示されるものが，それぞれそのまま適用される。

なくない。そこで，この評価の場合には，例えば工場全体について包括的に示される。

④ 財産目録の情報内容

すでに触れた通り，財産目録の評価に関する規制は限定的にすぎず，詳細化しえない。したがって，それに関する勧告は経営者に大きな裁量の余地が残されていることも否めない。ただ，その裁量の余地が残るとしても，それが利用者としての株主の必要とする情報提供を妨げてはならず，両者が少なくとも両立しなければならないとコソンは主張する。すなわち，株主が必要とするのは，期間比較及び企業比較に役立つ会計情報，さらに企業の財務分析，とりわけ構造分析及び収益性分析に役立つ会計情報であるという。

まず最初は期間比較に関してである。1966年7月24日法律第341条によれば，一般営業費勘定，損益勘定及び貸借対照表は前期と同一の様式及び同一の評価方法に従って毎年作成される。これは財産目録を明らかに対象としていないが，しかし財産目録にも同じく適用されるべきであるとコソンは考える。ただ，彼はこの財産目録に関しては株主総会による承認を必要としないと主張する。財産目録の作成は取締役会の責任で行われ，株主総会の承認を要しないというのである。財産目録に関しては他の期間と同一の評価方法を用いれば十分であるとする。なお，評価方法を変更する場合には，その正当な理由及び二期間の期間比較を可能とする要素を示す義務がある。その場合に，2つの評価に基づく開示は必ずしも必要はない。なぜなら，2つの評価の結果の開示は複雑となり，単なるその差額のみを示せばよく，またその方法がより簡便だからである。そして，その評価方法を新たに変更したときに生じる変更前の評価方法との差額は財産目録の脚注に示さねばならない。

次は企業比較に関してである。この企業比較に際して重要なのは評価方法が最も客観的である点である。これに役立つのが主に購買力修正価値，再調達価値及び統一市場価値である。その結果，購買力修正価値に関して用いた物価指数や資産の取得日等の補足情報が必要である。再調達価値については，その明細となるカタログや製造見積書等を示す必要がある。統一市場価値に関して

は，対象となった市場（中古市場）への参照及び価格の決定方法について触れる必要がある。これらの補足情報はすべて財産目録の脚注に示さねばならない。

　財務分析に関しては，いうまでもなく，財務構造分析と収益性分析が中心である。前者についてコソンがまず注目するのは負債構成比率の逆数である。すなわち，総資産を総負債で除した比率である。この比率の算定にあたって，分子の総資産として修正現在価値あるいは購買力修正価値で測定された合計を用いることを提案する。さらに中期の支払能力判定には流動資産を流動負債で除した流動比率が重要であり，この流動資産の合計に際して棚卸資産及び有価証券の購買力修正価値で測定するという。その場合に，金銭債権債務に関して財産目録は全く補足情報をもたらさないという。ただ，流動資産を購買力修正価値で測定しても，それはインプット・プライス系統の評価に属するので，支払能力の判定にどの程度有効かは若干問題を含んでいる。また，財産目録の財産価値と関係する収益性としては，固定資産あるいは資産総額を分母とし，営業利益を分子とする一種の資本利益率がある。ただ，固定資産を分母として用いるケースが具体的に何を算定しようとするのかは明らかではない。おそらく，これは資産総額から営業活動に用いられていない遊休資産等を除いた，直接的に営業活動のみに利用されているいわゆる経営資本を指すと解される。この経営資本にせよ，あるいは総資産にせよ，その決定には既述の財産価値がすべて利用されるという。営業利益の算定に際しては，例えば一般物価変動を考慮して減価償却費計算を修正した営業利益か，あるいは企業の実体維持計算の面から再調達価値を費用として計算した営業利益が用いられるという。

　要するに，各財産に関する多元的な財産価値を財産目録において株主に対する会計情報として提唱するのがコソンの基本的なスタンスにほかならない。前述の適用方法のなかで開示すべき会社の種類に関する定義，財産の分類に関する定義，財産評価方法の定義及びその価値決定の状況，そして財産目録に関する開示のモデルといった諸点については，ある程度曖昧さが残ることは否めない。そこで，それらの問題の具体的な規制については別途，勧告による方法をさらに検討しなければならないとコソンは主張するのである。

6 むすび

(1) コソン説の特質

　以上の論旨を整理し，コソンによる財産目録の特質を明らかにすれば以下の通りである。

　まず第1に，従来の会計システムはいうまでもなく取得原価主義会計を基底とする。したがって，会計帳簿から作成される貸借対照表はこの枠組みに制約され，期末時点の有用な会計情報を提供する面からは必ずしも十分といえない側面があった。そのような理由から，コソンは従来の会計システムの根本的な改革を想定せずに，それを前提とし堅持したうえで，株主に有用な会計情報を提供するため，財産目録の積極的な活用を提唱するのである。いわゆる財産目録の附属明細書化に対する改良への試みがこれである。

　第2に，その場合に従来の財産目録の内容のままでは株主への会計情報として役立たないため，その内容の変更を行うのである。具体的にいうと，その1は，財産目録の内容を貸借対照表のそれと全く一体とみるのではなく，会計帳簿から誘導される後者とは分離したものとして前者を理解するのである。言い換えれば，財産目録は貸借対照表の単なる明細表ではなくなるのである。その2は，その結果として会計上のルールに従って作成される貸借対照表とは異なり，財産目録についてはそれら独立した固有の評価ルールを適用することができる点である。つまり，財産目録を見積価値を中心とした財産の真実な表示手段として利用しようというわけである。

　第3に，株主に対する会計情報として財産目録を利用するにあたって，コソンは財産目録の具体的な量的枠組みについて改良を加える。1つは，情報要求を満たすためには，従来の財産目録の特徴であった詳細な財産の数量計算及び金額計算という内容に代えて，むしろ要約的な明細書として財産目録を改良する点である。2つめは，企業機密事項をある程度配慮した形での財産目録の作成を経営者に委ねる点である。その結果，かなりの範囲で経営者の裁量の余地

が生じる。このため，その完全性を堅持するとともに，企業機密を省略した理由を明示させるべきであるという。

第4に，同様に株主に対する会計情報として財産目録を位置づけるためには，その財産評価に関する質的改善も必要となる点である。その点に関してコソンは次の事柄を重視する。その1は，各財産について単一の財産評価に代えて，多元的な財産価値の開示を主張するのである。例えば，従来の取得原価のほかに，購買力修正価値，再調達価値，修正市場価値，そして統一市場価値といった様々な評価額を一つの財産に多元的に開示させようというわけである。その2は，その際にすべての会社，上場会社，財務内容が著しく悪化した会社に分けてそれぞれに適する内容を開示させるのである。その3は，財産に関してそれぞれの会社の種類及び財務内容に従い，強制的に開示させる部分と，選択的に勧告として開示させる部分とに分ける点である。その4は，このような形での財産目録の開示内容にあたって期間比較及び企業比較，さらに財務分析に役立つ会計情報を提供しなければならない点である。その5は，かかる財産目録について必ずしも株主総会による承認を要しない点である。

これがコソンの財産目録説の主な特徴である。

(2) コソン説の問題点

かかる特徴をもつコソン所説に問題がないわけではない。

第1に，コソンにおいては株主にとっての会計情報として財産目録を考察するため，もっぱら財産の金額計算が中心となり，しかもその詳細化に代えてその要約化が主張されている点である。たしかに，財産の金額計算が財産目録の重要な側面であることは否定できない。しかし，財産目録では財産の数量計算もまたその金額計算と並んで重要な役割であるはずである。したがって，株主に対する会計情報の一環として商法上財産管理責任を明らかにするうえで，この財産目録における数量計算は無視できないであろう。コーポレート・ガバナンスが特に重視されてきている昨今，特に例えば不動産などの重要な項目についてはこの財産数量計算に関する情報を開示するのは不可欠であると考えられ

6 む　す　び　179

よう。もちろん，その開示に際して極端に詳しすぎる情報である必要はなく，少なくとも財務内容の判断にとって必要最低限度の要約的なものでも十分であろう。ただ，内部管理的にはその詳細な情報を把握しておく必要があることはいうまでもない。この財産の数量計算を補完的にその脚注に重要な項目に限って開示させれば，財産目録の附属明細書的な試みは有用な会計情報の提供面から有意義なものとなるであろう。

　第2に，コソンは企業の機密事項を十分配慮した財産目録の開示を主張するが，これは実務上との関係で難しい問題を含む点である。経営者側の立場からこの企業機密事項の保持をかなり弾力的に解すれば，それをディスクローズさせない範囲が一段と広がる一方で，逆に財産目録で開示される範囲が狭まることになりかねない。その線引きを具体的にどのように行うのかは難しいが，少なくともそのガイドラインをあらかじめ明確に定めておかないと，折角提案された財産目録の活用もかなり限定的に留まらざるをえない可能性があろう。

　第3に，財産目録上で開示すべきとする各財産の様々な価値のなかで，測定上やや困難なものが存在する点である。修正市場価値がその典型である。既述の通り，これは企業全体の買い手が各財産に割り当てた企業全体価値の一部を指す。したがって，この評価方法はドイツ所得税法第6条1項でいう部分価値(Teilwert)に相当すると解される。その規定によれば，この部分価値は，企業全体の取得者が当該企業の継続を前提とした企業全体の購入価格を，各財産に割り当てた金額である。ただ，買い手の企業全体の購入価格を各財産に配分することは理論上容易ではない。その配分に関する合理的な拠り所を見出しがたいからである。この配分を何らかの基準で行うと，そこには大きな恣意性の介入する余地が多分にあるといえる。それ故に，修正市場価値の開示はその測定上の根拠を明確に示すとともに，それが合理的である場合には有用であるといえても，それ以外の場合にはかえって誤解を招く情報となりうる危険性があることに留意すべきであろう。この修正市場価値よりはむしろ，固定資産に関しては最近特に減損会計が強調されている関係で，その使用価値としてその割引現在価値の開示のほうが望ましいように思われる。また，負債に関してはほとん

どその現在価値の評価が論じられていないのも問題である。単に財産の現在価値だけでなく，負債の現在価値評価もまた会計情報の面からは重視されるべきであろう。

第4に，コソンの例示する財産目録の雛形では各財産に関係する様々な財産価値が多欄式で開示されてはいるが，しかし各財産評価に共通した資産総額は特に問題となっていない点である。一例をあげれば，各財産を購買力修正価値で評価した場合の資産合計額は示されておらず，それ以外の資産評価の場合も同様である。すでに触れた通り，財務分析上負債構成比率の逆数にせよ，あるいは資本利益率にせよ，各財産に基づく資産総額の算定は株主に対する会計情報の面で重要と解される。それ故に，貨幣項目を追加したうえで，各グループごとに分類集計し，例えば当座資産，流動資産及び流動負債といったように，グループごとに各資産評価の合計額を示すことも一考に値するであろう。

（3） コソン説の評価

かかる問題点を含むにせよ，コソン所説は次の点にその意義を有すると考えられる。

第1は，日本ではすでに廃止されてしまった財産目録の再評価を彼が積極的に試みている点である。彼が提唱するように，財産目録を附属明細書として活用させるか否かは別としても，会計記録を検証する意味で財産目録に含まれる実地棚卸は不可欠である。わが国ではこの点は昭和49年の商法改正により不明確となった。財産目録が消失した関係で財産の実地棚卸に対する根拠が少なくとも法文上失われた観があるからである。ドイツ及びフランスの商法が依然として財産目録の作成を商業帳簿規定のなかで堅持しているのとまさに対照的である。コソンはこの点には触れていないが，しかしコーポレート・ガバナンスの重要性が強調されているなかで，特に財産目録における財産の数量計算は財産管理者責任の所在を明らかにするうえで，けっして軽視できないであろう。

第2は，コソンが財産目録を株主への会計情報として活用しようとする点で

6 む　す　び

ある。つまり，彼は財産目録における数量計算との関係ではなくて，財産の金額計算との関係で財産目録の重要性を強調するのである。具体的には財産目録の附属明細書化構想がこれにほかならない。しかも，この財産目録は貸借対照表の摘要ないし明細化という形ではなくて，むしろ貸借対照表には全く示されない会計情報を財産目録に補完的且つ追加的に開示させる方向である点に，その特徴がある。

　近年，アングロサクソン系の会計では，いわゆる資産負債アプローチが支配的になりつつある。しかも，それに伴い資産負債に関して公正価値による評価も重視されている。ただその場合，貸借対照表項目の大部分はその傾向が顕著であるとしても，すべての項目が公正価値で評価されるわけではない。その例外は棚卸資産や一定の条件のもとでの固定資産である。これは一般に取得原価で評価されるからである。したがって，それらの時価情報が必要となるだけでなく，その時価情報の中味も一様ではない。また，原則として時価評価される項目についても，その取得原価に関する情報が必要な場合が少なくない。そこで，これらを体系的に網羅した附属明細書が資産負債アプローチのもとでは不可欠となるはずである。この面から，コソンが財産目録の活用を主張するのは十分首肯しうるところである。

　なお，最近の時価評価を重視する傾向に関連していえば，公正価値評価といっても市場がある場合を除き，各財産の将来キャッシュ・フローを適当な利子率で割り引いた割引現在価値が用いられるケースも少なくない。その場合，前者の見積額と後者の割引率の選択いかんで，この割引現在価値の数値が大きく変動することも考えられる。そこで，財産目録においてはそれぞれのアローワンスの範囲内でいくつかの確率分布を例示し，企業がこのうちで用いた結果とその理由を併せて補足的に開示させるのも一考に値するであろう。さらに，もしそれ以外の数値を選択したと仮定したときの結果をも併せて開示させるとすれば，それは株主にとっても有用な会計情報を提供することになるだけでなく，ひいては会計情報の信頼性を高めることにつながるであろう。

　この点にコソン所説の現代的な意義を最終的に見出すことができるのであ

る。

注

1) G. Cosson, L'information des actionnaires par l'inventaire (1), in : Revue française de comptabilité, 第72巻, 1977年5月, 237頁.
2) G. Cosson, 前掲論文 (1), 239頁.
3) この点に関連して, カイユリオ (J. C. Cailliau) だけが財産目録作成上において商法上財産の原初価額 (valeur d'origine), つまり取得原価の計上につながらないし, 民法上も同じく原初価額の計上について何ら述べていないことを主張するという (G. Cosson, 前掲論文 (1), 241頁).
4) G. Cosson, 前掲論文 (1), 241頁.
5)6) G. Cosson, 前掲論文 (1), 242頁.
7)~11) G. Cosson, 前掲論文 (1), 243頁.
12) G. Cosson, 前掲論文 (1), 244頁.
13) G. Cosson, 前掲論文 (1), 248頁.
14) G. Cosson, 前掲論文 (1), 250頁.
15) G. Cosson, 前掲論文 (2), 第73巻, 1977年6月, 279頁.
16) 会社と契約したり, あるいは収益性を分析する第三者が関心あるのは, 既述の [表7—1] における (6) を除くすべての項目である。経営者が関心あるのは, 価値決定の容易さである。情報のコントロールのための監査人にとって関心あるのは客観性 (10) と検証可能性 (11) である。
17) G. Cosson, 前掲論文 (2), 281~282頁.

第8章
ヒントナーの財産目録論

1 はじめに

　財産目録にはいくつかの種類がある。たとえば企業の開業時に作成されるのが開業財産目録，毎年1回決算期末に作成される決算財産目録，さらに会社更正や破産時に作成される更正財産目録及び破産財産目録などがある。これらの各財産目録に対応して開業貸借対照表，決算貸借対照表，更正貸借対照表及び破産貸借対照表などがそれぞれ作成される。このような多様な財産目録及び貸借対照表のなかでヒントナーが主に考察対象とするのは臨時的に作成される財産目録に関してである。そして，その財産目録に記載されるその内容は，同じくそれぞれの目的に呼応して作成される貸借対照表のそれとどういう関係にあるかが彼の関心事の中心である。以下，彼の所説について検討することにしたい。

2 ヒントナーの基本的立場

　従来，会計報告書としては次の2つが中心である。通常貸借対照表(ordentliche Bilanz)と，非常貸借対照表（außerordentliche Bilanz）がこれである。
　いうまでもなく，前者は一定期間ごとに定期的に作成されるのに対して，後者は臨時的にのみ作成される。一般に前者は損益計算を目的とするのに対して，後者は財産計算を目的とするといわれる。この点について，シュマーレンバッハ（E. Schmalenbach）は年次貸借対照表，つまり決算貸借対照表がそもそも

財産計算には適さないことを主張している。にもかかわらず、シュマーレンバッハは後に動的貸借対照表（dynamische Bilanz）が非常貸借対照表の基盤にどの程度関係づけうるかを検討した結果、その詳細な論理プロセスを明らかにしないまま、臨時目的で作成される貸借対照表が年次貸借対照表に基づいて作成されうるという考え方を示している。言い換えれば、非常貸借対照表は事実上特別な目的に用いられる年次貸借対照表だというのである。

しかし、このシュマーレンバッハの見解に対して、ヒントナーは疑問をいだくのである。一定期間ごとに定期的に作成される通常貸借対照表、とりわけ決算貸借対照表は商法や税法といった法的規定に基づいて作成される。その作成目的は一期間における成果の算定とその表示である。その期間が一年より短くなり半年、四半期または一か月といった期間に短縮されても、それらの貸借対照表、つまり中間貸借対照表、四半期貸借対照表または月次貸借対照表は成果の測定という同一性質を有する限り、その本質は年次貸借対照表と異ならない。けれども、「これに対して、いわゆる非常貸借対照表は年次貸借対照表（通常貸借対照表）から明確に本質を異にする。その任務は、すなわちそれに対して与えられた事情のもとで外部事象による特定時点で企業の財産を確定し、適当な様式で示す点にある。」[1] このように、臨時的に作成される貸借対照表は財産測定を一義的な目的としているので、成果規定を中心とする年次貸借対照表及びそれに準ずる中間貸借対照表等とは本質的に異なるというのである。

なお、この臨時的に作成される貸借対照表の目的には種々のものがある。例えば開業、合併、組織変更、清算及び破産等がこれである。その結果、それぞれの目的に応じて作成されるのが開業貸借対照表、合併貸借対照表などと呼ばれるのが普通である。しかし、この点に関してヒントナーは問題点を指摘する。すなわち、これらの非常貸借対照表が果たして文字通り"貸借対照表"としての性質を有するのかという点である。彼によると、「翌期と関係し、しかも簿記上その出発点を形成する財産表示のみが、説明されうるような非常貸借対照表と事実上呼びうる」[2] と解するのである。言い換えれば、財産表示を目的として作成されるものすべてが必ずしも"翌期首に関係し、しかも簿記上その出発点

を形成する財産表示"を意味するとは限らないのである。したがって，ヒントナーはそのような性質を有する財産表示を非常貸借対照表と同じ範疇に捉えるべきではないと主張するのである。

そこで，彼は通常貸借対照表及び既述のように限定された意味での非常貸借対照表のほかに，さらに第3のカテゴリーが不可欠であるとみなすのである。"シュタートゥス"といわれる状態表示がこれにほかならない。この"シュタートゥス"は財産在高もしくは財産状態の測定に役立つすべての作成を意味する点では，たしかに非常貸借対照表と共通する。したがって，その限りではこの"シュタートゥス"は非常貸借対照表と一致する。しかし，それ以外の面では前者は後者と明らかに異なるメルクマールを有している。その点から両者を明確に区別する必要があると彼は考えるのである。

かくして，彼は会計報告書（Rechnungsausweis）として次の3つを区別するのである。

（1） 通常貸借対照表
（2） 非常貸借対照表
（3） シュタートゥス

これが彼の基本的なスタンスである。そして，（3）を収容するのに適する会計報告書こそ，彼自身は明確に触れていないが，まさしく貸借対照表から区別されるべき財産目録と解されるのである。

以下，すでに触れた3つの会計報告書の特質についてみていく。

3 通常貸借対照表

（1） 通常貸借対照表の種類

まず通常貸借対照表について取り上げる。この主な特質は，その期間が1年であれ，あるいは半年もしくは四半期であれ，いずれの期間の貸借対照表も基本的に成果測定という動的性質を有する点で共通している。ただ，1年を期間として作成される年次貸借対照表と，それ未満の期間で作成される中間貸借対

照表及び四半期貸借対照表との間では，次の区別がある。1つは，前者の作成は法的に規定されているのに対して，後者はその当時ではあくまでも任意的に作成されるにすぎず，その作成は法的に規制されない。2つめは，さらに前者における法的な評価規定は存在するけれども，後者におけるそれは全く適用されない。3つめは，前者の作成は常に規則的に行われるのに対して，後者は不規則に行われることもある。

（2） 通常貸借対照表とGoB

かかる区別があるにもかかわらず，いずれにせよこのような通常貸借対照表はGoBないし正規の貸借対照表作成原則（Grundsätze ordnungsmäßiger Bilanzierung）に合致しなければならない。例えば1897年商法第38条1項の規定及び1937年株式法129条1項の規定がそうである。また，租税法第160条1項はかかる簿記の正規性を税法に変換し，所得税法第5条で商法上のGoBに言及する。ここで問題は，このGoBの具体的内容である。これについて"堅実な商人"が慣行として適用する処理を意味すると解するのが一般的である。そこで，税務判例及び経済法の判例はこのGoBの具体化に取り組まねばならないのである。

この点に関連してヒントナーはこのGoBが実質的には貸借対照表目的からのみ理解されねばならないという立場に立つ。その結果，「GoBのなかに正規の貸借対照表作成原則が関係づけられねばならない」[3]と彼は主張するのである。というのは，簿記は貸借対照表の前提だから，GoBは貸借対照表作成にもまた適用されねばならないからである。また，GoBは必然的に帳簿価額と実在高との比較にも及ぶ。それ故に，正規の決算が保証されるためには，貸借対照表はどのような性質でなければならないのかという点が特に重要になるのである。

（3） 通常貸借対照表の指導原則

このように，GoBは貸借対照表真実性（Bilanzwahrheit）と関係を有すること

がわかる。この貸借対照表真実性は次の2つから成り立つ。1つは形式的貸借対照表真実性 (formelle Bilanzwahrheit) である。これは簿記及び貸借対照表の記録に関する完全性と、その項目の分類及び名称に関する明瞭性を要請する。もう1つは実質的貸借対照表真実性 (materielle Bilanzwahrheit) である。これは主として評価問題に関するものである。これについて彼は次のように考える。「すべての評価は主観的見積に基づくので、貸借対照表真実性はけっして純粋に客観的とはなりえない。」[4] その結果、絶対的貸借対照表真実性とはなりえずに、相対的貸借対照表真実性にすぎないのである。

かかる非常貸借対照表及び"シュタートゥス"とは本質的に異なる通常貸借対照表は次の特質をもつ。すなわち、貸借対照表同一性 (Bilanzidentität) と貸借対照表継続性 (Bilanzkontinuität) がそれである。前者は、当期末の貸借対照表が翌期首の貸借対照表と同一であることを要請する。この貸借対照表同一性を通じて年次計算の比較可能性が確保されることになる。そして、この貸借対照表同一性が保証される限り、後者、すなわち貸借対照表継続性が導かれることになるという。これには形式的貸借対照表継続性と実質的貸借対照表継続性とがある。一方で形式的継続性とは、決算日の貸借対照表の分類、各項目の名称が同一であることを要請する。他方で、実質的継続性とは財産に関する同一評価の遵守を意味する。

いずれにせよ、通常貸借対照表はGoB及び正規の貸借対照表作成原則に留意して期間損益計算を本質とするため、貸借対照表同一性及び貸借対照表継続性がそこでの重要な計算原則となるのである[5]。

(4) 通常貸借対照表と非常貸借対照表・"シュタートゥス"との相違点

このような性質をもつ通常貸借対照表は、非常貸借対照表及び"シュタートゥス"と根本的に異なるのである。すなわち、前者においては期間損益計算の見地から主観的な見積しか行われず、全体計算においてはじめて主観的な価値見積に基づかない貸借対照表、つまり客観的に真実な貸借対照表となるにすぎない。逆にいえば、期間損益計算に基づく通常貸借対照表については、いわゆ

る形式的及び実質的継続性さえ保証されていれば,とりわけシュマーレンバッハのいう比較可能性原則（Prinzip der Vergleichbarkeit）が満たされている限り,文字通り貸借対照表真実性はなしで済ますことができるのである。

これに対して,全く事情が異なるのは非常貸借対照表及び"シュタートゥス"のケースである。それについてヒントナーは次のように述べる。「非常貸借対照表に関しては何よりも"真実の"財産測定が決定的に重要である。それは実務上もちろん強くこの評価額の将来への計画によって影響されるのが普通である。前述のように非常貸借対照表で示される財産価値の評価がどのように効果を与えるかといった考察に関するこの影響は,シュタートゥスにはない。シュタートゥスは正確に定められた経営経済的状態の仮定（財産分割,和議あるいは破産,合併,新しい出資者の参入等）のもとで,ある企業に存在する財産部分の価値を示すべきである。特定時点でシュタートゥスは,その表現力に決定的な最高の指導原則を貸借対照表真実性原則のなかに理解しうるし,理解しなければならない。ここでは貸借対照表真実性原則は,通常貸借対照表及び非常貸借対照表のケースでは多かれ少なかれそうであるように,もはやそれ以外の考慮によって影が薄くならない。動的貸借対照表観に与する限り,通常貸借対照表のケースで決定的な比較可能原則は消滅する。というのは,シュタートゥスは唯一の目的に対してだけ作成されるからである。非常貸借対照表のケースでは意義をもちうるような,将来における特定の評価基準の経済的影響に関する考察は,シュタートゥスでは全く役割を果たしえない。なぜならば,それは将来には効果をもたず,将来の会計には影響しないからである。」[6]

この彼の論述のなかで注目すべきは次の点である。第1に,非常貸借対照表にせよシュタートゥスにせよ,いずれも真実の測定が重視される点である。この点で両者は共通点をもつ。第2は,その真実の財産測定に関してである。非常貸借対照表に計上される財産価値が翌期首に位置し,その後の期間計算に組み込まれ簿記の対象となる。つまり,非常貸借対照表に計上される財産価値が将来の会計計算に深く関与するため,真実の財産測定に際してそれへの配慮が必要となるのである。これに対して,"シュタートゥス"における財産価値の測

定に際しては，非常貸借対照表の場合のように将来の会計計算との接点をもたない。このため，それに対する配慮は不必要であるというのが両者の決定的な相違点であるといってよい。第3に，非常貸借対照表の作成に際しては通常貸借対照表，とりわけ年次貸借対照表ほど厳しく規制されていないにせよ，その作成はやはりある程度法的に制約されるのに対して，"シュタートゥス"に関してはそのような法的面ではなくて，もっぱら経営経済的面からその作成時点の状態を把握すればよいのである。その意味で，"シュタートゥス"では純粋の経営管理面からのアプローチが可能となるのである。

4 非常貸借対照表

すでに繰り返し述べたように，非常貸借対照表は特別の事由でその性質上1回あるいは期間的に反復されることなく作成される。ヒントナーは「非常貸借対照表の決定的任務が，将来の発展の面から財産による事実の計数的表示にある」[7]と解する。このように，非常貸借対照表は財産測定を主たる任務とし利益測定に重きが置かれていないので，財産評価に関して通常貸借対照表とは異なる評価基準が適用される。1つは企業の全体価値の把握を前提とした財産評価である。他の1つは各財産の個別評価を前提としたものである。特に前者は企業における将来の収益価値を一定の利子率を用いて資本還元して測定される。ここでは将来の収益価値を見積り，また利子率に何を用いるかが重要な問題となる。

このような非常貸借対照表は次の2つに整理される。1つは会計期間をはじめて導くために必要となる非常貸借対照表である。この典型が開業貸借対照表及び創立貸借対照表である。もう1つは過去の期間とは全く独立するが，その作成以降の期間に関係する非常貸借対照表である。例えばこれに属するのは組織変更貸借対照表，清算貸借対照表，更正貸借対照表，合併貸借対照表等である。このような非常貸借対照表のいずれも通常貸借対照表の特徴とされる貸借対照表同一性及び貸借対照表継続性という性質をもたないのである。

5 "シュタートゥス"

(1) 従来のシュタートゥスの見解

すでに触れた通り,非常貸借対照表と"シュタートゥス"は共通点をもつが,しかし相違点もあると解するのがヒントナーの考え方である。しかし,従来この点は必ずしも明確には識別されてこなかった。例えば,フリュヒ (K. Fluch) は非常貸借対照表と"シュタートゥス"を全く同義にみなしていた。つまり,非常貸借対照表を"シュタートゥス"と理解し,前者をもはや貸借対照表とはみなさないのである。この見解はハイネン (E. Heinen) も同様である。その例外はゲルストナー (P. Gerstner) であるという。というのは,このゲルストナーは,和議,破産,売却等の要因による財産表示を明確に"シュタートゥス"と主張するからである。

(2) 非常貸借対照表と"シュタートゥス"
① 両者の共通点

前述の通り,ヒントナーによれば,非常貸借対照表と"シュタートゥス"との間には,一つの共通点がある。両者とも過去の期間と関わりなく,企業の財産価値の把握に役立つ点がそうである。「その理由から,それらは（通常）貸借対照表の簿価及び数値から広範囲な独立を示すのである。」[8] かかる両者の共通点と対照的に見逃されがちなのが両者の相違点である。「非常貸借対照表については,この簿価の独立性は評価についてのみ関係するけれども,シュタートゥスではそれは計算表示の実質的内容にもまた適用される。」[9]

この論述は多少説明を要する。非常貸借対照表と通常貸借対照表との間には計算表示すべき内容,すなわち貸借対照表に計上される項目の範囲には差異はない。むしろ両者の決定的な違いはそれに付すべき評価額にある。いうまでもなく,通常貸借対照表では期間計算の見地から取得原価を中心として評価されるのに対して,非常貸借対照表においては財産計算の見地からそれぞれの目的

に応じた時価で評価されるのである。ヒントナーは非常貸借対照表に計上される項目の範囲について次のように述べる。「非常貸借対照表は，税法的にみると，事業財産として計上しなければならないもの並びに計上することができるものだけを表示することができるにすぎない。非常貸借対照表（創立貸借対照表，開業貸借対照表，更正貸借対照表，合併貸借対照表）のなかにそれが一度把握されると，それは常に事業財産に属し，簿記のなかに継続的に把握され，通常貸借対照表のなかに示されねばならない。すべての非常貸借対照表が会計上その後に与える影響の面からは，非常貸借対照表のなかで示される特定の資産項目あるいは特定の負債項目が，例えば非常貸借対照表のすべての数値を反映する将来の簿記のなかで直ちに省略されたり，あるいは将来の通常貸借対照表において削除せずにもはや計上されないことは不可能である。」10)

このように，非常貸借対照表に計上される項目の範囲と，これに基づいて作成される将来の通常貸借対照表との間には，基本的に一致するとみるのがヒントナーの考え方である。

② 両者の相違点

ところが，"シュタートゥス"の場合にはそれが当てはまらないと彼は主張する。「これに対して，シュタートゥスは，帳簿上の把握に関わりなく，必要な場合には企業のすべての財産価値及び債務，したがって事業財産に属さず，しかもそれ故に簿記で把握されず，そのため通常貸借対照表に計上されないものもまた示しうるし，いやそれどころか示されねばならない。」11) この彼の論述のなかにきわめて重要な示唆が含まれている。それは，通常貸借対照表に計上される項目とは異なる範囲の財産項目が"シュタートゥス"においては表示される点である。ここに，"シュタートゥス"の表示すべきものをまさに財産目録と解しうる根拠がある。いうまでもなく，一定時点で財産の実地棚卸に基づいて財産の一覧表を示したものが財産目録にほかならず，その本質に最もよく適するからである。非常貸借対照表のなかには計上されないけれども，"シュタートゥス"，とりわけ信用シュタートゥス(Kreditstatus)，和議シュタートゥス(Vergleichsstatus)のなかに計上しなければならない具体的項目としてヒントナーは，企業

家自身の個人的私有土地，個人的債務，個人的貸付金等を挙げる。もちろん，この企業家自身の個人的財産及び債務の計上は個人企業や人的企業には妥当するが，しかしそれ以外の法人企業にその計上はストレートに当てはまらないと考えられる。いうまでもなく，そのような法人の会計では企業家の個人的財産及び債務は明確に区別されねばならないからである。

しかし，ヒントナーはその点に関して次の事柄を識別すべきであると主張する。それは，一方で通常貸借対照表及び非常貸借対照表では貸借対照表能力(Bilanzfähigkeit)が重視される。これに対して，"シュタートゥス"では表示能力(Ausweisfähigkeit)が重視されるのである。両者を区別する理由は，「すべての企業形態においては，項目が貸借対照表のなかで資産化あるいは負債化されうるかどうかにかかわらず，項目をシュタートゥスに表示する可能性が存する」[12]からである。この彼の論述は，通常貸借対照表及び非常貸借対照表のなかに特定の項目を計上しうるか否かに関係なく，"シュタートゥス"独自の立場から，ある特定項目をそのなかに収容し表示しうることを示したものといってよい。すなわち，通常貸借対照表及び非常貸借対照表に計上される項目の貸借対照表能力と，"シュタートゥス"，つまり財産目録に収容される項目の表示能力とは必ずしも一致する必要はなく，両者間の差異を積極的に認めようという立場がこれにほかならない。

(3) "シュタートゥス"に計上される項目

両者の相違を示す項目には，すでに触れた企業家自身の個人的財産及び負債のほかに，いくつかの項目がある。例えば，旧有限会社法第26条に基づく出資者の追加出資義務(Nachschußpflicht)や，これに準ずる鉱業法上の共同鉱山会社における追加出資義務（Zubußepflicht）等がそれである。これらの項目は貸借対照表能力はないが，しかし例えば信用シュタートゥスあるいは財務シュタートゥスでは出資者の支払能力を前提として"シュタートゥス"，つまり財産目録に表示されるのである。また，組合においては組合の債務に関して組合員のなかには無限責任を負う者，一定額の有限責任を負う者がいる。この各組合員の追

加出資額は、破産時には組合に対する各組合員の責任額を示すのである（組合法第105条）。それは破産時以外には貸借対照表能力はないが、破産時には貸借対照表能力がある。これに対して、信用シュタートゥスあるいは財務シュタートゥスにおいては、規則的にそれは表示能力があるとヒントナーは考える。言い換えれば、企業の支払能力を問題としたシュタートゥスには、組合員の各責任額の表示能力があるというのである。その点は、組合員の事業持分と事業資産との差額、すなわち組合にとっての未払込出資額も同様であると彼はみなすのである。つまり、「たとえこの未払込出資額が通常貸借対照表に含まれず、注記されるにすぎないとしても、これに対してシュタートゥスの面からは疑いもなく表示されねばならない」[13]と彼は解するのである。また、さらに企業の清算時に解雇からの保護もしくは長期雇用契約に伴う従業員の請求額並びに清算時の企業に対する残余財産の分配に関する受益証券所有者の償還額が負債計上として考えられうる。

このように、通常貸借対照表及び非常貸借対照表における貸借対照表能力と、"シュタートゥス"、つまり財産目録の表示能力との間には、計上される項目の範囲に関して決定的な差異が存するのである。

（4）"シュタートゥス"の作成と法規制

しかし、その差異は単に項目の範囲だけに留まるものではない。この点について「シュタートゥスの作成にとって何ら法律上の評価規定、分類規定、様式規定あるいはその他の規定は全く存在しない」[14]とヒントナーは述べる。要するに、この"シュタートゥス"においては、そこで表示すべき内容に関して全く法規制の対象とならないのがその特徴であるというのである。

ところが、非常貸借対照表に対しては年次貸借対照表の法規定はなるほど効力をもたないとしても、最低限度は非常貸借対照表の作成について法規制される。その理由は、非常貸借対照表が将来の成果測定における出発点を形成するからである。その結果、それは簿記上及び会計上、将来に影響を及ぼすのである。その意味で、それは株主及び債権者の利害に深く関係するので、法的規制

を必要とするのである。このような非常貸借対照表と対照的に既述の通り"シュタートゥス"では事情は全く異なるのである。「これに対して，シュタートゥスは簿記及び過年度の会計期間と原則として全く関係しない。それは簿価と結びつかず，そのなかに含まれる数値は企業の将来の会計に全く影響しない。各財産価値，とりわけ債権及び債務に関する記録だけがそこから引き出されうる限りにおいて，それは簿記とその計数を利用しなければならない。」15)

この論述のなかで留意すべき点がある。それは債権及び債務に限って簿記記録から導かれる点である。実はそれは常に成り立つとは限らないのである。彼は先の論述に引き続いて次のように述べる。「また，それは何ら評価がなされる必要がない限りにおいてだけ妥当するにすぎない。例えば，債権についての評価減あるいは価値修正が行われるべきか，しかもどの程度それが行われるべきかという問題は，シュタートゥスにとっては独自に（autonom）決定される。シュタートゥスがあらゆる簿記・貸借対照表への影響及びそれらの関係から独立した立場である点に，立法者がシュタートゥスにとって何故に規定を定めておらず，しかもシュタートゥスの作成が法によって強制的に規定される場合もそれを定めていないのかという理由が理解されねばならない。」16) 別言すれば，シュタートゥスの作成が法においては債権及び債務に関して例外的に簿記記録を利用するケースもある。しかし，それは絶対的な要件ではなく，むしろその評価に関しては全く法規制の対象とならず，各ケースごとに簿記及び貸借対照表との関係から独立して決定されるというのである。

例えば，和議法及び破産法は財産概観の作成と提出とを義務づけるけれども，財産概観の具体的な内容については規定していないのである。株式会社及び有限会社においては，債務超過の状態が生じているか否かはきわめて重大である。というのは，債務超過が生ずれば，破産宣告の必要があるからである（旧有限会社法第64条，旧株式法第83条2項）。これは現行規定も同様である（有限会社法第64条，株式法第92条2項）。そこで，そのチェックを行うために，和議，破産及び清算といった目的と同様に，シュタートゥスが重大な関心事となるのである。ただ，その点に関して"シュタートゥス"の必要性を明言しているのは，経営

経済学者を中心としたアドラー・デュアリンク・シュマルツ編の商法規定に関するコンメンタール[17]だけで，それ以外の法律学者を中心としたコンメンタールでは，"シュタートゥス"には触れず，単に"財産表示"(Vermögensaufstellung)あるいは"資産及び負債の対照"という表現が債務超過の判定などに用いられるにすぎないのである。1958年5月16日の連邦通常裁判所(Bundesgerichtshof)は有限会社法第42条における債務超過判定については資産及び負債の対照，つまり会社の財産状態の明確化のために一種の貸借対照表作成の必要性を指摘した。その結果，そこでは明らかに"シュタートゥス"を貸借対照表とみなす印象を与えるとヒントナーは批判する。同様に，旧株式法第83条に基づいて作成される"シュタートゥス"を，債務超過の測定に対する債務超過貸借対照表と誤解する文献もあることを彼は指摘するのである。

　そこで，その点に関連して彼は次のように述べる。「法的規定に基づいて作成されるべきシュタートゥスには，貸借対照表真実性原則が妥当する。その歪曲から防ぐのは一般的な刑法である(旧株式法第297条2項及び3項，有限会社法第89条1項，組合法第148条2項—いずれも1985年商法以前の規定である—筆者注)。基準となるのは債権者の利益を保護する点にある。というのは，株主ないし出資者の利益の損害は与えられず，ここではその利益は債権者の利益と一致するからである。それ以外の実務で適用されているシュタートゥス，したがって法で規定されていないシュタートゥスは，はじめから基準となる規制の対象とならない。それが財産状態の誤った報告につながるとすると，これによって損害を受ける者は，刑法典の規定によってであり，その際に何よりも詐欺の事実が想定されねばならない。」[18]このように，シュタートゥスには法が規制するものと，法の対象とならないものとがあり，とりわけ後者にはそもそもそのシュタートゥスの把握に際して法基準は全く存在しないのである。前者のシュタートゥス，すなわち「法が規定するシュタートゥスに関しては構成及び評価について決定的な経営経済的事実はかなり複雑なので，それは規則になじまない」[19]と彼は考えるのである。いずれにせよ，シュタートゥスの作成には多面的な目標がありうるため，その構成，分類及び評価に関する統一的な規制は不可能であると彼は主張

するのである。

(5) "シュタートゥス"における財産評価とその様式

その具体例として"シュタートゥス"における財産評価方法を考える。

一般に通常貸借対照表では取得原価主義に基づいて財産が評価される。もちろん, この取得原価評価以外に取引所の相場価格, 決算日の付すべき価値などで評価されるケースもあるが, これはあくまで例外的である。これに対して, "シュタートゥス"の場合には, そのような財産評価はほとんど行われないのである。例えば, 企業が事実上もしくは仮定上解散されるとすれば, "シュタートゥス"ではいうまでもなく換金価値(Relisationswert)で財産は評価されねばならない。これは通常, 正常な取引のもとでの売却価値に相当する。この換金価値は, 特に不利な事情のもとでは投げ売り価値 (Verschleuderungswert) を意味し, 企業の売り手にとっての下限を意味する。一方, 企業の買い手の側からは, 財産の再生産価値(Reproduktionswert)も財産分割(分与), 売却, 合併などでの"シュタートゥス"において重要な役割を果たす。そこでは更にのれんの再調達を考慮した価値計上も重要となりうる。

このように, "シュタートゥス"の財産評価は一概にはいえず, 多種多様であるのがその特徴である。それだけではない。実は"シュタートゥス"の記載される項目及びその様式もまた貸借対照表とはかなり相違するのである。法的に規定された非常貸借対照表のうちで例えば清算開始貸借対照表はたしかに年次決算書の分類に拘束されない。しかし, それは通常の貸借対照表分類による厳格なフレームワークからの非常貸借対照表の緩和を認めるだけである。「というのは, 非常貸借対照表の目的及び本質, 特にそれが会社の将来的会計に与える影響は, 貸借対照表の伝統的様式及び項目が非常貸借対照表においてもまた原則として堅持されることを条件づけるからである。」[20] つまり, 非常貸借対照表に様式及びそこに記載される項目は, 非常貸借対照表がその後の会計計算に影響する関係で, 伝統的な通常貸借対照表のそれと全く分離して考えることはできず, 両者の間には自ずから一定の相互関係が存在するとヒントナーは解す

るのである。

　これに対して、"シュタートゥス"の場合には事情は全く異なる。例えば信用シュタートゥスにおいては財産価値に関して次の3つの欄を設けて示すことが重要であるという。すなわち、帳簿価値、時価（通常の取引価値）、そして処分価値の3つがそれである。ここで処分価値とは、担保物件を処分することが必要となる際の価値を指す。他方において信用シュタートゥスの貸方側では、債務はその形式的な満期日ではなくて、その事実上の満期日に基づいて配列され記載されねばならないという。つまり、債務の実際の支払期限に応じて流動性に従い、短期債務、中期債務、長期債務に分類する必要がある。と同時に、その債務分類に即してその補塡手段たる財産を、短期的に換金可能財産、中期的に換金可能財産、そして長期的に拘束された財産が比較対照されねばならず、しかも各グループごとの補塡状況（プラスの補塡もしくはマイナスの補塡）も示さねばならないと彼は主張するのである。このような信用シュタートゥスでは、明らかにその目的に最も適する項目と、経営経済的にみてその合理的な表示方法が重視されるのである。

　その点は破産シュタートゥス及び和議シュタートゥスの場合も同様である。実務では通常貸借対照表における資産及び負債の分類に即して勘定記録に基づいてそれを作成する。しかし、「シュタートゥスは破産手続及び和議手続の目的にとってほとんど表示能力をもたない。破産シュタートゥス及び和議シュタートゥスにおいては、財産分類に対してむしろ換金可能性及び法的処分可能性が基準となり、負債の分類については債権者の異なる法的立場が基準となる」[21]と彼は述べる。彼は破産シュタートゥスに関するシェーマを次頁のように例示する。

　ここからわかるように、資産及び負債の分類は貸借対照表のそれと著しく相違する。というのは、一方で財産は処分の有無に応じて処分不能財産と責任財産とに大別され、他方で負債は支払義務の優先順位別に保証されている債権、財団債権者、そして破産債権者にそれぞれ分類されているからである。その結果、ヒントナーは次のように述べる。「事実を表示する真実性の原則はシュタ

破産シュタートゥス

財　産

I　処分不能財産
1　財団に属さない分離されるべき財産
  a)　別除権によるもの
  b)　相殺されうる債権によるもの
2　分離されるべき財産
  a)　担保に供されている土地
  b)　抵当権が設定されているその他の財産
        譲渡担保の財
II　責任財産
1　固有の破産財団
  a)　個別的に換金可能な要素
  b)　全体として換金可能な要素（例えば住宅，支店，農業上の財）
  c)　破産管財人の取消請求による見積請求額
2　補足項目
  a)　破産債務者の個人財産
  b)　追加出資義務（例えば組合員による組合への追加出資給付）
  c)　保証契約からの請求額

負　債

I　保証された債権
  a)　別除権を有する債権者
    aa)　留意権
    bb)　取消権をもつ債権者
  b)　別途請求をもつ債権者
    aa)　抵当によって保証されている債権者
    bb)　その他の質権や譲渡担保によって保証されている債権者
II　財団債権者
  a)　財団債務
  b)　財団費用引当金
III　破産債権者
  a)　先取特権の破産債権者
  b)　通常の債権者

出典：O. Hintner, Bilanz und Status, in: Zeitschrift für Betriebswirtschaft, 第30巻第9号, 1960年9月, 537～538頁

ートゥスにおいてもまた完全性に関してだけでなく，項目の配列及び評価に関しても当てはまる。シュタートゥスの場合には貸借対照表と対照的に常に本質的な相違と性質の異なる目的設定が与えられ，それがシュタートゥスで表示しなければならない事実，"実情"を完全に変える。」[22] このように，"シュタートゥス"においては，貸借対照表の様式及び評価に全く左右されることなく，経営経済的にみてその最も適合すると考えられる様式及び評価を採用することができるのである。

(6) シュタートゥスの表示内容の改善

それだけではない。"シュタートゥス"の表示内容をこれまで以上に改善することもできる。その点について彼は計画による補完 (Ergänzung durch Planung) の必要性を主張する。その場合，計画による補完は"シュタートゥス"の特徴的な時点情報という側面に重大な影響を及ぼしうる。なぜなら，将来の計画はストック情報だけでなく，フロー情報の追加と密接な関係を有するからである。例えば流動性シュタートゥスでは，いわゆる将来に関する時点的な静的流動性状況のほかに，さらに将来の資金計画に基づく将来の現金収支に関する情報をもきわめて重要となりうるからである。その結果，"シュタートゥス"に定められる任務は，通常貸借対照表及び非常貸借対照表よりも多面的で，いわゆる時点計算 (Stichtagrechnung) と，期間計算 (Zeitraumrechnung) の結合によってだけ解決されうるという解釈もまた十分成り立つことができる。

問題は，このような"シュタートゥス"の拡大解釈の方向に対する妥当性に関してである。その点に関してヒントナーは次のように述べる。「示された説明に対して，通常貸借対照表によって，しかし非常貸借対照表によってもまた意義ある形では追求しえない目標にとって（様式及び評価に関する）形式的及び実質的意味における自由な作成の可能性によって，シュタートゥスは用いられるという確認で十分である。しかし他方で，シュタートゥスには，時点に関係づけられた計算としての評価の性質によって特徴づけられる限界にぶつかるという確認もある。」[23] そこで，彼は最終的に「経営経済の財務経済的領域にお

ける将来発展を時点的な計算表示に関する予測がシュートゥスに固有にすぎない」[24]と結論づけるのである。したがって，"シュートゥス"のなかに将来のフロー情報を含めることに彼は批判的であることがわかる。むしろ"シュートゥス"のなかにはあくまで将来のストック情報のみに限定しようというわけである。「これは，シュートゥスによって表示されるべき時点的な実態（例えば流動性）が将来要素とともに決定される限りでは，シュートゥスにとってもまた当てはまる時点原則(Stichtagprinzip)の何ら破壊を意味しない。その結果，将来の発展は直接的にシュートゥスの時点に遡る。」[25]

このように，ヒントナーは"シュートゥス"のなかに将来計算を含めることに賛成しつつも，あくまでその内容は時点情報に限定され，将来のフロー情報の収支は"シュートゥス"の本質になじまないと主張するのである。ただ，その内容を現在及将来に共通したストック情報に限定するのはたしかに"シュートゥス"の本質にマッチするが，しかし他方でそれは逆に"シュートゥス"自体の会計情報の有用性を狭めることも否めないという。ヒントナーのこのような解釈は，例えば流動性についていえば，ある意味で企業内部における財産管理面を重視した考え方であり，例えば今日のALMに相通じると解されるのである。

以上がヒントナー説の概要である。

6 む す び

(1) ヒントナー説の特質

彼の所説の特質について整理すれば以下の通りである。

第1は，期間損益計算の立場から作成される年次貸借対照表と違って，非常貸借対照表及び"シュートゥス"は過去の会計期間に関わりなく，真実の財産表示を目的として作成される。その結果，前者には形式的な貸借対照表真実性が当てはまるにすぎないのに対して，後者は実質的な貸借対照表真実性が重要となる。

第2は，非常貸借対照表において記載される項目の範囲及び評価方法がそれぞれ法規制されているのに対して，"シュタートゥス"の場合にはもっぱらその作成方法は法規制されずに経営経済的立場から行われる。

第3は，さらに非常貸借対照表で計上される項目は，その後の会計計算のなかに組み込まれ簿記記録として把握されるのに対して，"シュタートゥス"ではそのようなことはなく，その後も簿記記録と全く独立して作成される。それ故に，非常貸借対照表ではそれに計上される項目の法的な貸借対照表能力が中心となるのに対して，"シュタートゥス"では経営経済的立場に基づく表示能力が重視されるのである。

第4は，その結果として非常貸借対照表に計上される項目の範囲と，"シュタートゥス"のそれとの間には差異が生じうるのである。例えば，後者には企業家自身の個人的な財産及び債務に相当するものも表示することができる。有限責任会社法上の出資者に対する追加出資義務がそうである。

第5は，"シュタートゥス"においてはさらにその財産評価方法及びその様式に関して全く法規制の対象とならないので，それに最も適する方法が採用される。求める財産表示の具体的内容に応じて，それぞれに適する財産評価の結果について，いくつかの財産評価の並列的な表示も可能である。信用シュタートゥスにおいて帳簿価額，通常の取引価値，そして処分価値をすべて表示したり，あるいは債務に関して短期・中期・長期という形で分類することもできる。このように，"シュタートゥス"の作成方法は原則として法規制の対象とならないため，きわめて弾力的である点にその大きな特徴があるといえる。

(2) ヒントナー説の評価

ヒントナーはこのような意味で"シュタートゥス"を理解し，その重要性を説くのである。本文中で指摘したように，かかる財産状態の表示を目指す"シュタートゥス"とは，その内容からみて実質的に財産目録と解して差し支えないであろう。彼があえて"シュタートゥス"と呼び，財産目録と呼ばなかったのは，すでに法規制の対象となっている財産目録との誤解を避けるためである

と考えられる。ここに財産目録から区別し"シュタートゥス"という用語をヒントナーが用いた最も大きな理由があるといえるのである。ただ，その実質的内容は，既述の通り財産目録と解して差し支えあるまい。また，彼自身は企業外部者に対する会計情報の一環としての"シュタートゥス"の作成をあくまで臨時的なものとみなし，必ずしも定期的とはみていないようである。しかし，"シュタートゥス"の作成の重要性を一層強調し，それを単に臨時的な時点だけでなく定期的に行うこともできよう。その一つの大きな要因としては経営管理の立場が考えられる。今日，金融機関を中心に企業の流動性の確保の見地から内部管理的に実施されている ALM は，まさしくヒントナーの"シュタートゥス"，すなわち財産目録の作成を定期的且つ恒常的に実施したものと解することができる。

このように，ヒントナー自身は"シュタートゥス"の作成を必ずしも定期的には想定していないが，その基本思考をより発展させ徹底するとすれば，経営管理的にみてその作成が定期的且つ恒常的に不可欠であると解されるのである。その点から，彼の"シュタートゥス"の主張を経営管理面に基づく財産目録の積極的な活用とも位置づけることができよう。

今日，わが国では制度上財産目録の姿は完全に消えてしまった。しかし，近年金融機関の財務健全性を確保し，流動性のコントロールを図るために，すでに触れた ALM が強調されてきている。これは単に金融機関の分野だけに限定されるものではなく，それ以外の業種にも等しく重要である。それは，いうまでもなく資産及び負債のストック情報を通じて現在及び将来の企業流動性を保つことを目的としている。したがって，それはあくまで企業内部の経営管理的視点が一義的である。さらに，財務会計上それに呼応するように，その出発点として従来の収益及び費用を中心としたアプローチよりもむしろ，資産及び負債を中心としたアプローチが重視されてきている。したがって，外部報告にとっても財産ストック情報が一段と注目されつつあるのである。ところが，外部報告書として財産ストック情報を示すのは唯一貸借対照表のみで，しかもその要約ないし総括的な情報でしかない。しかも，通常貸借対照表では制度上，資

産及び負債の範囲及び評価について利益計算の面から制約があり，そこでの財産表示には一定の限界があるといわなければならない。その詳細且つ数量計算を含めた情報を示しうるのは貸借対照表ではなく，財産目録において他にはありえないのである。かくして，そのような事情から財産目録を活用して内部管理面でも外部報告面でも今一度その再評価を図る必要があると解されるのである。

いずれにせよ，ヒントナーの"シュタートゥス"は単に外部報告面に関係するだけでなく，その基本思考をさらに発展させるとすれば，現在のみならず将来のストック情報を含めた内部報告にも大きな影響を及ぼすと考えられるのである。ここに彼の所説の現代的意義を見出すことができるのである。

注

1)2)　O. Hintner, Bilanzen und Status, in : Zeitschrift für Betriebswirtschaft, 第30巻第9号, 1960年9月, 524頁。
3)4)　O. Hintner, 前掲論文, 526頁。
5)　O. Hintner, 前掲論文, 528頁。
6)　O. Hintner, 前掲論文, 527頁。
7)　O. Hintner, 前掲論文, 529頁。
8)〜12)　O. Hintner, 前掲論文, 532頁。
13)　O. Hintner, 前掲論文, 533頁。
14)〜16)　O. Hintner, 前掲論文, 534頁。
17)　Adler・Düring・Schmaltz 編, Rechnungslegung und Prüfung der Aktiengesellschaft, 第3版, Stuttgart, 1957年。
18)　O. Hintner, 前掲論文, 535頁。
19)　O. Hintner, 前掲論文, 535〜536頁。
20)21)　O. Hintner, 前掲論文, 537頁。
22)　O. Hintner, 前掲論文, 538頁。
23)〜25)　O. Hintner, 前掲論文, 539頁。

第9章

財産目録制度化論

1 はじめに

　アメリカGAAP及びIASを中心にしたアングロサクソン系統の会計では，資産及び負債を重視した会計システムの重要性が強調されてきている。いわゆる資産負債アプローチがこれである。そこではまず資産及び負債の定義があり，それに基づいて収益及び費用が定義されているのは，まさにその特徴を示すといってよい。その結果，例えば金融商品の時価評価が要請されるようになったのである。ここでは貸借対照表中心思考ともいうべき考え方が積極的に展開されてきているのである。たしかに貸借対照表の重要性が高まることは著者がこれまで強調してきた基本的スタンス，すなわち静態論の立場ときわめてマッチするということができる。もちろん，この資産負債アプローチが直ちに静態論を意味するとはいえないと主張することも十分考えられる。その点の詳細な分析は今後の課題であり，理論上慎重に検討しなければならない問題である。それはともかく，いずれにせよ資産及び負債を表示する貸借対照表を考察の中心に据える点では，資産負債アプローチも静態論も共通している。
　しかし，この貸借対照表の性質は必ずしも一面的なものではない。その内容はかなり複雑な様相を呈している。すなわち，それが形式的に資産及び負債・資本のストックを示す点ではコンセンサスが得られるにせよ，例えばそこに計上される資産及び負債の範囲や，それらの評価問題といったその実質問題にまで議論が及ぶと，貸借対照表の内容を理解するのは必ずしも容易ではない。どのような見方を前提とするのか，あるいは存在論もしくは規範論のいずれを予定

するかによって、多種多様な貸借対照表の内容が想定されるからである。今日の貸借対照表では、金融商品は原則として時価評価される一方で、棚卸資産及び固定資産は従来通り取得原価を中心に評価される。また資産及び負債の時価または公正価値といってもその市場価値ではなく、割引現在価値などで評価される項目もある。たしかに、主として期間損益計算の面からその資産及び負債の範囲やその評価が規制されるが、解釈の仕方によっては財産計算の面も一部で重視されており、ある面では両者がミックスした様相を示しているといえなくもない。もちろん理論上はそのいずれか一方の観点から首尾一貫して貸借対照表の内容を解釈すべきであろう。しかし実務上の貸借対照表を問題とするときには、それが困難となるケースが少なくない。したがって、このようなやや混合的で複雑な性質をもつ貸借対照表に関して、それを補完するストック情報としての財務表もたしかに必要となると考えられる。

　わが国において決算財産目録制度が廃止されてから早四半世紀以上が経ってしまった。この間、バブル経済が崩壊するまでは、わが国はたしかに比較的順調に発展してきたといってよい。このため、決算財産目録制度が完全に廃止されてしまっても、特に大きな支障は来さなかった。既述の通り株式会社ではすでに昭和37年の商法改正で財産目録は計算書類から除かれ、その意義はかなり低下した。そして、これに拍車がかかり、ついに昭和49年の商法改正ですべての商人を対象とした商法総則の商業帳簿規定から決算財産目録は姿を消したのである。しかし、わが国ではバブル経済の崩壊以後、特に金融機関は未曾有の不良債権を抱えてしまい、長引く経済不況が続いている。それに伴い、金融機関をはじめ大企業の倒産や財務内容の悪化した企業が増大している。また、経営者もしくは従業員による企業財産の横領及び使い込みといった事件も、相変わらず発生しているのが現状である。にもかかわらず、このような企業倒産や財産の横領もしくは隠匿といった問題に対して、商法は十分な抑止力となることができず、歯止めがきかない状況にある。つまり、債権者保護の見地や企業情報の開示の面、さらに財産保全といったコーポレート・ガバナンスの面から、商法会計制度の問題点が浮かび上がってきているのである。それに対処するこ

とがぜひとも必要である。

　このような要請に応える有力な一手段こそ，財産目録にほかならない。この財産目録は資産負債アプローチという近年の会計思考に適合するだけでなく，貸借対照表では示しえない会計情報を多面的に外部報告書及び内部報告書として利用できる手段ともなるからである。また，この財産目録は商法上財産管理者の管理責任の所在を明らかにする意味で，コーポレート・ガバナンスに最適であるだけでなく，会計計算全体の真実性及び信頼性を保障し，且つ株主及び債権者に対する会計情報の手段としても活用しうるのである。

2　財産目録の意義

(1)　数量計算の面

　いうまでもなく，財産目録は財産の数量計算と及び金額計算という2つの面をもつ。貸借対照表も金額計算を担当するが，財産の数量計算面はない。その点で財産目録と貸借対照表とは相違する。また，財産目録の金額計算では詳細な表示が原則であるのに対して，貸借対照表のそれは要約表示に重点がある。この点でも両者は相違する。

　財産目録は財産の数量計算が主要任務の一つである。したがって，財産について実地棚卸を前提とし，各財産の物的数量の確認が不可欠となるのである。その結果として把握される財産の実在数量と帳簿数量との間に差異が生じるときには，その発生原因をチェックすると同時に，帳簿数量を修正する必要がある。この財産目録における財産の数量計算は，財産管理上きわめて重要である。というのは，これを通じて財産の管理を担当する者が実質的に信義を全うして財産を管理していたかどうかを的確に判断することができるからである。もしその担当者が注意深く善意の管理者としての義務を果たしておらず，不注意で財産が減少してしまったことがわかり，あるいは意図的に財産の横領や隠匿の事実があったときには，当然その責任が問われることになるのである。その意味で，財産の数量計算は重大な役割を果たすのである。すでにサバリーは1673

年フランス商事勅令のコンメンタールとして有名な『完全な商人』のなかで，既述のように財産の数量計算を中心とした財産目録の目的の一つとして，代理人や使用人による商品などの財産の横領の有無を確かめることを指摘しているのである。

この財産管理者の責任を新たに明らかにする意味で，この財産の数量計算を中心とした財産目録の役割は，商法上特に重要である。コーポレート・ガバナンスが近年重視されるようになり，また従来同様に従業員による企業財産の横領や隠匿が後をたたない現状からみて，それはあらためてクローズ・アップされるべきである。したがって，これに着目すれば，商法上財産目録の重要性を無視することができず，その制度化は不可欠といわなければならないであろう。

（2） 金額計算の面

財産目録は財産の数量計算と並んで，その金額計算に関係する意義もある。

① 財務諸表全体の真実性及び信頼性に関する意義

この第1として指摘しうるのは，すべての財産及び負債の実地棚卸を通じて財務諸表全体の真実性を保障し，かつその信頼性を高めることに大きく貢献するという点である。この立場を明確に主張するのが片野教授である。この点について片野教授は会計方法上の理由から財産目録の必要性を次のように述べる。「継続企業の期間損益を〈損益法〉で測定しようが，〈財産法〉で測定しようが，あるいは，この両方法を結合して測定しようが，財産実在証拠文書にもとづいて会計帳簿の記録の整理・修正をしなければ，期間損益計算の真正な結果は期しえないのである。」[1] 財産実在証拠文書としての財産目録は期間損益計算全体の真実性を保障し，ひいては財務諸表全体の信頼性を確保すると考えられているのである。ここでは期間損益計算の真実性が触れられている。たしかに，これが企業会計の中心課題であることは否めないであろう。さらに今日では，企業の実態開示の面からは企業の財産計算もしくは財務諸表利用者の意思決定にとって有用なストック情報もまた無視できない。これに財産目録が貢献

するのは多言を要しないであろう。したがって，財産目録は損益計算及び財産計算を含め，財務諸表全体の真実性を保障するものと解すべきであろう。

　ここでその損益計算が損益法であるのか，あるいは財産法であるかを問わず，いずれの計算体系を前提とするにせよ，等しく財産目録の重要性を片野教授は強調する点に留意すべきである。言い換えれば，この財産目録は，従来指摘されているように単に財産法とだけ結合するわけではないのである。損益法を前提とする場合でも，やはり帳簿記録の枠外で把握される財産実在証拠書類としての財産目録は不可欠であるとみなされているのである。いわゆる棚卸表の作成が，ある意味でこの財産目録の代用と解することができよう。

　ただし，ここで触れておくべき点がある。それは財産目録と棚卸表との関係である。両者とも資産及び負債の実地棚卸を前提とする点ではたしかに共通している。棚卸表が財産目録の代用とみなされるのはその意味からである。しかし，両者は完全に同一ではない。というのは，棚卸表はあくまで帳簿記録を修正し，簿記手続上決算整理に必要なものだけを収容したものにすぎないからである。したがって，実地棚卸の結果，ある資産の実在高が帳簿記録と一致するときには，決算整理仕訳を要しないため，棚卸表にそれを示す必要はない。これに対して，財産目録では当該資産の実在高が確認されるときには，それが帳簿に記録されているか否かにかかわらず，それを財産目録に収容しなければならない。財産目録では資産及び負債の完全性が要請されるからである。

　また，決算整理を要する項目をすべて収容する棚卸表では，期間損益計算，とりわけ費用収益の対応原則を中心に期間限定される項目が計上されるが，しかし財産目録にはそれは計上されないケースがある。例えば新株発行費などの繰延資産の当期償却額がこれである。この場合，財産目録は貸借対照表項目の明細表であり，両者の内容は本来的には一致すべきであるという立場に立てば，この新株発行費も貸借対照表上の"資産"とみなされる以上，財産目録にもそれを収容する必要があろう。しかし，財産目録と貸借対照表は密接な関連性を有するとしても，厳密には両者の目的はそれぞれ異なり，それに記載される項目の範囲やその評価は異なりうるという立場に立てば，新株発行費を財産目録

に収容する必然性はなくなる可能性がある。例えば財産目録に計上すべき資産を債務弁済能力に役立つものだけに限定した場合がそれに該当する。その場合には，その項目自体を財産目録に収容できなくなるので，そのなかにその償却費を示すことは疑問視されるのである。このように，財産目録と棚卸表とは共通点もあるが，しかし相違点もあることを銘記すべきであろう。

② **財産範囲に関する意義**

いうまでもなく，貸借対照表でも財産目録でも同じく資産及び負債が示される。この点ではたしかに両者は共通する。その場合，財産目録を貸借対照表の摘要とみなす見解，あるいはそれとは逆に貸借対照表を財産目録の要約とみる見解のいずれを前提とするにせよ，両者に示される資産及び負債の範囲はもちろん一致するはずである。いわゆる同一説がこれである。

しかし，これだけが唯一の見解ではない。それ以外にもいくつかの見解がある。その1つは，財産目録はたしかに貸借対照表作成の基礎的データを提供するけれども，それだけが財産目録の役割ではないとする考え方である。例えばドイツ商法の有名なコンメンタールがこれを支持する。それに従うと，財産目録は貸借対照表の基礎的データの提供以外に，それ自体独自の役割をも有するというのである。具体的にいえば，財産目録は本来の意味における財産対象物及び負債を収容すべきであるという考え方がそれである。ここで本来的な意味での"財産対象物"及び"負債"の内容が問題となる。

A　財産対象物　この点に関して両者とも一方では原則的には法的所有関係から出発しなければならず，他方では年次決算書の要求を考慮して経済的所有及び経済的帰属も重要となる。その結果，"財産対象物"概念について，通説では債権者保護の見地から債務弁済能力の意味における個別売却可能性をメルクマールとみる。ただし，この個別売却可能性の中味について次の2つの立場がある。1つは法取引としての個別売却可能性を重視するやや狭義の立場がある。これによると，法的もしくは契約上売却が禁止されている項目は，その計上範囲から除かれる。つまり，この立場は具体的な個別売却可能性を強調するのである。もう1つは，法取引ではなくて，むしろ経済的

な取引の側面に着目した広義の立場である。ここでは例えばソフトウェアの利用権については法的な譲渡禁止が定められており，法的取引の対象から除かれていても，経済的にみてそれが個別売却可能性があれば，それをも含める考え方である。つまり，これは抽象的個別売却可能性に着目した立場である。ここで特に後者の立場は，イギリスの会計において伝統的であった処理，すなわち買入のれんのうちで分離識別可能なブランドの資産計上問題とも関係しうる点を指摘しておく[2]。

なお，この個別売却可能性を重視する見解のほかに，最近では個別利用可能性を強調する見解も展開されている。これは，たとえ当該項目を売却できなくとも，加工，消費，譲渡等などによって個別的に利用できれば十分であるとする見解である。財産対象物に関してこれをメルクマールとすれば，個別売却可能性をメルクマールとする場合よりも，その範囲が広くなると考えられる。というのは，そこでは個別に売却可能でなくとも，企業が当該項目を加工などにより利用できればよいからである。したがって，この個別利用可能性をメルクマールとする見解は，アメリカのGAAPやIASによる資産の定義のなかで重要な要件の一つを構成する経済的便益のみを満たせば必要十分であるという立場に通じると考えられる。逆にいえば，この経済的便益のほかに当該項目が企業に対してキャッシュ・フローをもたらすという要件は不必要であると解されるのである。もしこのように考えることができるとすると，等しく財産対象物といっても，貸借対照表に計上すべきその要件と，財産目録に記載すべきそれとの間には，範囲上の差異が従来以上に増す可能性があるといえよう。

B 負債　財産対象物と同様にドイツ商法のコンメンタールに従うと，負債のメルクマールについても原則として法的所有関係が一義的である。その結果，財産目録における負債のなかにはその要件を満たさない項目，例えば費用性引当金の計上義務はないとされる。同じく準備金的性質を有する特別項目もその特殊性並びに資本と負債との中間的な混合的性質をもつため，財産目録への記載は疑問視されている。

ところで，すべての負債を実地棚卸によって把握することが財産目録では不

可欠である。いわゆる完全性の要求がこれである。この場合，重要となるのがその前提手続としてのリスクの実地棚卸である。いうまでもなく，「リスクの実地棚卸に対する基礎を示すのは，すべての義務，とりわけ継続的な法関係や未決取引である。」[3] その結果，企業の各部門ですでに締結されている契約すべてを洗い出し，それを一括集中管理しその内容について十分吟味する必要がある。というのは，締結された契約のなかには企業の財務内容の判断に対して重要な影響を及ぼすものも当然含まれているからである。例えば，給付と反対給付とがイコールの関係になく，場合によっては給付＞反対給付の可能性の高い契約もありうるのである。そのケースではもちろん偶発損失引当金が計上されねばならない。しかし，現段階ではたしかに給付＞反対給付の可能性がほとんどなく，またかなり低くとも，中長期的にはその可能性が高くなりそうな場合も少なくない。そこで，すべての企業リスクを開示させる面から，そのような引当金計上の有無ないしその可能性を徹底的に各契約ごとにチェックするために，契約すべてに関する実地棚卸の結果について財産目録の補遺による表示もたしかに意義があると考えられるのである。

C　その他の項目

すでに触れた財産対象物及び負債と並んで，財産目録に収容すべき項目に関して検討すべきものがある。それは未決取引に関係する。この未決取引についていろいろな解釈があるが，ここで問題とするのは物的給付，サービス給付もしくは請負給付などの販売給付がまだ完全にもたらされていないものを指す。これに関しては，まだ完全に給付が提供されていない。したがって，用心の原則の一形態としての実現原則を適用すると，それは未実現であるので，それをもちろん資産計上しないのが一般的である。しかし，この点についてティードシェンは次のように述べる。「用心の原則と，同じくそこから生じる実現原則とは，貸借対照表と同一意義をもたない。」[4] つまり，株主に対する配当規制を受ける貸借対照表と違って，財産目録はそのような配当規制を受けない。このため，財産目録のなかに未実現利益の表示は大きな支障を来さないと彼女は考え，未実現債権の回収額による評価を財産目録の補遺で示すことを，主張するのである。

加えて，彼女は財産目録が財産状態の表示に対する中心的な手段であると解するので，このような未決取引に基づく債権債務に関係する売買契約の注文数を財産目録に記載することは少なからず意義があると説くのである[5]。なお，彼女はこのような注文数や未決取引については，従来の伝統的な財産目録の本体ではなくて，財産目録の補遺での収容を提案している[6]。

　未決取引のほかにさらに論及する必要があるのは，買入のれんである。つまり，この買入のれんが果たして財産対象物の要件を満たしているのか否かである。もしそれがその要件を満たしていれば，財産目録にも当然それを収容しなければならないはずである。この点に関して通説は，この買入のれんが無形の財産対象物であることを否定する。すなわち，買入のれんは財産対象物の要件を満たさないと捉えるのである。問題はその根拠である。これについて商法第246条1項はすべての財産対象物に関する借方計上義務を完全性の面から規定する。しかし，商法第255条4項は単にこの買入のれんに関しては借方計上に対する選択権を付与するにすぎないのである。したがって，その借方計上義務はないので，買入のれんは事実上財産対象物に属さないというのである。

　たしかに，この買入のれんは一般的にいって他の有形財と違い，財産対象物のメルクマールとされる個別的売却可能性あるいは個別的利用可能性を完全に満たすとは限らない。つまり，買入のれんはドイツ商法にとって重要な債権者保護の見地からみて，債務弁済能力に適するものとはストレートに断言しにくい面がある。しかし，これはあくまで買入のれん一般について当てはまることにすぎない。この買入のれんのなかには，一般にブランドに相当する要素が含まれる。それ故に，もし買入のれんの構成要素のなかから明らかにこのブランド要素が識別可能で，且つその将来のキャッシュ・フローの創出が客観的でなくとも，ある程度測定可能であれば，そのブランドを独自の無形固定資産として計上することができよう。とすれば，買入のれんに含まれるそのようなブランドを財産対象物とみなして財産目録に計上しても差し支えないであろう。

　また，これとの関係で検討すべきは，自己創設による無形固定資産の問題である。いわゆる自己創設におけるコーポレート・ブランドを果たして財産対象

物とみなしうるか否かという問題である。これは，財産目録にとって特徴的である各財産の個別的実在高の把握を通じて捉えられるものではない。例えば，企業の帳簿価額と企業全体の価値との差額のなかから，そのブランド価値は算出される。また，この企業全体の価値評価に対しては種々の方法がある。そのなかで最も客観的に把握できるのは，企業の株価に基づいて算出される数値である。しかし，それだけが必ずしも唯一のものではない。企業が将来にもたらすであろうキャッシュ・フローの割引計算によって企業評価を行う方法もまた有力視されている。また，コーポレート・ブランドの金額をインカム・アプローチやインターブランド・アプローチなどで測定する方法もある。いずれを前提とするかによってその金額は異なるのであり，しかも主観的とならざるをえない。制度上その計上が否定されているのはその理由からである。しかし，そのような問題を含むにせよ，コーポレート・ブランドは企業の利害関係者，とりわけ株主及び投資家，さらに債権者に対して有用な会計情報の1つであることもまた事実である[7]。したがって，それを直ちに貸借対照表にオンバランスさせるべきか否かは[8]，今後の問題であろう。その理論的検討は将来に譲ることにし，少なくとも現段階ではその会計情報を例えば財産目録の補遺のなかで開示し，しかも種々の測定方法とその結果も合わせて開示させるのも一考に値するであろう。

③ 財産評価に関する意義

　財産目録の金額計算においては，すでに触れた財産の範囲のほかに，財産評価と密接不可分の関係がある。この点に関して貸借対照表との関連で従来様々な見解があった。

　1つは，両者の連関性を強調する結果，財産目録は貸借対照表の摘要であるか，あるいは貸借対照表は財産目録の要約表であるかはともかく，両者の財産評価は当然イコールの関係にあるという見解である。したがって，そこでは財産目録及び貸借対照表の作成目的をどのように考えるのかが決定的である。その作成目的が財産目録の財産評価に大いに影響し，それを左右するといってよい。一般にその目的を損益計算に求めれば，取得原価に基づく財産評価が重視

される。これに対して、それを財産計算にもしくは資本計算に求めれば、財産の時価評価を前提とする財産評価が重視される。もちろん、これはあくまで一般論を示したにすぎない。必ずしもそれが妥当しないケースもある。すなわち、存在論的な会計思考を前提とするのか、それとも規範論的なそれを前提とするのかによって、損益計算を目的としても財産の時価評価と結びつく場合もあれば、また財産計算もしくは資本計算を目的とするとしても財産の取得原価評価と結びつく場合もある。

2つめは、財産目録の目的と貸借対照表の目的が明らかに相違するので、両者の財産評価も当然異ならざるをえないとする見解である。例えば財産目録はもっぱら純粋の財産表示に役立つのに対して、貸借対照表の目的は主として損益計算にあるとする考え方がそうである。これを主張するのが下野教授及びティードシェンである。両者とも財産目録については債権者保護の見地を重視し、その視点から財産目録の財産計算を強調するのがその特徴である。したがって、そこでは債権者保護の見地から債務弁済能力に最もよく役立つ財産評価が展開されるのである。下野教授は財産目録が時価見積額に基づく事業の現在財力を示すべきであると主張する[9]。ティードシェンは同じく債権者保護の見地を重視し、財産目録には金銭執行の対象となる財産をその換金可能価額で評価すべきであると主張する[10]。土岐教授も同じく「貸借対照表は損益計算の補助手段として作成されるものであり、財産計算は主としてその担保価値を示した静態を表示したものである。損益計算上の評価と財産計算上の評価との別は両表の本質からまた当然の帰結である」[11]と主張するのである。

3つめは、一方で財産目録と貸借対照表との一定の関係を認めつつ、他方で両者の独自性をもある程度認める見解である。いわば前二者の中間的ないし折衷的なものといってよい。したがって、財産目録にはまず貸借対照表と同一金額で財産評価がなされ、貸借対照表との連関が保たれる部分が示される。次にそのほかに財産目録では一方で貸借対照表に計上される項目自体は同じであっても、その金額が貸借対照表上の金額と相違するものもまた示されるだけでなく、場合によっては貸借対照表には全く示されない項目に一定の金額を付与し

たものが示される。その結果，かかる折衷的な見解では，前者の部分では財産目録は貸借対照表との密接な連関を保ちつつ，後者の部分では財産目録は貸借対照表には示されない独自の情報を補完的に明示することになるのである。このような異なる二重の性質を有する点に，その財産目録の大きな特徴があるのである。

したがって，財産目録の制度化を論じる場合，すでに触れた第1の見解は必ずしも妥当ではない。そこでは財産目録の機能が十分に発揮されず，かつての財産目録廃止の根拠，すなわち財産目録は単に貸借対照表の摘要にすぎないとする面が再び表面化し，必ずしも財産目録の制度化に対する積極的な論拠とはなりえないであろう。その結果，財産目録の金額計算を全面に打ち出してその制度化を論じる際には，少なくとも第2の見解及び第3の見解が検討される必要があろう。

また，貸借対照表に計上される項目と異なる金額を財産目録に収容する場合，いかなる金額を付すかが当然問題となってくる。しかも，その場合，異なる金額を唯一つだけ示せばよいのか，あるいは複数以上示すのがよいのかという問題も生じる。これについては，財産目録にどのような役割を果たさせるのが望ましいのかという見地が重要である。別言すれば，これは，財産目録の目的を何に求めるのかという問題と密接に関係するのである。具体的にいえば，ある特定の観点から，例えば債権者の見地から企業の債務弁済能力を判定するための手段として財産目録を活用しようとするのであれば，それに最も適する財産評価を行うのがベターであろう。したがって，この考え方に従うと，財産目録に記載される項目の金額は特定のものに限定されるはずである。これに対して，債権者の見地だけでなく株主や投資家などの見地を想定するときには，事情はまた異なる可能性がある。というのは，この見地では意思決定に有用な会計情報を提供する側面が強調されるため，一つの財産について唯一つの金額だけではなく，種々の側面からみた複数の評価が有用となりうるからである。すなわち，一つの財産に関する多元的評価の要請がこれにほかならない。それ故に，例えば一口に時価といっても多種多様な時価があるので，そのさまざま

な時価を開示する手段として財産目録を活用しようとする考え方が成り立つのである。

この点に関して注目すべき見解がある。それは既述のコソンの考え方である。このコソンは，株主にとって財産目録が有用な会計情報であるという認識に立ち，すべての財産ではなくて特に重要な財産項目についてだけそれぞれ歴史的原価，購買力修正価値，再調達価値，修正市場価値，そして統一市場価値といった多元的評価を積極的に財産目録に開示させることを提唱するのである。

なお，このような財産項目の多元的な評価の開示を財産目録で目指すコソンは，株主に対する会計情報としての財産目録の制度化にあたって，すべての会社，上場会社，そして財務内容の悪化した会社に区別したうえで，それぞれに適合しうる財産目録での開示方法を例示している。このようなコソンの考え方は財産目録の制度化に対する重要な示唆を与えると考えられるのである。

(3) 会計情報としての意義

さて，次は視点を代えて財産目録が利害関係者にとってどのような役割を果たすのか，あるいはどのように利用されるのかについて考察する。

① 株主及び投資家の立場

まず最初は株主及び投資家の立場に立つとき，財産目録がどのように利用されるかである。この株主及び投資家にとっては，1つはコーポレート・ガバナンスの面から財産の数量計算を中心とした財産の実在性に関する確認が重要である。2つめは，企業の財務内容の現状を判断する際に貸借対照表には示されない情報の把握にとって，重要となるものである。例えば無償取得による無形固定資産の把握，将来のリスクを判定するための契約すべての実地調査がその主なものである。さらには，場合によっては自己創設のブランドなども個別的に識別可能で，ある程度客観的に測定可能であれば，そのなかに含まれうるであろう。また，貸借対照表に示されている項目であっても，それが貸借対照表上では唯一つの金額しか示されていないので，当該項目についてそれ以外の評価を付した会計情報を財産目録で示すのも，株主及び投資家に対して有効な手段

になりうると考えられる。例えば，多元的な財産の時価情報に関する財産目録での開示がこれである。

いずれにせよ，株主及び投資家に対する有用な会計情報の提供の面から，貸借対照表に示されない会計情報を財産目録で開示させてストック情報を補強し補完するのは，明らかにディスクロージャー制度の観点からは不可欠であると解されるのである。

② 債権者の立場

債権者にとっては何よりも企業の支払能力の判定に役立つ情報が必要である。もちろん金融機関などでは与信時及びその後に十分な財務データの提供を企業側に要求することができる。しかし，それとは異なり企業に対してそれを要求できないような仕入先などの債権者も少なくない。そこで，企業の財務内容を的確に判断するためには，貸借対照表以外でそのような債権者にも役立つ会計情報を開示させることも不可欠と考えられる。例えば，企業の清算を予定した会計情報はこれまで否定的とみなされてきた。しかし，内外の経済不況を背景に，それに基づく会計情報は，株主及び投資家以上に，債権者にとってこれまで以上に大いに有用となるはずである。今日の貸借対照表は，たしかにゴーイング・コンサーンを前提として作成されており，企業の清算は予定されていない。けれども，現在の経済環境のもとではその清算の視点は，以前に比べて無視できない状況となっていることもまた事実である。そこで，それに関する会計情報の提供は債権者にとって有用と考えられるのである。また，それとの関連で企業の清算を予定するにせよ，あるいは企業の継続を前提とするにせよ，いずれのケースにおいて企業の債務超過の有無や債務超過の恐れについて，あらかじめ財産目録を通じてチェックしておくことも重要である。さらに，この点に関してティードシェンが主張するように，債権者にとっては企業の継続を前提としながらも，金銭執行の対象となりうる財産をその換金価値で示すべきであるとする見解も注目すべきである。

このように，財産目録のなかに債権者保護の見地から貸借対照表に表示されない会計情報を示すとすれば，財産目録は重要な役割を果たすであろう。

③ 経営者の立場

株主及び投資家や債権者の立場だけでなく，経営者の立場からも財産目録を積極的に活用する方法もある。それは，財産目録を経営管理のために利用させる考え方である。企業は支払不能を回避するために，これまで種々の対策が講じられてきている。資金繰り表をはじめ，キャッシュ・フロー計算書などの作成はその典型である。これとの関係で財産目録は期末現在の資産及び負債のストック情報を示したものであるから，この資産及び負債の関係を分析し合理的に管理すれば，企業の流動性を確保し，ひいては企業の支払不能を回避することもできるはずである。近年，金融機関を中心に展開されてきたALMは，ある意味でこの財産目録と関係した経営管理手法の発展とみることもできよう。この点に関連して法制度としての非常貸借対照表と異なり，経営経済的視点から法規制を受けずに経営管理のための財産表示手段としての財産目録の作成を提唱するのがヒントナーの"シュタートゥス"構想にほかならない。

このように，ヒントナーは単に外部報告書としての財産目録に加えて，さらに経営管理に役立つ内部報告書としての財産目録の活用を指向すると解されるのである。

3 財産目録制度化への提言

以上の考察から，このようなさまざまな意義をもつ財産目録を再び制度化させる方向も十分根拠を有するといってよい。その場合，特にわが国で重要となるのが商法及び証券取引法におけるその制度化である。

(1) 商法と財産目録規定

商法において財産目録規定を設けると仮定した場合には，かつての商法と同様に商法総則での一般商人に関する規定と，株式会社を中心とした規定とに分けて考える必要がある。

① 一般商人に関する規定

まず最初は一般商人に関する規定についてである。その場合，すでに第2章で触れたように，財産目録を単に貸借対照表の明細表と捉え，しかも両者に記載すべき資産及び負債の範囲と，その評価が同一であるという同一説の立場に立つと，財産目録の意義が損なわれる可能性が多分にある。事実，この同一説を前提として昭和49年の商法改正で財産目録の必要性がなくなり，その結果として財産目録が廃止された経緯がある。そこで，この同一説に代えて関係説もしくは独立説のいずれかの立場に立つことが，少なくとも財産目録制度化の必要条件であるといえよう。

問題はいずれが望ましいかという点である。後述する株式会社においては財産目録について独立説の立場に立ち，貸借対照表と異なる任務を財産目録に付与する方向も十分成り立ちうるであろう。ただ，一般商人についてもこの考え方を拡大させるのは必ずしも妥当とはいえないであろう。その理由はこうである。一方で一般商人には財産目録に貸借対照表の明細としての役割をもたせ，貸借対照表の財産実在証拠文書としての性質をもたせることは，それなりに意義を有するからである。他方で，一般商人に対して貸借対照表のほかにそれから全く独立した財産目録の作成を義務づけるのは，多くの零細企業にとってはまだ無理であろう。この2つの理由から，少なくとも独立説は一般商人に対して問題を含むであろう。結局，そこでは関係説のほうが財産目録の制度化に関して望ましいと考えられる。

その際に立法化に際して，どのような形でそれを明文化させるのかである。ここでは1つの考え方を例示する。第1に，わが国の現行商法第32条第1項の条文のなかに財産目録の作成規定を挿入し，以下のように改正すべきである。

> 改正試案商法第32条1項　商人ハ営業上ノ財産及損益ノ状況ヲ明カニスル為，会計帳簿，財産目録及貸借対照表ヲ作ルコトヲ要ス

同じく現行商法第33条第2項の貸借対照表に関する規定の前に，財産目録

の作成規定を新たに設ける。次に，現行同条第3項を第4項に修正し，そのなかで財産目録の帳簿記載を義務づける。

> 改正試案商法第33条第2項　財産目録ハ毎決算期ニ於テ資産及負債ノ存在ト価額ヲ検証シ財産ノ状況ヲ明カニスル為作ルコトヲ要ス
>
> 改正試案商法第33条第3項　財産目録及貸借対照表ハ之ヲ編綴シ又ハ特ニ設ケタル帳簿ニ之ヲ記載スルコトヲ要ス

このなかで第33条第2項1号における"資産及負債ノ存在ト価額ヲ検証シ"という新たな文言を挿入したのは，貸借対照表項目の実在証拠文書としての性質を財産目録に付与させる目的からであり，また"財産ノ状況ヲ明カニスル為"という文言の挿入は，貸借対照表には示されない財務情報をも財産目録に表示させる目的からである。したがって，財産目録は単に貸借対照表項目の明細であり財産実在証拠書類としての性質を有するほかに，貸借対照表とは違って純粋の財産状況に関する直接的な手段ともなるのである。たしかに貸借対照表もまた同じく財産の状況に重要な会計情報を提供する。しかし，貸借対照表項目は主として損益計算の面からその範囲及びその評価が大きく規制される。これに対して，財産目録はその制約を受けずに，貸借対照表から独立した役割を担当しうるのである。それ故に，例えば財産目録固有の財産項目や，あるいは貸借対照表に計上される項目であっても，それとは異なる金額を財産目録は記載しうるのである。この点はけっして軽視されてはならない重要な側面である。

このような財産目録の作成規定を設ける場合，ドイツ商法が規定しているように，財産目録作成に関する簡便法についてわが国でも同様に規定すべきか否かが問題となる。ドイツ商法はこの点についてかなり詳しく規定している。たしかにわが国でも同様に詳しく実地棚卸の例外もしくはその簡便法について規定するのも一方向であろう。しかし，その必要はないと解される。というのは，現行商法では昭和49年に商法第32条第2項に商業帳簿の作成についての包括規定，つまり"公正なる会計慣行を斟酌すべし"とする条項が含まれているか

らである。すなわち、原則的な財産目録作成規定の例外的取扱がこの公正なる会計慣行を著しく逸脱していない限り、この第32条第2項でその例外的処理をカバーすることができるのである。実地棚卸を免除できるケースを列挙しても、実務上の会計処理の進展によっては、さらにそれ以外のケースも生じうる。そこで、いたずらに詳しく実地棚卸の簡便法を挙げるよりも、実務上柔軟に対処しうるようにするため、むしろ簡便法的ケースをあえて列挙せず、原則的取扱のみに限定するのも一つの方向であろう。

② 株式会社に関する規定

一般商人に対する規定と並んで重要となるのが、株主の有限責任を前提とする株式会社に対する規定である。ここでは国によってその取扱に差異がある。フランス商事会社法では財産目録は年次決算書を構成しないけれども、各年度末に取締役が作成すべき書類の一つに含められている。しかも、会計監査役はこの財産目録を証拠書類として利用することもできるのである。これに対して、ドイツ及びわが国では株式会社に固有の財産目録規定はない。

しかし、株式会社に財産目録規定はまったく必要ないというのは問題である。その理由はこうである。第1は、一般商人に対する規定として財産目録作成義務を定めたとしても、株式会社に対してもう一段それについての具体的な規定を設けない限り、せっかく財産目録について規定した実効性が低いと考えられる。したがって、取締役が作成すべき書類及び決算公告のなかに、少なくともこの財産目録の作成を加えておくのは意味があろう。ただし、株主総会でのその承認までは必要ないであろう。第2は、コーポレート・ガバナンスの側面からは、株主及び債権者に対して財産の実在の有無を示す財産目録を取締役に作成させるのは意義があると解されるので、株主及び債権者には株主総会の開催前の一定期間内に財産目録の閲覧権が認められるのが至当であろう。第3は、既述の通り財産目録と貸借対照表との間で関係説の立場に立つとすれば、株式会社においては貸借対照表とは異なるストックに関する重要な財務情報を財産目録は積極的に示す必要があろう。そこで、株式会社に関しては例えば「財産目録ノ作成ニ於テ貸借対照表ト同一ノ項目及金額ヲ掲グル外之ト異ナルモノヲ

附スコトヲ要ス」という規定を新たに定める必要があろう。ただ，それをどの程度開示すべきかは今後に残された課題である。コソンが提唱するように，資産に関する時価情報にウェイトを置くのも一方向であろう。

いま，財産目録の制度化にあたって，著者が作成した一つのモデルとなる様式を次頁の〔表9〕で例示する。

その特徴は，第1に外部報告としての財産目録を想定するため，それに即した資産及び負債の明細を中心とする。第2に，主な項目について財産の数量計算の開示を加味している。第3に，財産目録が貸借対照表の摘要となるように，貸借対照表金額の明細を財産目録に表示させる。第4に，それ以外に財産目録は主として財産の時価情報と，その末尾に補遺として貸借対照表に計上されない財産項目を収容する。第5に，時価としては例えば再調達原価，正味実現可能価額，割引現価，清算価額，現在返済価額（負債を即座に返済したときの価格）を中心とする。コソンの主張する修正市場価値はその把握が困難だから，時価に加えていない。なお，すべての項目についてこの時価を把握できないとき，あるいはその算定がかなり主観的となるときには，誤解を与えないように当該時価の欄を空欄のままとしてもよい。

なお，関係説であってもその簡便法的な取扱あるいは独立説の立場に立てば，〔表9〕のうちで貸借対照表の摘要となる部分を省略し，財産目録固有の範囲だけを開示させることになろう。

いずれにせよ，そこに盛り込まれる内容はともかく，この財産目録の情報はたしかにディスクロージャー制度の拡充につながるはずであり，株主及び投資家や債権者にとって大いに歓迎されるであろう。

(2) 証券取引法と財産目録
① 従来の財産目録の位置づけとその批判

わが国において，この商法規定と並んで投資家保護を目的とする証券取引法系統の会計においても同様に，財産目録の重要性を認識すべきであると考えられる。戦後一貫してこの証券取引法会計では損益法の計算体系が強調されてき

財 産 目 録

[表9]　　　　平成××年　　月　　日現在

	貸借対照表計上額	時価							その他の財務情報
		再調達原価	正味実現可能価額	割現	引価	清価	算額	現在返済価額	
I 資産の部									
1 流動資産									
現金預金	×××								
現金　　×××									
普通預金×××									
通知預金×××									
当座預金×××									
郵便貯金×××									
その他　×××									
受取手形	×××								
正常債権									
口数×××　貸倒引当金×××									
貸倒懸念債権									
口数×××　貸倒引当金×××									
破産更生債権									
口数×××　貸倒引当金×××									
売掛金	×××								
正常債権									
口数×××　貸倒引当金×××									
貸倒懸念債権									
口数×××　貸倒引当金×××									
破産更生債権									
口数×××　貸倒引当金×××									
有価証券	×××								
売買目的有価証券									
株式									
銘柄数　持数　取得価額 　　　　×××　×××　×××									
債券									
銘柄数　券面総額　取得価額 　　　　×××　×××　×××									
1年以内に満期となる有価証券									
債券　券面総額　取得価額 　　　×××　×××　×××									
商品	×××								
個数×××　取得価額×××									
製品	×××								
個数×××　製造価額×××									
半製品	×××								

個数×××　製造価額×××		
貯蔵品	×××	
前払費用	×××	
前払保険料×××		
前払地代　×××		
その他　　×××		
繰延税金資産	×××	
未収収益	×××	
未収利息　×××		
未収賃貸料×××		
その他　　×××		
短期貸付金	×××	
口数　　貸倒引当金　　価額		
×××　　×××　　×××		
………………………………………		
流動資産合計		

2　固定資産
　(1) 有形固定資産

建物	×××	
m³　　価額　償却累計額		
本　社×××　×××　×××		
工　場×××　×××　×××		
支　社×××　×××　×××		
その他×××　×××　×××		
構築物	×××	
口数　価額　償却累計額		
ドッグ×××　×××　×××		
軌　道×××　×××　×××		
その他×××　×××　×××		
機械装置	×××	
個数　　価額　　償却累計額		
×××　　×××　　×××		
車両運搬具		
個数　　価額　　償却累計額		
×××　　×××　　×××		
工具・器具及び備品	×××	
個数　価額　償却累計額		
工具　×××　×××　×××		
器具　×××　×××　×××		
備品　×××　×××　×××		
土地	×××	
m³　　価額		
本　社　×××　×××		

工　場　×××　×××	
支　社　×××　×××	
その他　×××　×××	
………………………………	
(2) 無形固定資産	
営業権	×××
口数　　価額　償却累計額	
×××　×××　×××	
特許権	×××
口数　　価額　償却累計額	
×××　×××　×××	
借地権	×××
口数　　価額　償却累計額	
×××　×××　×××	
(3) 投資その他の資産	
関係会社株式	×××
銘柄数　株数　取得価額	
×××　×××　×××	
関係会社社債	×××
銘柄数　券面総額　取得価額	
×××　×××　×××	
長期貸付金	×××
口数×××　価額×××	
長期前払費用	×××
繰延税金資産	×××
投資不動産	×××
m³　　取得価額　償却累計額	
×××　×××　×××	
………………………………	
3 繰延資産	
取得価額　償却累計額	
創立費　　×××　　×××	
開業費　　×××　　×××	
新株発行費　×××　×××	
社債発行費　×××　×××	
社債発行差金　×××　×××	
開発費　　×××　　×××	
建設利息　×××　　×××	
資産合計	×××
II **負債の部**	
1 流動負債	
支払手形　　口数×××	×××
買掛金　　　口数×××	×××
短期借入金　口数×××	×××
未払金	×××

未払利息×××								
未払給料×××								
その他　×××								
未払法人税等	×××							
未払法人税×××								
その他　　×××								
繰延税金負債	×××							
前受金　口数×××	×××							
預り金	×××							
源泉所得税預り金×××								
従業員預り金　　×××								
その他　　　　×××								
引当金	×××							
修繕引当金×××								
その他　　×××								
2 固定負債								
社債	×××							
担保付　口数　価額　償還日								
×××　×××　×××								
無担保　口数　価額　償還日								
×××　×××　×××								
新株予約権付社債	×××							
口数×××								
長期借入金	×××							
価額								
A銀行　　×××								
B 〃　　×××								
C株式会社　×××								
その他　　×××								
繰延税金負債	×××							
引当金	×××							
退職給付引当金								
…………………								
負債合計	×××							
純財産								

〈財産目録固有の項目〉
　　A　資産化項目
　　　　ブランド，受注契約高，注文数
　　B　負債化項目
　　　　給付＞反対給付の可能性のある契約で，企業にリスクを有するもの（但し偶発損失引当金に計上されているものを除く）
　　C　主な財務契約

たせいか，財産目録の取扱については消極的もしくは否定的な見解が支配的であった。例えば昭和26年の「商法と企業会計原則との調整に関する意見書」では，その当時の商法第281条にみられる取締役が作成しなければならない計算書類のうちで，財産目録の削除がすでに提案されていた。同じく昭和35年の「企業会計原則と関係諸法令との調整に関する連続意見書」の「連続意見書第一 財務諸表の体系」のなかで決算財産目録はもはや決算貸借対照表作成の手段としての機能を喪失しており，財務諸表の体系から取り除かれるべきであると主張されていた。この財産目録に代えてスケジュール制度をむしろ充実させれば十分であるとするのがその見解の主な根拠である。

たしかに，損益法体系のもとでは財産目録の存在は相当程度低下することは否めない。そこでは財産目録が貸借対照表作成にとっての直接的な手段ではなく，棚卸表が簿記手続のなかに組み込まれ，実地棚卸が必要最低限度実施されればよいと解されるからである。しかし，前に触れた通り，この損益法のもとでもまた財産目録は財産実在証拠書類としての性質を有する。このため，財産目録はそこでの損益計算全般の真実性を保障し，財務諸表の信頼性を高める重要な役割を果たすのである。したがって，それは単に棚卸表あるいはスケジュールでは代用しがたい側面を有しているのである。というのは，棚卸表はあくまで決算整理を必要とする項目のみに関する実地棚卸結果を収容したものにすぎず，原則としてすべての項目の実地棚卸による結果を収容したものではないからである。また，スケジュールは勘定記録を基にしてその帳簿記録の増加及び減少ないしその明細を示したものにすぎず，必ずしも実地棚卸の結果に基づくストック数値を収容しているわけではない。このような理由から，損益法体系を前提とするからといって，財産目録の軽視は理論的ではないであろう。

② 資産負債アプローチと財産目録

まして，近年においてはアングロサクソンの会計を中心に資産負債アプローチが主流を形成している。これは明らかに損益法体系とは異なり，いわゆる財産法体系に属するといってよい。わが国の証券取引法会計がこの資産負債アプローチに全面的に移行したかどうかについては，なお慎重な検討が必要であろ

う。ただ，金融商品の原則的な時価評価，退職給付会計にみられる考え方をはじめとして，今話題となっている減損会計の導入などに典型的であるように，全般的にこの資産負債アプローチの方向が従来よりもかなり強まっていることはたしかであろう。このような資産負債アプローチを前提とするとき，この資産及び負債の実在に関する詳細且つ網羅的なデータが不可欠であることは多言を要しないであろう。この体系のもとでは，この把握が中心的な役割を果たすからである。したがって，この面からみると，資産負債アプローチの会計思考のもとではこの財産目録の重要性が強調されてしかるべきであろう。しかし，アングロサクソンの会計ではもともと財産目録の伝統がない。いきおい，この財産目録に全く論及しないまま，貸借対照表の重要性だけが一躍脚光を浴びることになるのである。その点は，アングロサクソンの会計の発展からみると，やむをえない事情が存するといえよう。

　しかし，フランコ・ジャーマンの会計に視点を移せば，このようなアングロサクソンの流れとは異なり，伝統的に財産目録が商法のなかで規定され継承されてきている。したがって，この考え方をアングロサクソンの会計もまた再認識する必要があろう。すなわち，資産負債アプローチを理論上強調し重視するのであれば，それに最も適合する財産目録を財務諸表の体系のなかに含めるべきであろう。もとより，資産負債アプローチにおいてはストック情報が最も重要なはずである。その意味で，ストック情報を一方的に貸借対照表だけに頼るのは必ずしも望ましくなく，片手落ちとなる危険性がある。というのは，貸借対照表では損益計算中心の観点から導かれた貸借対照表項目による財務状態の表示が要請されるからである。同じく資産負債の表示といっても，そこに盛り込まれる内容いかんでは貸借対照表で表示されるものとは異なる財務状態も重要となりうる。その点から財産目録の存在は無視できないであろう。したがって，両者をストック情報に関する相互補完的な関係とみなせば，資産負債アプローチにおいて従来以上に財産目録はきわめて有用な会計情報を提供しうることになるであろう。

　わが国ではようやくキャッシュ・フロー計算書の作成が制度化された。これ

によって貸借対照表と損益計算書をつなぐ資金情報が財務諸表として新たに利害関係者に報告されることになった。もちろん，このキャッシュ・フロー計算書はフロー情報であり，けっしてストック情報ではない。その結果，財務諸表の体系では貸借対照表を除くと，明らかにフロー情報が中心である。ストック情報を示すのはただ貸借対照表だけである。しかもこの貸借対照表が損益計算の見地から規制される関係で，ストック情報を一層補充すべき点も少なくない。このように財産目録は単に貸借対照表の明細を示すだけでなく，ストック情報の開示の面から貸借対照表をさらに補完する点も軽視できないであろう。いずれにせよ，単に脚注やスケジュールなどによる部分的なストックの補足情報としてではなく，財産目録を制度化すれば，ストック情報の体系的な充実が図られることになり，利害関係者にとっても大いに有益となるはずである。

③　財務諸表体系上の財産目録の地位

　ただ，この財産目録の作成を義務づける場合，問題は次の2点である。1つは，財務諸表の体系のなかでどのように財産目録を位置づけるのかである。2つめは，この第1点と関係するが，財産目録の開示内容をどのように考えるのかである。

　第1の点に関してまず最初に考えられるのは，既述の通り資産負債アプローチもしくは財産法体系のもとでは何よりも資産負債の在高について正確な把握が一義的であり，したがって財産目録が文字通りその出発点を形成するという考え方である。つまり，ここでは財産目録が財務諸表のトップ・バッターにならざるをえないであろう。ただ，この方向はかつてのわが国の商法のように，あたかも損益計算よりも財産計算が優先するかのような印象を与えてしまい，その意味でこれは旧来の会計思考への逆行と誤解を招きやすい。また，資産負債アプローチが主流を形成するといっても，わが国では費用収益アプローチがまだ完全に否定されているわけではない。例えば減損会計の適用が不可欠となってきているが，固定資産に関して費用配分的処理が全く排除されてはいないからである。この点は棚卸資産も同様である。このような事情から，財産目録を財務諸表の体系のなかで第1順位に置く考え方はたしかに成り立ちうるとし

ても，これまでの歴史的経緯からやや抵抗があると考えられる。

　それ故に，現状では財産目録を財務諸表の体系のなかで第1順位に置くのは，その制度化に際して無理であるといえよう。そのような理由から，それに代えて目下のところでは財産目録を同じくストック情報を示す貸借対照表に対する明細及びその補完情報を示すものとしてとらえる第2の考え方がむしろ妥当であると解されるのである。その場合，スケジュールとの関係がやや問題となる。そこで，財産目録には実地棚卸を前提として把握された財産の数量計算及び金額計算に関するストック情報を収容させ，またスケジュールにはそれ以外の勘定記録から導かれたフロー情報だけを記載させ，両者の範囲を明確に区別するのがより適切であると考えられる。その結果，この考え方に従うと例えば現行の附属明細表に属するとされる有価証券明細表は財産目録に示されることになろう。同じく財務諸表等規則ガイドラインで示されている有価証券の時価等の注記もまた財産目録に記載されることになろう。

　問題は，このような考え方を前提としてわが国の財務諸表の体系上財産目録をどこに位置づけるかである。これについては次の2つの考え方がある。1つは損益計算書及び貸借対照表の後でキャッシュ・フロー計算書の前に位置づける考え方である。つまり財産目録を第3順位に置く考え方である。もう1つはキャッシュ・フロー計算書の後に第4順位として位置づける考え方である。この両者の違いは，財産目録をキャッシュ・フロー計算書の前に置くのか，それともその後に置くのかである。キャッシュ・フロー計算書を貸借対照表及び損益計算書と並んで第3番目の財務表ととらえる見解に従えば，第2の考え方が妥当であろう。しかし，このキャッシュ・フロー計算書は現金及び現金等価物に関する，いわば広義の現金に関する期首から期末までの期間における企業の主な活動別のフロー情報ととらえれば，それはある意味で広義の現金に関する明細表ともみなすことができよう。それ故に，もし資産負債アプローチを重視するのであれば，財産目録をキャッシュ・フロー計算書よりも前に位置づける考え方も成り立つであろう。それは第1の考え方を示唆するといってよい。この2つの考え方のうちでいずれがより妥当であるのかは今後の検討課題であ

る。その点はともかく，現段階では財産目録の制度化に際して第2の考え方が実践可能性の面から無理のないように思われる。というのは，コソンが主張する財産目録論のように，ここでは必要最低限度のものを財産目録に記載させればよいからである。

このような財産目録の制度化に際しては今後，さらに検討しなければならないであろう。

注
1) 片野一郎『簿記精説』(下巻)，同文舘，昭和52年，505頁。
2) この詳細は岡田依里『企業評価と知的資産』税務経理協会，平成14年，第5章参照。なお，上述の買入のれんに含まれるブランドだけでなく，個別売却可能性があり，且つ客観的に測定可能な自己創設ブランドの資産化は制度上否定的であるが，資産としてのメルクマールを十分満たせば，財産目録には少なくとも資産化しうる余地がある。
3) Adler・Düring・Schmaltz編，Rechnungslegung und Prüfung der Unternehmen，第6巻，第6版，Stuttgart，1998年，67～68頁。
4) S. Tiedchen, Der Vermögensgegenstand im Handelsbilanzrecht, Köln, 1991年，79頁。
5) S. Tiedchen, 前掲書，78頁。
6) S. Tiedchen, 前掲書，80頁。
7) この点については，古賀智敏『価値創造の会計学』税務経理協会，平成12年，202頁以下及び伊藤邦雄「無形資産会計の諸相」，中村忠編『制度会計の変革と展望』白桃書房，2001年，所収，75頁以下参照。
8) 自己創設のれんのオンバランス化については，すでに1920年代から30年代にかけてモール(H. Mohr)及びヘルリ(H. Herrli)等の主張がある。これについては，拙著，『静的貸借対照表論の研究』森山書店，平成8年，第8章第5節及び第6節参照。
9) 下野直太郎「貸借対照表と財産目録の異同弁」『會計』第8巻第4号，昭和2年10月，9頁。
10) S. Tiedchen, 前掲書，52～54頁。
11) 土岐政蔵「貸借対照表価格と財産目録価格」『會計』第71巻第5号，昭和32年5月，6頁。
12) これについては，安藤英義「株式会社の債務超過の判定問題」『會計』第155巻第5号，平成11年5月参照。

第 10 章
総括と展望

　会計の歴史からみて，今なお重要な意義をもつ財産目録について種々の角度から考察を加え，その制度化の必要性を検討した。近年アングロサクソンの会計では資産負債アプローチが強調される結果，貸借対照表の重要性が強調されてきている。また，これとの関係で急速に貸借対照表に計上される項目の範囲及びその評価に関してにわかに関心が高まっている。デリバティブのオンバランス化やブランドの資産計上が前者の典型であるし，金融商品の時価評価が後者の典型であるといってよい。いずれにせよ，貸借対照表項目の範囲並びに評価が一義的にクローズ・アップされてきているのである。

　このような状況のなかで貸借対照表に対して，いきおい多くの要求が課せられることになるのである。その結果，貸借対照表の重要性が増す一方で，この内容が複雑化することも否めない。例えば特定の貸借対照表項目に時価評価が適用され，その範囲が拡大される傾向にあることはたしかである。しかし，現状ではそれがすべての貸借対照表項目に一元的に適用されるわけではない。また時価評価されても，その性質に応じてそれが直ちに当期の損益に影響する項目もあれば，その評価差額を資本の部に計上する項目もある。もちろん，全面的時価評価の方向が一部で提唱されている。けれども，それが直ちに全面的に支持される状況にはない。むしろ，すべての資産及び負債についてその公正価値による評価には厳しい批判がある。つまり，貸借対照表項目は必ずしも一元的な評価で決定されておらず，各項目ごとに最も適した評価方法がミックスした形で結合しているのが貸借対照表の現実の姿であるといってよい。例えば金融商品は原則として時価評価されるのに対して，棚卸資産及び固定資産は原則として原価で評価される。また，ここで一口に時価といってもその内容は同一

ではない。再調達原価あるいは正味実現可能価額，割引現在価値などの多様なものからそれは構成されているからである。

このようにみてくると，かかる状況のもとでの貸借対照表を前提にして企業の財務内容を的確に判断する場合には，自ずから一定の制約ないし限界があるといわなければならないであろう。逆にいえば，貸借対照表から判断できる情報内容は必ずしも十全とはいえず，自ら一定の限界があるともいうことができよう。すなわち，貸借対照表を補完すべき財務表が是非でも不可欠となるゆえんである。これに十分応えうるものこそ，財産目録にほかならない。この財産目録は貸借対照表作成に対する欠くことのできない財産実在証拠書類としての性質を有するだけでなく，貸借対照表には収容しえないようなストック情報も開示しうる点で，その大きな意義をもつのである。さらに，それは財産の数量計算との関係で財産管理者の管理責任を明らかにする意味で，コーポレート・ガバナンスの面からも無視できない側面を有している。

この財産目録は，資産負債アプローチの計算体系では本来的に財務諸表の体系上アルファーであると同時にオメガーでもある。言い換えれば，この正確な財産目録の作成を前提としてはじめて，その要約としての貸借対照表並びに損益計算書の真実性及び信頼性の中核を形成するのである。これに対して費用収益アプローチのもとでもまた，この財産目録はやはり一定の重要な役割を果たすことに留意すべきである。もちろん，ここでは資産負債アプローチのように財務諸表の中核を形成しないとしても，財務諸表全体の真実性を支えるという重要な役割を果たしているのである。この点から，いずれのアプローチを前提とするにせよ，財産目録は再評価されるべきである。

問題は，かかる意義をもつ財産目録をどのような形で生かし活用するのが望ましいかである。その制度化に際してこの難しいハードルを越えなければならないのである。近年における資産負債アプローチへの傾斜が顕著だからといって，直ちに財務諸表体系の第1順位に財産目録を位置づけるのはたしかに理論的ではあっても，財産目録の伝統がないアングロサクソンの会計では抵抗があろう。そこで，差し当たりこの方向ではなくて，むしろ貸借対照表には収容さ

れないストック情報を補完する意味で財産目録を捉え，貸借対照表及び損益計算書，さらにキャッシュ・フロー計算書の後にとりあえず財産目録を位置づけて制度化させるのが抵抗が少ないであろう。また，商法上では一般商人に対する商業帳簿規定のなかに財産目録の作成義務を復活させるとともに，株式会社においては取締役が作成すべき書類の一つにこの財産目録を再び加えるべきである。そして，さらに定時総会の前に株主及び債権者に対してはこの財産目録の閲覧権を与え，それを公告する必要があると解されるのである。

　この財産目録のなかに盛り込むべき内容については，わが国ではかつて財務諸表準則のなかで財産目録の様式が明示され，また公益法人会計でもその雛形が提示されている。したがって，それらを参考にしてその定式化を検討すべきである。まさにこの点が今後の大きな課題といえよう。すでに例示した〔表9〕は財産目録の様式に関する一つのモデルを示したものである。そして，この制度化が実現すれば，フランコ・ジャーマン型の会計とアングロサクソン型の会計との対比を念頭に置きながら，それをさらに一歩進めた日本の会計制度の独自性を提唱することができるであろう。かつて太田教授が指摘したように，財産目録の制度化とその定式化は，わが国の会計による諸外国の会計に対する先駆けないしガイドラインとしての意義をもつことになろう。したがって，この財務表としての財産目録の制度化は，これまでのわが国のように一方的な諸外国からの"輸入"会計学から脱却して，ようやく"輸出"会計学への第一歩に大いに寄与すると考えられるのである。

文　　献

Adler, Düring, Schmaltz 編, Rechnungslegung und Prüfung der Unternehmen, 第6巻, 第6版, Stuttgart, 1998年

Barth, K., Die Entwicklung des deutschen Bilanzrechts, 第1巻, Stuttgart, 1953年

Batardon. L., L'inventaire et le bilan—etudé juridique et comptable—, 第5版, Paris, 1926年

Budde, W. D. & Förschle, G., Sonderbilanzen, 第2版, München, 1999年

Beigel, H., Rechnungswesen und Buchführung der Römer, Karlsruhe, 1904年

Boyer, C., Brève méthode et instruction pour tenir livres de raison par parties doubles, 第1版, Lyon, 1627年

Cosson, G., L'information des actionnaires par l'inventaire, in: Revue française de comptabilité, 第72巻, 1977年5月及び第73巻, 1977年6月

Croizé, A. & Croizé, H., De L'lnventaire Commercial et des Bilans en Général, 第5版, Paris, 1919年

Daubresse, L., Du Bilan et de l'Inventaire, Belgique, 1930年

Diekmann, H., Die Geschichte des französischen Bilanzrechts, Berlin, 1991年

Federmann R., Bilanzierung nach Handelsrecht und Steuerrecht, 第11版, Berlin, 2000年

Fluch, K., Der Status der Unternehmung, Stuttgart, 1930年

Goré, F. & Dupouy, C., Comptabilité générale de l'entreprise industielle et commerciale, Paris, 1975年

Hauptfachausschuß, Stellungsnahmel/1990, Zur körperlichen Bestandaufnahme im Rahmen von Inventurverfahren, in: Wirtschaftsprüfung, 1990年

Herrli, H., Die Façonwerte in der Bilanz, Bern, 1933年

Hilke, W., Bilanzpolitik, 第5版, Wiesbaden, 2000年

Hintner, O., Bilanz und Status, in: Zeitschrift für Betriebswirtschaft, 第30巻第9号, 1960年

Hofmann, W., Die Aufgaben der Inventur, in: Der Betrieb, 第17巻第35号, 1964年

Hügli, F., Die Buchhaltungs-Systeme und Buchhaltungs-Formen, Ein Lehrbuch der Buchhaltung, Bern, 1877年

Hunmmel, A., Die Buchhaltung der Fugger, in: Zeitschrift für Handelswissenschaft und Handelspraxis, 第9号, 1912年

Jaeckle, J. P., Die Inventur, Stuttgart, 1949年

Jäger, E. L., Beiträge zur Geschichte der Doppelbuchhaltung, Stuttgart, 1874年

Kovero, I., Die Bewertung der Vermögensgegenstände in der Jahresbilanzen der privaten

Unternehmungen, Berlin, 1912 年

Küting, K. &. Weber, C. P 編, Handbuch der Rechnungslegung, 第 I a 巻, 第 4 版, Stuttgart, 1995 年

Léautey, E., Traité des inventaires et des bilans, Paris, 1897 年

le Coutre, W., Grundzüge der Bilanzkunde, 第 1 巻, 第 2 版, Leipzig, 1927 年

Lefebvre, F. 編, Mémento Pratique Francis Lefebvre—Comptable 2001, Paris, 2000 年

Leitner, F., Die doppelte kaufmännische Buchhaltung, 第 1 巻: des Grundrisses der Buchhaltung und Bilanzkunde, 第 6・7 版, Berlin・Leipzig, 1923 年

Leyerer, C., Historische Entwicklung der Buchführung seit der ersten Kenntnis bis zum XVII. Jahrhundert, in : Zeitschrift für Handelswissenschaftliche Forschung, 第 16 巻, 1922 年

Löffelholz, J., Geschichte der Betriebswirtschaft und der Betriebswirtschaftslehre, Stuttgart, 1935 年

Nestle, H., Die Inventur zum Jahresende, in : Betriebs-Berater, 第 35・36 合併号, 1973 年

Oberbrinkmann, F., Statische und dynamische Interpretation der Handelsbilanz, Düsseldorf, 1990 年

Osbahr, W., Die Bilanz vom Standpunkt der Unternehmung, 第 2 版, Berlin, 1918 年

Passow, R., Die Bilanzen der privaten Unternehmungen, 第 1 版, Leipzig, 1910 年

Penndorf, B., Geschichte der Buchhaltung in Deutschland, Leipzig, 1913 年

Penndorf, B., Inventar, Bilanz und Bewertung in der italienischen Buchhaltung des 14. Jahrhundert, in : Zeitschrift für betriebswirtschaftliche Forschung, 第 24 巻, 1930 年

Peragallo, E., Origin and Evolution of Double Entry Bookkeeping, New York, 1938 年

R. Quick, Grundsätze ordnungsmäßiger Inventurprüfung, Düsseldorf, 1991 年

Reymondin, G., Bibliographie méthodique des ouvrages en langue française parus de 1543 à 1908 sur la science des comptes, Paris, 1909 年

Savary, J., Le parfait negociant, 第 1 版, フランス語及びドイツ語対照版, Geneve, 1676 年

Schulze zur Wiesch, D. W., Grundsätze ordnungsmäßiger Inventur, Düsseldorf, 1961 年

Sieveking, H., Aus venetianischen Handlungsbüchern, -Ein Beitrag zur Geschichte des Großhandels im 15. Jahrhundert, in : Jahrbuch für Gesetzgebung, Verwaltung und Volkswirtschaft, 第 25 巻第 4 号, 1901 年

Simon, H. V., Die Bilanzen der Aktiengesellschaften und der Kommanditgesellschaften auf Aktien, 第 2 版, Berlin, 1898 年

Strieder, J., Inventur der Firma Fugger aus dem Jahre 1527 年, in Zeitschrift für gesamte Staatswissenschaft, Ergänzungsheft XVIII, 1905 年

Sykora, G., Systeme, Methoden und Formen der Buchhaltung, Wien, 1952 年

ter Vehn, A., Die Entwicklung der Bilanzauffassungen bis zum AHGB, in : Zeitschrift für Betriebswirtschaft, 第 6 巻, 1929 年

Tiedchen, S., Der Vermögensgegenstand im Handelsbilanzrecht, Köln, 1991 年

Vlaemminck, J. H., Histoire et Doctroines de la Comptabilité, Paris, 1956 年

Voltmer, W., Rechnungsabgrenzung als Inventurproblem, in : Der Betrieb, 第 10 巻第 5 号及び第 6 号, 1957 年

Willenbrink, K., Ist die Inventur wirklich entbehrlich ?, in : Der Betrieb, 第 8 巻第 12 号, 1955 年

Zinndorf, J., Die permanente Inventur, Offenbach am Main, 1951 年

青木茂男編『日本会計発達史』同友舘，昭和 50 年
安藤英義『新版商法会計制度論』白桃書房，平成 9 年
安藤英義「株式会社の債務超過の判定問題」『會計』155 巻第 5 号，平成 11 年 5 月
安藤英義『簿記会計の研究』中央経済社，平成 13 年
五十嵐邦正『静的貸借対照表論の研究』森山書店，平成 8 年
五十嵐邦正「貸借対照表理論の体系化をめぐって——ザイヒトの所論を中心として——」『商学集志』（日本大学商学研究会）第 68 巻第 2 号，平成 10 年 11 月
五十嵐邦正『現代静的会計論』森山書店，平成 11 年
五十嵐邦正「ドイツ債権者保護思考のあり方をめぐって」『商学集志』第 69 巻第 2 号，平成 11 年 9 月
五十嵐邦正「静態論と簿記理論」森田哲彌編『簿記と企業会計の新展開』中央経済社，平成 12 年，所収
五十嵐邦正「フランスにおける帳簿締切手続」『商学集志』第 70 巻第 1 号，平成 12 年 7 月
五十嵐邦正「シュロットの簿記論」『商学集志』第 70 巻第 2 号，平成 12 年 11 月
五十嵐邦正「ドイツ貸借対照表法の方向性」『会計学研究』（日本大学商学部会計学研究所）第 13 号，平成 13 年 3 月
五十嵐邦正「財産目録観の類型」『會計』第 160 巻第 9 号，平成 13 年 9 月
五十嵐邦正「財産目録の役割」『商学集志』第 71 巻第 2 号，平成 13 年 11 月
五十嵐邦正「フランスにおける特殊仕訳帳の発展」『商学集志』第 71 巻第 3 号，平成 14 年 2 月
五十嵐邦正「欧州会計法の基本理念とその行方」『会計学研究』（日本大学商学部会計学研究所）第 14 号，平成 14 年 3 月
伊藤邦雄「無形資産会計の諸相」，中村忠編『制度会計の変革と展望』白桃書房，平成 13 年
井上　清『ヨーロッパ会計史』森山書店，昭和 43 年
井上　清『ドイツ簿記会計史』有斐閣，昭和 55 年
泉谷勝美『中世イタリア簿記史論』森山書店，昭和 39 年
岩田　巖『利潤計算原理』同文舘，昭和 31 年

大下勇二『フランス財務報告制度の展開』多賀出版，平成 10 年
太田哲三『財務諸表準則解説』高陽書院，昭和 9 年
太田哲三『財務諸表準則解説』(改訂版) 高陽書院，昭和 15 年
太田哲三「財産目録準則草案解義」『會計』第 50 巻第 5 号，昭和 17 年 5 月
岡田依里『企業評価と知的資産』税務経理協会，平成 14 年
岡田誠一「複式簿記法における財産目録に就て」『會計』第 8 巻第 1 号，大正 8 年 5 月
片岡泰彦『イタリア簿記史』森山書店，昭和 63 年
片岡泰彦『ドイツ簿記史論』森山書店，平成 6 年
片野一郎『日本財務諸表制度の展開』同文舘，昭和 43 年
片野一郎『簿記精説』(下巻) 同文舘，昭和 52 年
岸　悦三『会計生成史』同文舘，昭和 50 年
岸　悦三「シモン・ステフィンの簿記論」小島男佐夫編著『簿記史研究』大学堂書店，昭和 50 年，所収，
岸　悦三「プラン　コンタブル　ジェネラル (フランス会計原則) (1999 年版) (1)」『経営学部紀要』(東亜大学) 第 13 号，平成 12 年 12 月
木村和三郎「標準貸借対照表及標準財産目録批判」『會計』第 29 巻第 3 号，昭和 6 年 9 月
黒澤　清『簿記原理』東洋出版社，昭和 9 年
古賀智敏『価値創造の会計学』税務経理協会，平成 12 年
古賀智敏「無形財会計の基本的枠組み」『会計学研究』(日本大学商学部会計学研究所) 第 14 号，平成 14 年 3 月
小島男佐夫『複式簿記発生史の研究』森山書店，昭和 36 年
小島男佐夫『会計史入門』森山書店，昭和 62 年
児林百合松「貸借対照表と財産目録の区別如何」『會計』第 3 巻第 2 号，大正 7 年 5 月
下野直太郎「貸借対照表と財産目録の異同弁」『會計』第 21 巻第 4 号，昭和 2 年 10 月
下野直太郎「商工省臨時産業合理局財務管理委員會案・標準財産目録を批評す」『會計』第 28 巻第 3 号，昭和 6 年 3 月
但馬弘衛「貸借対照表及財産目録を繞りて」『會計』第 31 巻第 2 号，昭和 7 年 8 月
土岐政蔵「貸借対照表価格と財産目録価格」『會計』第 71 巻第 5 号，昭和 32 年 5 月
野村健太郎『フランス企業会計』中央経済社，平成 2 年
久野秀男『新版財務諸表制度論』同文舘，昭和 52 年
宮上一男・W. フレーリックス監修『現代ドイツ商法典』(第 2 版) 森山書店，平成 5 年
茂木虎雄『近代会計成立史論』未来社，昭和 44 年
百瀬房徳「財産目録の位置づけ」『會計』第 159 巻第 5 号，平成 13 年 5 月
森川八洲男『フランス会計発達史論』白桃書房，昭和 53 年
弥永真生『商法計算規定と企業会計』中央経済社，平成 12 年
山下勝治「財産目録計算の会計思考」『企業会計』第 7 巻第 7 号，昭和 30 年 6 月
山下勝治『損益計算論』(復刻版) 泉文堂，昭和 49 年

吉田昴『改正会社法』日本加除出版社，昭和38年
吉田良三「企画院製造工業財務諸準則と商工省財務諸表準則との比較」『會計』第50巻第5号，昭和17年5月
早稲田大学フランス商法研究会編『フランス会社法』第2巻（昭和52年）及び第3巻（昭和57年），成文堂

著 者 略 歴

1949年　東京都に生まれる
1972年　一橋大学商学部卒業
1978年　一橋大学大学院商学研究科博士課程単位取得
　同年　福島大学経済学部専任講師
1979年　福島大学助教授
1985年　日本大学商学部助教授
1988年　日本大学教授
1995年　一橋大学博士（商学）

著　　書

『静的貸借対照表論』森山書店，1989年
『静的貸借対照表論の展開』森山書店，1993年
『静的貸借対照表論の研究』森山書店，1996年
（日本会計研究学会太田・黒澤賞受賞）
『基礎　財務会計』〔第5版〕森山書店，2002年
『演習　財務会計』〔第2版〕森山書店，2001年
『現代静的会計論』森山書店，1999年

```
┌─────────────┐
│ 著者との協定 │
│ により検印を │
│ 省略します　 │
└─────────────┘
```

現代財産目録論

2002年8月28日　初版第1刷発行

著　者　Ⓒ　五十嵐　邦正
　　　　　　（いがらし）（くに）（まさ）
発行者　　　菅　田　直　文
発行所　有限会社　森山書店　〒101-0054　東京都千代田区神田錦町1-10 林ビル
　　　　TEL 03-3293-7061　FAX 03-3293-7063　振替口座00180-9-32919

落丁・乱丁本はお取りかえします　　印刷・中央印刷　製本・永澤製本

ISBN 4-8394-1957-4